# Éboli

## Secretos de la vida de Ana de Mendoza

NACHO ARES

# Éboli

## Secretos de la vida de Ana de Mendoza

ALGABA
EDICIONES

BIOGRAFÍA

MADRID - MÉXICO - BUENOS AIRES - SAN JUAN - SANTIAGO

2005

© 2005. Nacho Ares
© 2005. De esta edición, ALGABA Ediciones, S. A.
© 2005. De la cubierta, foto cedida por la Casa del Infantado, Madrid.

Cubierta: Gerardo Domínguez


ALGABA Ediciones, S. A.
Jorge Juan, 30
28001 Madrid

Edaf y Morales, S. A.
Oriente, 180, n.º 279.
Colonia Moctezuma, 2da. Sec.
C.P. 15530. México D.F.
http://www.edaf-y-morales.com.mx
edafmorales@edaf.net

Edaf del Plata, S. A.
Chile, 2222.
1227 Buenos Aires, Argentina.
edafdelplata@edaf.net

Edaf Antillas, Inc.
Av. J.T. Piñero, 1594.
Caparra Terrace.
San Juan, Puerto Rico (00921-1413).
edafantillas@edaf.net

Edaf Chile, S.A.
Huérfanos, 1178 - Of. 506.
Santiago - Chile.
edafchile@edaf.net


Octubre 2005

Depósito legal: M-45.053-2005
ISBN: 84-96107-57-4


PRINTED IN SPAIN                                        IMPRESO EN ESPAÑA
                              COFÁS

*¿La Princesa monja?*
*¡Yo doy la casa por deshecha!*

ISABEL DE SANTO DOMINGO

*Haced lo que queráis, Escobedo,*
*que más quiero antes el culo*
*de Antonio Pérez que al Rey.*

ANA DE MENDOZA, PRINCESA DE ÉBOLI

*¡Se va a ir a la mierda, usted y su hábito!*

J. C.

# Índice

# Agradecimientos

SON muchas las personas que a lo largo de los últimos años me han ayudado a conocer un poco más a la princesa de Éboli. Con todos ellos he compartido, además de una pasión incondicional por la figura de esta mujer renacentista, documentos y valiosa información sin la cual este libro nunca habría sido posible.

Almudena de Arteaga, en nombre de la casa del Infantado a la que pertenece, fue una de las primeras personas en compartir conmigo detalles y anécdotas de la vida de la princesa. No olvidaré la tarde en la que me dejó todo el tiempo del mundo para estudiar con detenimiento el retrato de doña Ana de Mendoza, atribuido por la tradición a Alonso Sánchez Coello. A ella y a su familia he de agradecerles la inestimable ayuda recibida para la investigación de sus fondos pictóricos.

A Almudena le siguió el doctor José Luis García de Paz, de la Universidad Autónoma de Madrid, un físico atraído por los Mendoza, en cuya magnífica página web podemos encontrar todo lo que queramos saber sobre esta familia de antigua solera y tradición castellana (www.uam.es/personal_pdi/ciencias/depaz/mendoza/anaeboli.htm).

A Javier Cámara, guía de Pastrana (Guadalajara), excepcional pintor y mejor «ebolimaníaco», le he de agradecer el haberme abierto los brazos al grupo de «frikis» de la princesa en Pastrana. Junto a Javier lo acompañan Silvia y Manuel, del restaurante El Cenador de las Monjas, de Pastrana, un lugar de visita obligada, con una comida exquisita en la que se recrea la atmósfera y la cocina de la época de doña Ana.

Gracias a ellos conocí a otros hoy grandes amigos, enamorados también de la princesa, como Juan Gabriel Ranera, «el Pastranero del Madrigal», otro estupendo guía de la villa ducal de Pastrana a quien le debo muchos comentarios, datos y acertadas correcciones que aparecen en estas páginas.

A mi buen amigo Eduardo Salas, director del Museo San Isidro de Madrid, le debo el que me permitiera acercarme con total libertad a los fondos de su museo para investigar la antigua iglesia, hoy desparecida, de Santa María la Real de la Almudena, en Madrid.

Gracias muy especiales a mi queridísima Clara Tahoces por el magnífico estudio grafológico que hizo de la escritura de la princesa.

A Antonio Herrera Casado, Cronista Oficial de la Provincia de Guadalajara, le debo el desinteresado intercambio de información y que él fuera quien me consiguiera algunos «títulos imposibles» de la princesa, así como propagar mi trabajo sobre ella entre instituciones y medios de comunicación de la región. El mismo gesto tuvo conmigo Roberto Mangas, periodista de Guadalajara, quien me brindó la posibilidad de contar con su base de datos para difundir mi página web sobre la princesa de Éboli.

A la hermana Fátima, del monasterio de Concepcionistas de Pastrana (más conocido como monasterio de San José o Monjas de Abajo), le tengo que agradecer el haberme dado acceso a la documentación existente en el lugar sobre la princesa de Éboli, su hija menor, Ana de Silva, y otras personas del servicio de la princesa que pasaron por su monasterio. Gracias a ella he podido sacar a la luz pasajes de la historia de doña Ana que permanecían totalmente olvidados o deformados por los acontecimientos de los últimos años.

La doctora María Kusche me proporcionó valiosos comentarios sobre la obra de Sofonisba Anguissola y de Alonso Sánchez Coello para el estudio de la posible identificación de los retratos más conocidos de la princesa con estos pintores de corte de Felipe II. Además, ha tenido la gentileza de dejarme adelantar en esta biografía las líneas básicas de su investigación todavía inédita sobre dos cuadros nunca antes identificados con la princesa de Éboli. Ha sido para mí un verdadero honor trabajar tan cerca de esta importante especialista de la pintura española del XVI y que quisiera compartir conmigo sus hallazgos.

De igual forma, no me quiero olvidar de otras personas e instituciones que a lo largo de estos últimos años me han alentado en la búsqueda de referencias sobre cuadros de la princesa o retratos de los protagonistas de su vida: doctor Karl Schütz, responsable de la Ambras Castle Collection, hoy en el Kunsthisthorisches Museum (Museo de Historia del Arte) en Viena, Austria; Patricia Woods, del Saint Louis Art Museum (Museo de Arte de San Luis), en Estados Unidos, y Michele Fabre, de la galería Wildenstein & Company, Inc. de Nueva York (Estados Unidos).

Finalmente, no me olvido de Isabel, mi particular princesita de Éboli, quien con una habilidad extraordinaria ha sido capaz de conseguirme las joyas más importantes con que cuento en mi colección particular sobre doña Ana de Mendoza, princesa de Éboli.

A todos ellos mi más infinita gratitud.

Ypsila-Madrid 23.13, 18 de abril de 2005.

# A MODO DE INTRODUCCIÓN:
## «¡Ojo con la princesa!»

AL poco de escucharlo por primera vez, el tono de aquel extraño nombre, «Christopher Marlowe», sobrio y musical al mismo tiempo, evocó en la cabeza del joven una época de la historia fascinante: la Inglaterra isabelina del último tercio del siglo XVI, el Londres en el que confluyeron autores como el propio Marlowe, el escurridizo William Shakespeare, la red de espías de Francis Walsingham y, por supuesto, las tensas relaciones con el rey de las Españas, Felipe II.

El religioso dominico había charlado con el muchacho durante la última hora sobre la curiosa vida de Christopher Marlowe. Su papel como autor de importantes obras de teatro, su amistad con William Shakespeare, la posibilidad nada despreciable de que el propio Marlowe fuera el autor de algunas de las obras firmadas por aquel y, sobre todo, su trabajo en España como espía al servicio de la Corona inglesa en la década de 1580, eran ingredientes suficientes para sugerir una gran historia.

Al abandonar la sala de visitas del colegio de los dominicos, el muchacho se giró levemente para saludar a su anciano amigo y maestro, al tiempo que repetía en alto el nombre del inglés: «Christopher Marlowe. Lo tendré muy presente».

Y abandonando el colegio dirigió sus pasos hacia la cercana parada de autobús que lo llevaría hasta el centro de la ciudad.

Durante el trayecto tuvo tiempo de repasar a vuelapluma algunas de las cosas que le había contado el padre dominico durante aquella tarde de otoño. Y fue tal la emoción que generó en él la posibilidad de buscar datos sobre la presencia de Marlowe en España, que lo primero que hizo al bajar del autobús fue acercarse a una librería de viejo para comprar una pequeña biografía de Felipe II.

A medida que avanzaba en la lectura, el libro le fue recordando anécdotas y episodios entre ingleses y españoles que ya le había adelantado el religioso días antes. Pero por su cercanía histórica, su intriga y, especialmente, por la fascinación que causaron en él sus protagonistas, de todos los pasajes que formaban aquel libro, el joven se quedó con uno. Nada tenía que ver con Christopher Marlowe, el motor de todo aquello, pero la muerte de Juan de Escobedo y la relación que tuvo con ella una misteriosa dama llamada Ana de Mendoza, princesa de Éboli, borró al instante todo lo demás, haciendo que desde ese mismo momento el único objetivo que hubiera a la vista en su investigación fuera aprender todo lo posible sobre la princesa de Éboli, su esposo Ruy Gómez de Silva, sus supuestos amoríos con el secretario Antonio Pérez y su vida a caballo entre la Corte madrileña y sus casas de Pastrana, en Guadalajara.

Hace muchos años de aquello y, a estas alturas, seguramente no sea un secreto contarlo. He de confirmar que, efectivamente, aquel muchacho era yo y el religioso dominico que me abrió los ojos a Christopher Marlowe y, sin quererlo, a la princesa de Éboli, fue el desaparecido padre Antonio Felices, uno de los pioneros en nuestro país en la investigación de fenómenos anómalos y enigmas históricos.


Ana de Mendoza fue una de las mujeres más singulares del reinado de Felipe II y, a pesar de ello, poco o nada es lo que se conoce de los entresijos que rodearon la vida de esta singular princesa. Como señaló el artista español Alonso de Coloma (1532-1607), de la princesa de Éboli se llegó a decir que fue la única *capaz de entretejer alrededor del cuello de todo un rey una soga hecha con pasiones que estuvo a punto de acabar con un gran imperio*[1].

---
[1] Archivo del conde de Lemos, legajo nº 125.

Y vaya si lo fue. La princesa de Éboli fue mucho más que una mujer ambiciosa e intrigante, esposa de Ruy Gómez de Silva, el secretario más cercano del monarca Felipe II, de quien ella también era gran amiga, y que una vez viuda se acercó a los entresijos de Antonio Pérez, otro de los secretarios del rey español, tras lo cual, y sin que nadie sepa todavía por qué, la situación devino en la prisión de la princesa a caballo entre Madrid y Guadalajara hasta su muerte en 1592.

He de reconocer que para mí la princesa de Éboli se ha convertido en ese punto de equilibrio que todo especialista necesita en un momento dado de su carrera. Los que me hayan seguido a lo largo de mis años de trabajo en revistas, radio, televisión, y sobre todo en mis libros anteriores, habrán descubierto que el común denominador de todos ellos es la egiptología. He escrito cientos de páginas sobre Tutankhamón, momias, pirámides, tesoros ocultos, construcción de grandes monumentos e incluso pequeñas biografías sobre algunos reyes y reinas del antiguo Egipto. Pero esta es la primera vez que me separo totalmente de mi gran tema de investigación de las dos últimas décadas, los enigmas históricos del antiguo Egipto.

El método de trabajo es exactamente el mismo y, ciertamente, cuando un tema te apasiona, como es el presente caso, da igual escribir sobre el Valle de los Reyes de Luxor que sobre una princesa del siglo XVI. No en vano he seguido viajando con la misma frecuencia en los últimos años a Pastrana que a El Cairo.

Como decía anteriormente, mi punto de equilibrio ha sido la princesa, una válvula de escape para que no acabara «momificándome» con tanto Egipto y tanta tumba. Luego me he tranquilizado al conocer que es algo normal entre otros colegas. En cierta ocasión, Nicholas Reeves, el egiptólogo británico especialista en Tutankhamón, me confesaba que su debilidad es la cultura japonesa, tan diametralmente distante a la civilización egipcia. Por eso entendía y aplaudía que a mí me gustara la princesa de Éboli.

En mi caso y ya desde hace años, la figura de la princesa de Éboli (no me gusta llamarla «la Éboli» como hacen algunos de mis respetados y admirados colegas) ha estado siempre ahí, como una especie de afición secreta, oculta y, hasta cierto punto, inconfesable.

La primera vez que me abrí al mundo, no sin cierto rubor, con esta afición que al principio me pareció una excentricidad, fue en el otoño de 2004. No hace, pues, mucho tiempo de ello. En aquella época nació en mi dominio en Internet (www.nachoares.com) el enlace con una página que yo mismo creé sobre la princesa de Éboli. Ha sido y sigue siendo la única dedicada en su totalidad a doña Ana de Mendoza. Fue el trabajo de varios meses desde la primavera de ese mismo año, que tuvieron como recompensa el recibimiento de felicitaciones por parte de instituciones y personajes importantes de Guadalajara, lo cual me alentó a seguir trabajando en esta especie de paranoia que yo mismo he venido a bautizar como «ebolimanía»[2].

Desde el principio he venido coleccionando absolutamente todo lo que caía en mis manos sobre la princesa. Libros, revistas, vídeos y hasta verdaderas excentricidades que es mejor ocultar con moderación e incluso con cierto pudor, han ido engrosando esa biblioteca particular de mi casa; casa comprada, por cierto y como no podía ser de otra forma en un «ebolimaníaco», en la zona de los Austrias de Madrid, a apenas 50 metros de donde vivía la princesa de Éboli, junto a los restos de la antigua Almudena.

Precisamente gracias a la página en Internet conocí a mis buenos amigos de El Cenador de las Monjas, el mejor lugar de comidas de Pastrana, en un ala del antiguo monasterio de San José.

Ya hablaremos de él más adelante, pero fue en su salón principal en donde conocí a Javier Cámara; joven pintor local, enamorado de la princesa desde la infancia y autor de unos magníficos retratos de esta dama. Recuerdo que a los pocos minutos de conocernos, con los brazos cruzados y apoyado en uno de los pilares de madera que sustentan el techo del comedor del restaurante del XVII, con su sempiterna sonrisa me espetó: «Bueno, ¿y tú de dónde sales? Yo creí que los "frikis" de la princesa solo estaban en Pastrana». Jamás encontraría mejor término para definir a un grupo de ebolimaníacos como nosotros. Por lo tanto, sobran las palabras.

---

[2] Para todos aquellos interesados en tener un listado de libros, películas y objetos curiosos relacionados con la princesa de Éboli, recomiendo visitar el enlace con este personaje que hay en mi página en www.nachoares.com.

El físico de doña Ana es lo suficientemente atractivo como para generar en el espectador esa sensación especial, mezcla de sorpresa y curiosidad; curiosidad por saber quién era esa mujer y conocer más detalles sobre su perfil histórico. Una extraña y bella
mujer con un parche en el ojo derecho llama la atención a cualquiera. Recuerdo que cuando fui a recoger a la tienda de enmar-
cados la reproducción que tengo del cuadro de la princesa atribuido erróneamente a Alonso Sánchez Coello —no adelantemos
acontecimientos—, no tuve más que mencionar el parche para
que la dependienta fuera directa al lugar exacto de entre las doce-
nas de cuadros que allí había para darme el mío.

La princesa ya despertó pasiones al poco de morir en febrero de
1592. De aquella época se conserva el documento de lo que podríamos denominar el primer «friki» enamorado de la princesa de Éboli.
Fue un tal Marco Antonio de Vega, quien escribió una estancia conservada hoy en el códice 23/4/1 de la Biblioteca de don Bartolomé
March[3]. El texto dice así:

Llegó el pincel y
mano do(nde) po-
día, / más no donde
llegó la hermosura /
con tanto descubrir
más encubría / que
encubrió de Ifigenia
la pintura. / Pintó
cuanta pintura dado
había, /más no lo
que Dios dio sobre
natura, / cristiano
era el pintor más mal
cristiano, / pues tor-
na moro el rostro
soberano.

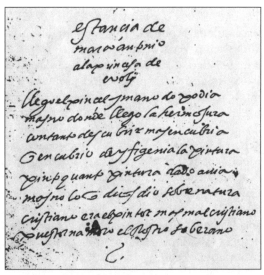

Estancia de Marco Antonio de Vega a la princesa de
Éboli. Biblioteca de don Bartolomé March.

---

[3] Véase, de José J. Labrador Herráiz, «Estancia de Marco Antonio de Vega
a la princesa de Éboli», publicado en *La princesa de Éboli y Pastrana*, Guadalajara, 1993, págs. 117-126.

Sobre ella se han escrito obras de teatro, guiones de cine[4], óperas, pero no ha conseguido cuajar en el acervo cultural. Y a pesar de que es un personaje atractivo desde antiguo, es triste que la inmensa mayoría de la gente y muchos de sus vecinos solamente

---

[4] Si es escasa la bibliografía de la princesa, cuando nos metemos en el mundo audiovisual, la escasez roza la nulidad. Hace años saltó a los medios de comunicación la idea de hacer una película titulada *La conjura de El Escorial,* en la que el papel de la princesa de Éboli iba a ser interpretado por la actriz Gwyneth Paltrow. Este proyecto se entremezcló erróneamente con el bulo de que se iba a llevar al cine la novela de Almudena de Arteaga *La princesa de Éboli* (Barcelona, 1998), detalle que, como la propia autora me ha hecho saber, jamás ha sido realidad.

Por otra parte, en la actualidad hay varios proyectos relacionados con la princesa de Éboli. El más firme es la película que ha de dirigir Imanol Uribe. *La princesa de Éboli*, título de la película, estaría producida por Starline con la colaboración de Televisión Española. El proyecto se ha ido retrasando en varias ocasiones. El nuevo guion no tiene nada que ver con la novela de Almudena de Arteaga ni, por supuesto, participará en el rodaje Gwyneth Paltrow como doña Ana de Mendoza.

Sí existen algunos proyectos finalizados como la película del director inglés Thomas Young, *La princesa de Éboli* (1955), de 100 minutos de duración. Se trata de una producción hispanobritánica, distribuida en su momento por la 20th Century Fox y que se basó en la novela *Esa Dama* de la escritora irlandesa Kate O'Brien, o *Esa señora*, tal y como decía el programa de la época.

Se trata de una producción británica y española cuyo título original era precisamente *That Lady.* En España se estrenó como la primera película nacional en cinemascope. Esto sucedía en febrero de 1956, con el gancho, además, de que se trataba de una película «con el relieve del sonido estereofónico magnético». Casi nada. A pesar de que cuenta con un reparto de lujo en el que el papel de la princesa corre a cargo de la inolvidable Olivia de Havilland, el de Antonio Pérez de la mano del mexicano Gilbert Roland, y la presencia de la genial Françoise Rosay y de Dennis Price, la película es realmente soporífera, mala, aburrida, pesada y tediosa. Con la música de Ernesto Halffter, cuenta además con apariciones estelares como la de Christopher Lee, que tres años después saltaría a la fama mundial como el famoso Drácula; José Nieto como Juan de Escobedo, y el genial Paul Scofield —conocido por sus interpretaciones teatrales de Shakespeare— como Felipe II, que recibió en 1956 el premio BAFTA Film Award por su papel en esta película. La cinta también cuenta con la aparición en una de las primeras escenas de los rejoneadores Ángel Peralta y Bernardino Landete.

Muchas de las escenas de exteriores están rodadas en Segovia. Se puede ver en varias de ellas el Alcázar de esta ciudad castellana como si fueran los alrededores de la Alcarria. Otras, por ejemplo, la gran mayoría de las escenas de Feli-

sepan que doña Ana de Mendoza fue una mujer encerrada por un rey en su palacio ducal de Pastrana sin más averiguación. Escuchar campanas y no saber dónde.

Vemos, pues, que ese atractivo es parejo al desconocimiento generalizado que sobre ella existe. La princesa de Éboli ha sido el eje principal de incontables leyendas urbanas que han girado sobre el origen de su misterioso parche, las causas de su encierro e incluso de su propio nombre. No es extraño oír a los turistas que se acercan a Pastrana preguntar por la «princesa de Ébano», como si doña Ana se tratara de una exótica princesa negra traída de

---

pe II, están grabadas en El Escorial, tanto dentro del edificio como en los exteriores. Finalmente, los interiores fueron rodados en decorados montados a caballo entre Londres (en los British Studios de la Metro Goldwyn Mayer) y Madrid (Estudios Ballesteros).

En Europa, *La princesa de Éboli* se estrenó con otros títulos. Por ejemplo, en Austria apareció bajo el de *Die Dame des Königs* («La dama del rey»), en Finlandia con el de *Luostarin vanki* («La cautiva enclaustrada»), y en Italia con el de *La principessa di Mendoza* («La princesa de Mendoza»).

En líneas generales sigue una estética muy teatral, con planos fijos excesivamente largos por los que desfilan los personajes que protagonizaron la vida de la princesa (es curioso poner rostro a algunos de ellos). Los vestuarios están bastante logrados, aunque el conjunto de las escenas deja mucho que desear. Por ello, insisto, se convierte en una pieza soporífera incluso para el más enamorado de la figura de la princesa, el ebolimaníaco. Normal que la Fox, de quien siguen dependiendo los derechos de la película, no se haya planteado editar el vídeo cinco décadas después, ni en formato VHS ni en DVD. Si a esto añadimos que la televisión tampoco se ha prestado mucho a pasarla en sus emisiones, es lógico, pues, que sea una verdadera rareza de coleccionista.

En mi poder solamente cuento con la versión española de 90 minutos, versión que corrió a cargo de Tibor Reves, el mismo que hizo los diálogos. En el resto de Europa la cinta duraba 10 minutos más (100 minutos), con escenas que la censura eliminó en su versión ibérica. A saber qué impúdicos comportamientos de doña Ana podríamos ver en esos planos cercenados.

El teatro también se ha hecho eco de la figura de doña Ana de Mendoza. A la obra de Alfredo Villaverde Gil, *Las razones del Rey* (1998), contada a modo de cuentacuentos por parte de un ciego en un ambiente renacentista del siglo XVI, hay que añadir el trabajo de Francisco Acedo, *El divino desengaño*. En esta obra se cuentan en clave de humor las desventuras de la princesa en su etapa de monja carmelita en 1573 tras la muerte de su esposo. Recomiendo la interpretación del grupo extremeño que la dio a conocer en toda España, Tetrápolis.

Cartel de la película *La princesa de Éboli* (1955), protagonizada por Olivia de Havilland en el papel de doña Ana de Mendoza.

las selvas del Congo belga. ¡Santo Dios, qué aberración!

A pesar de que fue un personaje influyente en la corte de Felipe II, aunque seguramente por su mediación o con su participación el monarca cometiera más de una locura o fuera ella quien incitara a otros a cometerlas, lo que se ha publicado sobre la princesa es muy poco y, en algunos casos, muy antiguo y difícil de conseguir. En total, juntando libros y artículos, las referencias que merecen la pena se pueden contar con los dedos de las manos.

La mejor biografía que de ella conozco y a la que difícilmente puede superar este modesto libro, es la publicada en 1877 por Gaspar Muro bajo el título de *Vida de la princesa de Éboli*. La obra de este funcionario de la Comisión de Límites fue traducida al francés al año siguiente bajo el título de *La Princesse d'Eboli* (París, 1878). Luego, en la década de los años 1950, José García Mercadal sacó su trabajo *La princesa de Éboli*. Poco después apareció el estudio breve pero magnífico de Gregorio Marañón incluido en su biografía de *Antonio Pérez* (1951). A estos libros habría que añadir un par de artículos magníficos de Erica Spivakowsky (1977) y de Aurelio García López (1994), y casi podría decirse que ya no hay más.

En mi caso, la pretensión de esta biografía es ofrecer una visión moderna y actualizada de la vida de doña Ana de Mendoza.

Cotejaré unos trabajos con otros, antiguos con modernos, procurando, siempre que sea posible, separar el grano de la paja o la leyenda del hecho histórico. No quiero que este libro se convierta en una excusa para hablar de Antonio Pérez. Muchos autores, bajo la cortina de la princesa, han dedicado mayor número de páginas a la figura de Pérez y sus posibles amoríos, descuidando la parte biográfica de esta mujer.

Al mismo tiempo, matizaré con pulcritud qué sucesos son dudosos de ser tomados como exactos, mencionando siempre la fuente original.

Como vemos, los títulos de los trabajos ya publicados, y este mismo, muestran la extrema «agudeza» de los autores que en alguna ocasión nos hemos acercado a escribir algo sobre doña Ana. Además de los ya mencionados, puedo añadir aquí, para corroborar lo que digo, la buena biografía novelada de Aroní Yanko, *La princesa de Éboli* (2000), la novela de Almudena de Arteaga, *La princesa de Éboli* (1998), el librito de la Enciclopedia Pulga de E. Infante, *La princesa de Éboli* (1959) o la aproximación a su biografía de Antonio Herrera Casado, *La princesa de Éboli* (2000).

En un principio, mi gran amigo Javier Sierra, atento siempre a todos mis trabajos, me señaló que, haciendo un guiño a la historia, podría llamarse *¡Ojo con la princesa!* Pero después de reflexionar sobre lo acertado de tal decisión y agradecerle, por supuesto, su amable gesto, preferí reservar este nombre para la presente introducción más que para el libro en sí. No me parecía, en absoluto, lo más apropiado, además de que se alejaba de la sagaz estirpe de los títulos de biografías de doña Ana que ya habían visto la luz con anterioridad.

Antes de comenzar con el trabajo quiero realizar un par de aclaraciones. El libro está plagado de notas a pie de página. En ellas hago referencia a la fuente documental histórica o al libro de donde proviene el dato que muestro en el texto. También he insertado numerosos textos originales sacados de los trabajos de otros historiadores que se han detenido a estudiar a la princesa de Éboli antes que yo. Especialmente valioso es el caso del mencionado Gaspar Muro, en cuyo trabajo de 1877 su apéndice documental está compuesto por casi 200 originales transcritos. Con esto quiero decir que, si bien es cierto que me he tomado la molestia de cotejar muchos de estos textos con los originales de los archivos históricos correspondientes, en otras ocasiones me he fiado de la seriedad del mencionado Gaspar Muro o de Aurelio García López, por citar otro ejemplo, de quienes me consta que han trabajado con rigor la figura de la princesa.

La escritura del siglo XVI, denominada por algunos especialistas como «escritura diabólica» o «diabólica procesal», es en ocasiones bastante difícil de interpretar. En otros casos sorprende la sencillez con la que lees los textos de corrido cuando te has familiarizado con un tipo de letra. Lo mismo sucede con las expresiones y el tipo de lenguaje utilizado en las cartas o billetes de la época. Para facilitar su lectura he adaptado siempre el texto a la forma lingüística moderna. Me refiero a que si en la carta original podemos leer «*destos libros*», en mi transcripción aparece «*de estos libros*». Con ello no cambia ni un ápice la comprensión del texto y este se hace más fácil de entender por el lector moderno.


Retomando la seriedad que obliga un trabajo de estas características, casi me atrevería a decir que la figura de la princesa de Éboli ha sido considerada durante muchos años como un personaje, en cierto modo, maldito. Quizá esto se deba al desconocimiento existente sobre su figura. Y para intentar cubrir este vacío de información existente propongo esta aproximación biográfica.

Por todo ello este libro nació.

Comenzamos aquí un viaje en el tiempo hasta el siglo XVI, a la corte de Felipe II.

Una vez más, sean todos bienvenidos.

# PREVIO
# Línea de tiempo de la princesa de Éboli

**1540.** Junio 26/27, nacimiento de Ana de Mendoza en Cifuentes (Guadalajara).

**1553.** Abril, capitulaciones de la boda de Ana y Ruy en Alcalá.

**1555.** Ana vive con sus padres en Zaragoza.

**1556.** Carlos V abdica en Felipe como rey de Castilla y Aragón.

**1557-1558.** Ana vive con su madre en Valladolid y Simancas.
Reencuentro fugaz de Ana y Ruy. Primer embarazo y nacimiento del primogénito, Diego.

**1559.** Regreso definitivo de Ruy y reencuentro con Ana.
Felipe II da el título de príncipe de Éboli a Ruy. Ana es
princesa consorte.

**1560.** Enero, el duque de Alba va a buscar a París a Isabel de Valois.
Febrero, boda entre Isabel de Valois y Felipe II en Guadalajara.

**1561.** Nace Ana de Silva, hija mayor de la princesa.

**1562.** Nace Rodrigo de Silva, hijo de Ana. Heredará el ducado
de Pastrana.

**1563.** Fallece Diego, el primogénito de Ana.
Nace Pedro González de Mendoza, hijo de Ana, muriendo poco después.

**1564.** Nace Diego de Silva y Mendoza, hijo de Ana.

**1565.** Nace Ruy Gómez de Silva, hijo de Ana.

**1568.** *Annus Horribilis.* Enero, reclusión de don Carlos en el Alcázar.

Primavera, el príncipe de Orange invade Flandes.

Julio, muerte de don Carlos.

Octubre, muerte de Isabel de Valois.

**1568-69.** Derrota de Abén Humeya por don Juan (Las Alpujarras, Granada).

**1569.** Íñigo Hurtado de Mendoza vende Pastrana a su yerno Ruy Gómez.

Llegada de los moriscos a Pastrana tras Las Alpujarras.

Fundación de conventos en Pastrana por Santa Teresa.

**1570.** Felipe II se casa con Ana de Austria, su sobrina. Nace Fernando de Silva, luego fray Pedro González de Mendoza. En estos meses nacen María de Mendoza y María de Silva, muertas al poco tiempo.

**1571.** Septiembre-octubre, batalla de Lepanto.

**1572.** Felipe II concede el título de duques de Pastrana a Ruy y Ana.

**1573.** Muere en julio Ruy Gómez de Silva. Poco antes nace Ana de Silva, la hija menor de la princesa.

**1574.** Felipe manda a Juan de Escobedo a vigilar a don Juan a Italia.

**1576.** Don Juan es enviado a los Países Bajos.

**1578.** 31 de marzo, asesinato de Escobedo.

1 de octubre, muerte de don Juan en los Países Bajos.

**1579.** 28 de julio prisión de Antonio y Ana; ella va a Pinto.

**1580.** Enero, Ana es trasladada a Santorcaz.

**1581.** Febrero, Ana es llevada a su palacio de Pastrana.

**1584-1585.** Ana sale del palacio y vive temporalmente en el monasterio de San José de Pastrana.

**1590.** Febrero, Antonio Pérez es sometido a tormento y confiesa su participación en la muerte de Escobedo.

Abril, Antonio Pérez huye a Aragón.

Abril, Ana es recluida en las habitaciones de la torre oriental de su palacio.

**1592.** Muere Ana de Mendoza el 2 de febrero.

# PRIMERA PARTE

# 1
# Origen de la familia Mendoza

S I el siglo XVI hubiera vivido los tiempos de comunicación consumista que sufrimos en la actualidad, para presentar a doña Ana de Mendoza bastaría decir que nació en el municipio de Cifuentes (Guadalajara), a finales del mes de junio de 1540. De esta forma, doña Ana se habría convertido en un núme-

ro más de esta sociedad horizontal y sin aparentes privilegios individuales en la que vivimos. Sin embargo, en el siglo XVI no sucedía así. Por entonces, el destino pasaba una dura criba a los nacimientos, de suerte que, dependiendo de la fortuna de cada uno, se podía ser rey, príncipe, duque, cura, militar, licenciado, artesano, comerciante... o, si llegamos a las más bajas estofas de la sociedad, vago, pobre o, peor todavía, esclavo.

*Felipe II*, por Sofonisba Anguissola (1573). Museo del Prado.

Nos guste o no, entonces no había dos individuos iguales y la fortuna de haber nacido en una u otra familia marcaba instantáneamente el sino de una persona. En la España del rey todopoderoso en cuyos territorios jamás se ponía el sol, contar con un buen apellido era más importante que tener a las espaldas una gran fortuna pecuniaria. Y en este sentido hay que decir que la pequeña Ana de Mendoza pudo considerarse en su nacimiento la niña más afortunada de toda su época; no solo tenía la raigambre que otorga un gran apellido, el Mendoza, sino que además fue a nacer en una de las familias más ricas de España.

Este título —porque el propio apellido era casi uno de los títulos más altos de la época— implicaba numerosos privilegios y prebendas que ya hubieran querido para sí muchos nobles de origen más humilde y discreto. Estos privilegios no se convertían en cantidades de dinero o tierras, sino en algo de mucho más valor en la época: la antigüedad nobiliaria, algo que hoy podríamos denominar «casta», y, por supuesto, viendo los tiempos que corrían con continuas luchas con los «perros moros», Mendoza también significaba la pureza de sangre.

Como cuenta fray Hernando Pecha en su *Historia de Guadalaxara*:

> Este nombre Mendoza en lengua vascongada significa cuesta pequeña, y añadiéndole una Y, se pronuncia Mendioza. Que quiere decir montaña fría, nombre que cuadra con el sitio de la casa solariega de Mendoza, que está en un recuesto en tierra de Vizcaya, a dos leguas de Vitoria.

Además, podemos ir más hacia atrás en el origen del apellido si tomamos como referencia correcta que en tiempos de Escipión el Africano (234-183 a. de C.) en Álava vivieron dos hermanos, Indíbil y Mandonio, de donde con las corrupciones propias del tiempo y el boca a boca, aparece el apellido Mendoza[5].

Para colmo de fortunas y dineros, el origen del apellido Mendoza hunde sus raíces en una fecha dramática para el final de la presencia musulmana en tierras castellanas. La tradición cuenta que en el ejército de Alfonso VIII, rey de Castilla que subió al tro-

---

[5] Cf. Fray Hernando Pecha, *Historia de Guadalaxara*, Guadalajara, 1977, de la edición original del siglo XVII, pág. 130. En el libro, fray Hernando da una trascripción arcaica de los nombres: Mendíbil y Mendonio.

no con apenas tres años, no separándose de él hasta su muerte en 1214, había un caballero vizcaíno llamado Íñigo López de Mendoza. Hasta donde sabemos, este primer Íñigo era pariente cercano de Diego López de Haro, Señor de Vizcaya, a quien acompañó a la cabeza del ejército.

Las crónicas cuentan que el papel de Íñigo López de Mendoza fue trascendental en la batalla de las Navas de Tolosa, el 16 de julio de 1212, contra los almohades; contienda que, a la postre, supuso el comienzo del fin de la presencia musulmana en España.

Tras esta fecha, su primer blasón estará formado por unas cadenas rotas, siendo en Andalucía en donde empieza el origen nobiliario de la familia Mendoza. Pero como veremos más adelante, estas armas primigenias cambiarán, de manera que la princesa de Éboli usará las suyas propias enlazadas a las de su esposo, Ruy Gómez de Silva.

A partir de ahí el camino de los Mendoza no se separará de los reyes castellanos. El sucesor de Íñigo, Ruy López de Mendoza, será almirante de Castilla con Fernando III el Santo, rey de Castilla entre 1217 y 1252. Con el paso de las décadas, poco a poco los Mendoza fueron ganando privilegios, títulos y riquezas[6].

El primer gran Mendoza conocido por todos será Íñigo López de Mendoza[7] (1398-1458), el famoso poeta castellano de la corte del rey Juan II de Castilla, más renombrado por uno de sus títulos, marqués de Santillana. Este título lo obtuvo tras su importante participación en la victoria de Olmedo en el año 1445, no contra los moros sino contra un grupo de nobles sublevados al monarca.

---

[6] He evitado hacer aquí una reseña extendida de la familia Mendoza, principalmente porque no viene al caso y, en segundo lugar, porque no aporta nada a la biografía de la princesa. No obstante, a quien le interese recomiendo el perfil que de esta familia hace Gaspar Muro en el primer capítulo de su libro *Vida de la princesa de Éboli* (1877), con abundantes notas a pie de página proporcionando documentación adicional. Algo más breve y también más confusa es la historia de los Mendoza que presenta José García Mercadal en su trabajo *La princesa de Éboli*, Madrid 1959, págs. 5-10.

[7] No es extraño encontrar a lo largo de toda la Edad Media y Moderna decenas de miembros de una misma familia con el mismo nombre. Serán varios los Íñigo López de Mendoza que aparezcan en esta historia. No hay que confundir unos con otros. Por ello, siempre aportaré alguna referencia cronológica o biográfica clara para poder diferenciarlos de sus familiares.

Entre los hijos del marqués de Santillana cabe destacar la presencia de Diego Hurtado de Mendoza, quien recibiría el primer ducado del Infantado el 22 de julio de 1475 por su causa a favor de Isabel la Católica, y, especialmente, Pedro González de Mendoza, más conocido como el cardenal Mendoza (1428-1495).

El «tercer rey de España», tal y como se conocía en la época al cardenal, fue un hombre de gran poder y de costumbres nada propias de su condición religiosa. Entre sus conquistas de alcoba estaba doña Mencía de Lemos (o María de Lemos), una portuguesa sin escrúpulos, de generosas curvas y cierta ligereza de cascos, que debió desatar las pasiones de este cardenal, no menos sicalíptico que su concubina, de suerte que no en una sino en dos ocasiones, doña Mencía otorgó descendencia al lujurioso cardenal. Rodrigo y Diego fueron los nombres de los retoños. Este último, Diego Hurtado de Mendoza (1503-1575), intentó maquillar su deshonroso origen con éxitos en batallas y otras heroicidades. Hombre de letras al igual que su abuelo el marqués de Santillana, de este Diego se ha dicho que incluso pudo haber sido el autor del celebérrimo *Lazarillo de Tormes*, una de las obras cumbres de la novela picaresca en la literatura castellana del siglo XVI.

Casado con doña Ana de la Cerda, señora de Miedes, Mandayona y Galve, don Diego sería también el portador del título de primer conde de Mélito, título que sería heredado por su hijo, de igual nombre, Diego Hurtado de Mendoza (desconocemos el año exacto de su nacimiento), a quien ascenderían de conde a príncipe de Mélito, además de hacerlo también duque de Francavilla (ambos lugares de Nápoles).

Este Diego Hurtado de Mendoza sería quien, en 1538, contrajo matrimonio con Catalina de Silva y Andrade, hija de los condes de Cifuentes, título que heredaría su hermano. De este matrimonio nació doña Ana de Mendoza y de la Cerda, futura princesa de Éboli, la protagonista de este libro, convirtiéndose en la única descendiente y heredera de la fortuna de esta rama de los Mendoza.

Aunque a lo largo de este libro vayan apareciendo algunos elementos biográficos de los padres que se solapan en la vida de su hija, no está de más adelantar aquí los más destacados.

En 1555 Diego Hurtado de Mendoza se encontraba en Zaragoza desempeñando la labor de virrey de Aragón, cargo al que había accedido gracias a la mediación de su yerno, Ruy Gómez de Silva, el esposo de la princesa de Éboli, aunque tuvo que abandonar precipitadamente la ciudad.

La fama de crápula y mujeriego lo persiguió durante toda su vida, siendo estas las principales razones que lo llevaron a separarse de su esposa y de mantener una relación enconada tanto con esta como con su hija y su yerno. Para alejarlo del percal, fue nombrado presidente del Consejo de Italia en 1558, adonde iría solo, permaneciendo Ana y Catalina, como ya veremos, en Valladolid.

Muerta su esposa, don Diego se volvió a casar en 1576 con Magdalena de Aragón, hija de don Alonso, duque de Segorbe. Finalmente, murió el 18 de marzo de 1578 cuando su nueva esposa estaba a punto de dar a luz. La incertidumbre se posó durante algunos meses sobre la princesa de Éboli, ya que de ser un niño, ella perdería cualquier posibilidad de heredar los títulos y bienes de su familia, quedando para ella solamente las «migajas» de la inmensa hacienda de los Mendoza. Sin embargo, y por suerte para doña Ana, el nacido fue niña, muriendo, además, poco después.

De don Diego conservamos un supuesto retrato realizado por Tiziano Vecellio (1477-1576) pintado hacia 1541. Hoy se conserva en el Palazzo Pitti de Florencia. Se exhibe bajo el título de *Retrato de gentilhombre* de pie y se corresponde con un óleo sobre lienzo de 114 por 179 centímetros. De él se ha dicho

Supuesto retrato de Diego Hurtado de Mendoza, por Tiziano Vecellio. Hacia 1541. Palazzo Pitti de Florencia

que pertenecía al poeta Donato Minerbetti. Esta relación venía dada también por la representación en el friso de mármol que hay sobre el fondo del cuadro, del conflicto entre Apolo y Marsias. Pero ya en el siglo XIX el extraño retrato de cuerpo entero se identificó con don Diego, haciendo cierta así la mención de Giorgio Vasari, que hablaba de la existencia de este retrato pintado en 1541. Como es lógico, las dudas de que este sea el retrato del padre de la princesa de Éboli siguen tan vivas como el primer día. Más aún cuando la presencia del trasfondo literario en el lienzo nos hace pensar, una vez más, en el equívoco existente entre los dos Diego Hurtado de Mendoza, uno el padre, literato a quien se le atribuyó el *Lazarillo de Tormes*, y otro el hijo despiadado, padre de la princesa de Éboli.

Mucha menos información es la que podemos aportar de Catalina de Silva, la madre de nuestra protagonista. No sabemos cuándo nació, pero sí que era nieta del poeta Juan de Silva e hija directa del conde de Cifuentes, Fernando de Silva. Este estuvo al cargo de las hijas del emperador, Carlos I, a la sazón las infantas María y Juana, residiendo en la corte hasta su muerte en 1545.

Al poco de su boda con don Diego, en 1538, la vida de Catalina se convirtió en un ir y venir siguiendo los puestos que asignaban a su esposo, para finalmente separarse de él y quedarse al cuidado de su hija. Catalina contaba con una biblioteca de más de 300 volúmenes. Su pasión por las humanidades hizo que fuera llamada «La Clárida» por el poeta y humanista toledano Alvar Gómez de Castro. Como he mencionado anteriormente, el matrimonio no tardó en romperse por culpa del carácter mujeriego del marido. Al contrario que el padre, Catalina siempre mantuvo una estrecha relación con la princesa, rota en algunos momentos, seguramente por el fuerte temperamento de ambas mujeres, siendo un duro golpe para doña Ana la muerte de su madre en 1576.

Y poco más es lo que deberíamos añadir al trasfondo familiar que antecedió a la aparición de doña Ana. Así era la familia Mendoza, de la que se decía que en la época en que nos moveremos, el siglo XVI y el reinado de Felipe II, contaba con 800 pueblos en distintos puntos del reino de las Españas (tanto en Europa como en América) y 90.000 vasallos.

Durante estos años, España vive cierta convulsión política. En 1539, con tan solo doce años de edad, el príncipe Felipe es nombrado por su padre, el emperador Carlos V, Regente del Reino cuando este marcha a la ciudad flamenca de Gante (Bélgica). Al lado del pequeño príncipe permanece, como es lógico, un Consejo de Regencia, formado en esta ocasión por don Francisco de los Cobos, el cardenal Tavera y el duque de Alba. Gracias a esta forzada situación, desde muy joven Felipe comienza a familiarizarse con los asuntos de Estado.

Como sucedería a lo largo de todo el siglo XVI, la sombra de una lucha eterna entre el catolicismo, abanderado por el emperador Carlos V, y el protestantismo, centrado principalmente en Alemania e Inglaterra, sigue cubriendo con un denso velo la política europea. Más cerca de nuestros intereses, la lucha contra el peligro turco, cuya amenaza asolaba la franja mediterránea occidental (Italia y el levante español), marcará las bases del desequilibrio político y social que a lo largo del siglo XVI protagonizará la historia de España y que curiosamente, como ya veremos, también afectó la vida de la princesa de Éboli y de los pastraneros.

Allende los mares, seguíamos recibiendo oro de los virreinatos de Nueva España en Centroamérica y Perú. Cantidades ingentes de oro y plata que, cuando no se perdían por el camino, nos las robaban los piratas ingleses o, peor todavía, ya se encargaba la Corona de despilfarrar.

Pues bien, bajo esta guisa de falseada tranquilidad y prosperidad, nace en Cifuentes a principios del verano del año 1540 la hija de los condes de Mélito, Ana de Mendoza y de la Cerda.

# 2

# Nacimiento y primeros años de doña Ana de Mendoza

A NA de Mendoza y de la Cerda fue bautizada el 29 de junio de 1540 en la localidad alcarreña de Cifuentes, la antigua *Centum Fontes* («las cien fuentes») de los romanos. Esta localidad se encuentra en el centro de la provincia de Guadalajara. La presencia de esta fecha no implica necesariamente que su nacimiento fuera el

Hogar del Pensionista de la Plaza Mayor de Cifuentes, construido en donde antiguamente estaba el palacio de los condes de Cifuentes, los abuelos de la princesa de Éboli, en donde seguramente doña Ana nació en 1540.

día anterior. Este pudo haberse producido perfectamente dos o hasta tres días antes.

No conocemos con exactitud el lugar en donde se realizó el feliz alumbramiento. No obstante, debió de ser, casi con toda seguridad, en las casas en las que se alojaban los condes de Mélito, el palacio de los condes de Cifuentes. Este palacio pertenecía a la familia Silva, correspondiente a la madre de la princesa. El casón estaba en la Plaza Mayor del pueblo, debajo del ábside de la iglesia parroquial del Salvador, en donde fue bautizada. Por desgracia, no queda nada del palacio, ni descripción alguna que nos haga te-

ner una leve idea de su aspecto. En su lugar se levanta hoy un espacio de recreo y un centro de la tercera edad.

Lo que sí conservamos es su partida bautismal, conservada,
como ya he dicho, en la parroquia del Salvador de esta localidad[8].
En un texto breve de apenas cinco líneas del libro primero de los
registros parroquiales, correspondiente al mes de junio del verano
de 1540, podemos leer:

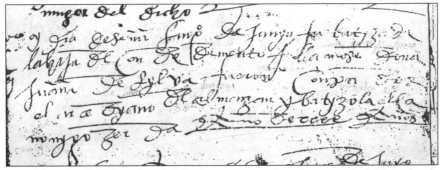

Partida bautismal de doña Ana de Mendoza, conservada en la parroquia del Salvador de
Cifuentes (Guadalajara).

> Hoy día del Señor San Pedro de junio fue bautizada la hija del
> conde de Mélito, y llamose doña Juana de Silva, fueron los padri-
> nos condes de Alyano de Almenara y bautizola el canónigo Cerda.
> (Firmado) Cerda.

La referencia al «canónigo Cerda» hace mención al canónigo
de la iglesia de Toledo, don Juan de la Cerda, pariente de la familia del padre al pertenecer a una de las ramas de la casa de los duques de Medinaceli[9].

La mención al santoral, en donde leemos «Hoy día del Señor
San Pedro de junio», nos está indicando el día 29 de junio, día de
San Pedro y San Pablo, aunque explícitamente no aparezca en el

---

[8] Conservamos en la actualidad algunos elementos de la antigua iglesia del
Salvador de Cifuentes que nos recuerdan el momento del bautizo de la princesa de Éboli. El templo fue levantado en el siglo XIII. Se trata de un edificio de
transición del románico al gótico. Fue reformado en el siglo XVI y en él hay que
destacar su portada románica de influencia francesa, con un gran rosetón, dedicada a Santiago. La portada principal es renacentista con añadidos barrocos.
Las naves del interior y el ábside son góticos.

[9] Cf. Fray Hernando Pecha (1977), pág. 88.

documento. De ello, y por lo que he dicho anteriormente, se deduce que debió de nacer seguramente dos o tres días antes, el 26 o el 27 de junio[10]. Eso nunca lo sabremos, e intentar especular con una fecha u otra sin documentación de por medio me parece algo peregrino y fuera de las pretensiones reales de esta biografía.

Sin embargo, hay otros detalles curiosos de la partida de bautismo en la que sí nos podemos detener.

En ella figura el nombre de «Juana», aunque en el resto de documentos históricos siempre aparece con el de Ana. ¿Pertenece esta partida bautismal a doña Ana de Mendoza? La razón del porqué de la presencia de este nombre, que seguramente fue tomado de su tío que luego sería conde de Cifuentes, en vez de su nombre real, no la sabemos. No era inusual en la época que el recién nacido adoptara diferentes nombres de pila tomados de sus parientes más cercanos[11]. Por ello, como acertadamente señala el biógrafo Gaspar Muro, se le daría también el de su abuela paterna doña Ana de la Cerda, que fue el que usó durante su vida[12]. Además, no hay que perder de vista un detalle que puede ser esclarecedor. A lo largo de la historia de la familia Mendoza los nombres de los primogénitos apenas variaron. El listado proporcionado por fray Hernando Pecha

---

[10] No olvidemos que todas estas fechas, al igual que muchas de las que irán apareciendo en este libro, pertenecen al calendario juliano, sustituido por el gregoriano, el que usamos en la actualidad, en octubre de 1582. En aquel momento, después del día 4 de octubre se pasó directamente al 15, «perdiéndose» once días para siempre. Una de las afectadas por este capricho cronológico fue Santa Teresa de Jesús, que falleció el día 4 de octubre y no fue enterrada hasta casi «dos semanas» después, el día 15 de octubre, fecha en la que hoy se celebra su festividad.

Por lo tanto, si queremos hacer un cálculo rápido de a qué día se correspondería con nuestro calendario el nacimiento de la princesa, por ejemplo, solamente tendremos que sumar once días. De esta forma, podemos decir que nuestro 26 y 27 de junio del calendario gregoriano se corresponde, en el juliano, con los días 7 y 8 de julio de 1540, respectivamente.

[11] Nuestra tradición de tomar el apellido primero del padre y el segundo de la madre se remonta a una ley de 1886. En esta época no era infrecuente que los padres de los novios acordaran qué hijos iban a llevar qué nombres y apellidos, incluso antes de que nacieran. El primogénito solía llevar el apellido del padre, mientras que los otros hijos y al menos una niña llevaban los de la madre. Aun así, no era una norma que siempre se cumpliera.

[12] Gaspar Muro (1877), pág. 20.

Iglesia del Salvador de Cifuentes, en donde fue bautizada doña Ana de Mendoza.

en el primer tercio del XVII es el siguiente: Pedro, Juan, Diego, Íñigo, Hernando, Lope, Rodrigo y Francisco; estando, como vemos, Juan en segundo lugar.

Por lo tanto, es posible que, aun siendo niña, se le quisiera dar el nombre de uno de los primogénitos de la familia. Lo que sí resulta muy extraño es que no hubiera más intentos de ampliar la familia por parte de don Diego y doña Catalina. Es cierto que las desavenencias entre ambos no tardaron en aparecer. Pero si observamos desde la distancia los acontecimientos, seguramente Catalina de Silva debía de tener algún problema a la hora de concebir. Y digo ella, porque él, en su segundo matrimonio, ya anciano, siguió concibiendo descendencia como si tal cosa. En este sentido no nos ha llegado noticia de otros embarazos ni de alumbramientos malogrados por parte de doña Catalina de Silva.

Por el contrario, conocemos la existencia de hijos naturales de don Diego. No tuvo mejor ocasión este singular y desenfrenado caballero que aprovechar el funeral de don Juan de la Cerda, segundo duque de Medinaceli, celebrado el 20 de enero de 1544, para beneficiarse a la hija del finado, doña Luisa de la Cerda. El encuentro tuvo tan mala fortuna para los fogosos amantes que la joven se quedó embarazada de una niña que más tarde sería enviada como «hija de ganancia» al padre bajo el nombre de doña Isabel de Mendoza[13]. No es de extrañar que desde entonces, si no antes, Catalina de Silva comenzara a distanciarse de su esposo. Cosas del amor[14].

---

[13] Véase Fray Hernando Pecha (1977), pág. 309. Esta doña Isabel de Mendoza se casó con Diego de Bernuí, mariscal de Benamejí.

[14] Esta historia es relatada por Mercedes Formica en *María de Mendoza, solución a un enigma amoroso*, Madrid, 1979. Yo tomo la mención de Mario N. Taladriz, «La princesa de Éboli en Valladolid y Simancas», *Historia y Vida*, nº 303, año XXVI, junio de 1993, pág. 70.

Volviendo a la partida de bautismo, el apellido Silva se debe a la libertad existente en aquella época para elegir apellidos. Quizá también influyó cierto homenaje y respeto a la familia de la madre en cuya casa nació la niña. Es cierto que don Diego Hurtado de Mendoza, padre de doña Ana, le entregó el apellido Mendoza a sabiendas de que lo que más anhelaba él era el nacimiento de un niño y que la presencia de una hembra lo debió de contrariar. También es posible que hiciera uso del apellido Mendoza aunque, por decirlo de alguna forma, registralmente no constara como tal. La existencia de hijos varones, cosa que no sucedió finalmente, podía hacer perder el apellido «Mendoza», por lo que lo más probable es que la cambiaran el nombre.

Existe otra posibilidad que hasta hoy nadie ha barajado. Que esta partida de bautismo no perteneciera a la futura princesa de Éboli sino a una hermana suya luego fallecida a muy temprana edad. Pudo ser así. Pero conociendo un poco los entresijos de la documentación de la época, casi con total seguridad podemos decir que, efectivamente, el documento que aquí presentamos pertenece a doña Ana de Mendoza, futura princesa de Éboli.

Existen varias pruebas indirectas que así lo confirman. Por un lado, sabemos que en otras genealogías de la familia se menciona que doña Ana de Mendoza nació en Cifuentes. Además, cuando se habla de ella en 1553 para sus casamientos con Ruy Gómez, se dice que es de trece años, lo cual ya nos está diciendo que nació en el año 1540. Tendrían que darse muchas contrariedades históricas para demostrar que el documento no pertenece a doña Ana.

En sus primeros años de vida la pequeña Ana vivió en Cifuentes, seguramente a caballo entre el palacio de sus abuelos, los condes de la villa, donde nació, y el castillo de la localidad[15]. A su padre, Diego Hurtado de Mendoza, no se le conocen puestos importantes en los que desarrollar una labor, hoy diríamos, profesional hasta que muchos años después el enlace de su hija con Ruy Gómez de Silva le permitiera alcanzar cargos políticos. Por ello, lo

---

[15] Este lo mandó levantar el infante don Juan Manuel en 1324. Tiene planta cuadrada con torreones, torre del homenaje y varias puertas de acceso. También perteneció en su momento a la familia Silva. Hoy es un taller escuela de rehabilitación de monumentos.

más fácil es pensar que, como hacían muchos nobles en aquella época, su trabajo se centrara en la administración de sus fincas y posesiones. Es decir, vivir de las rentas.

Esta ausencia de información ha redundado en contra de nuestros conocimientos de la infancia de doña Ana de Mendoza. En la actualidad no contamos con ningún documento que nos relate mínimamente la vida de los primeros años de nuestra protagonista.

La primera mención histórica que de ella se hace en la documentación de la época es del 7 de mayo del año 1553. En aquella fecha, la joven Ana está a punto de cumplir los trece años de edad. El documento es una carta de Juan de Sásamo, a la sazón secretario del por entonces emperador Carlos V, al servicio del todavía príncipe Felipe, dirigida a Francisco de Eraso, también secretario del emperador. La carta hace referencia a la próxima boda acordada entre el príncipe Felipe y los condes de Mélito para desposar a su joven hija con quien sería a la postre una de las personas más influyentes del reinado del monarca Felipe II, su secretario el portugués Ruy Gómez de Silva[16].

Ruy Gómez de Silva, príncipe de Éboli. Detalle de *Ruy Gómez de Silva entrega la ermita de San Pedro a Santa Teresa*, escuela madrileña del XVII. Museo de San Francisco de Pastrana.

---

[16] Volvemos a enfrentamos a la complejidad de la documentación de la época en lo que respecta a nombres, familias y estirpes. Ruy Gómez de Silva es-

En la misiva entre secretarios, muy propia de los chismes de la época, podemos leer la mención a la hija de los condes de Mélito. No se explicita el nombre de Ana de Mendoza, pero no queda más remedio que pensar que, una vez más, el texto hace referencia a la princesa.

> Su Alteza ha casado a Ruy Gómez con la hija del conde de Mélito, que ahora es heredera de su casa, y también lo podría ser de la del conde de Cifuentes; porque no tiene sino un niño y es bien delicado. La moza es de 13 años y bien bonita aunque es chiqui-ta [...][17].

Entre líneas podemos leer que doña Ana no tenía hermanos, lo que de forma indirecta nos hace volver a pensar que la partida bautismal de Cifuentes pertenece a nuestra protagonista. Además, este documento, conservado en el Archivo General de Simancas de Valladolid, es claro al mencionar el detalle de que ha sido Su Alteza, el príncipe Felipe, quien ha elegido a la pequeña Ana para casarla con su hombre de confianza, Ruy Gómez, veinticuatro años mayor que ella. Doña Ana es la heredera de la casa del conde de Mélito, el padre de la cría, Diego Hurtado de Mendoza, y quizá de la del conde de Cifuentes, por parte de la madre, Catalina de Silva, ya que el heredero actual, don Juan de Silva, parecía ser persona enclenque y de huidiza salud.

---

taba emparentado con la familia de doña Ana, aunque de forma esquiva. Como cuenta Gaspar Muro (1877), pág. 27: «Don Fernando de Silva, cuarto conde de Cifuentes, abuelo de doña Ana, había sido mayordomo mayor de la emperatriz Isabel (de Portugal, madre de Felipe II) después del fallecimiento de Ruy Téllez de Meneses, abuelo de Ruy Gómez, y don Juan, su hijo y sucesor, era gentilhombre de la cámara de Felipe II al mismo tiempo que Ruy Gómez. (Por lo tanto) no solo tenían un mismo origen los dos Silva, sino que eran amigos y compañeros desde la infancia».

[17] Archivo General de Simancas. Estado, legajo número 100.

# 3
# Capitulaciones para la boda con Ruy Gómez de Silva

## Adolescencia y juventud hasta 1559

No era extraño en aquella época no solamente el enlazar a los hijos por medio de casamientos pactados y totalmente desunidos, sino que además estos se hacían en ocasiones a edad muy temprana de uno o de los dos futuros cónyuges. No era un matrimonio en sí, sino la firma de una especie de contrato en el que se pactaban una serie de condiciones, normalmente económicas.

La razón de esta frivolidad es sencilla de explicar. Se trataba de una

*Ruy Gómez de Silva.* Colección casa del Infantado, Sevilla.

especie de «guardar la vez» y tenerlo todo atado y bien atado para que, llegada la edad de merecer, el matrimonio pudiera consumarse.

En el caso de doña Ana de Mendoza, heredera de una de las familias más poderosas de España y con un patrimonio crematístico que no distaba en exceso del que disfrutaba el mismo rey, no era de extrañar que fuera una de las joyas de la corona, y nunca mejor dicho.

Como ya hemos visto al finalizar el capítulo anterior, existe un documento con fecha del 7 de mayo de 1553 en el que se da noticia del casamiento de la hija de los condes de Mélito, doña Ana de Mendoza, con Ruy Gómez de Silva, secretario y mano derecha del por entonces príncipe Felipe[18]. Pero ¿quién era este singular personaje al que poco después, por su extraordinario poder siendo ya monarca Felipe II, era conocido bajo el apelativo de «Rey Gómez»?

Ruy Gómez de Silva (1516-1573)[19] había llegado a España cuando tan solo contaba diez años. Vino acompañando a su abuelo materno, quien por entonces desempeñaba el puesto de mayordomo mayor en el séquito de Isabel de Portugal. Esta fue la futura emperatriz y esposa de Carlos V, cuyo matrimonio se celebró precisamente ese año de 1526.

Nacido en Chamusca, en la región de Santarem, al noreste de Lisboa, Ruy era hijo de Francisco de Silva, tercer señor de Chamusca y Ulme, y de doña María de Noroña, dos aristócratas portugueses de segunda clase o menores. Pero desde su infancia fue compañero de juegos y aventuras del príncipe Felipe. Con él vivió en la corte española como paje, y fueron tales los lazos de amistad entre ambos que cuando Felipe tuvo en 1548 casa propia, Ruy pasó a convertirse en uno de los gentileshombres de cámara. Durante los siguientes años, Ruy acompañaría siempre a Felipe en su etapa de regente de Castilla, pasando a ser consejero de Estado y de Guerra, mayordomo y contador del príncipe Carlos[20], hijo primogénito de Felipe, cuando fue coronado en 1557, como uno de sus hombres más cercanos y de confianza.

---

[18] Antes que con doña Ana, el príncipe Felipe acordó el matrimonio de Ruy con una tal doña Teresa, hermana del noble abulense, el marqués de Velada, don Gómez Dávila, con una renta de 10.000 escudos. Esta boda nunca se llegó a realizar porque doña Teresa abrazó los hábitos religiosos.

[19] Véase de M. Cuartas Rivero, «Correspondencia del príncipe de Éboli (1554-1569)», en *Cuadernos de investigación histórica*, 2, 1978, págs. 201-214.

[20] Don Carlos de Austria nació en Valladolid el 8 de julio de 1545. Fue el primogénito de Felipe II, producto de su primer matrimonio con María Manuela de Portugal.

Este era don Ruy Gómez, hombre leal, honesto y cabal, que tuvo la fortuna de unir su sangre con la de la familia Mendoza al casarse con la única heredera de esa antigua estirpe.

En 1552, viendo que Ruy iba cumpliendo años, su buen amigo el príncipe Felipe quiso dejarlo todo atado antes de que se le adelantara nadie. De esta forma, a través de don Juan de Silva, conde de Cifuentes, el tío de doña Ana, pidió a los padres de esta la mano para desposarla con su secretario. Al parecer, los condes de Mélito lanzaron albricias, aceptando prestos y con gusto el matrimonio. Con orgullo y placer, el enlace quedó apalabrado a finales de ese año, firmándose las capitulaciones en el mes de abril del año siguiente, 1553.

Aunque las capitulaciones se habían firmado en Madrid, el desposorio se llevó a cabo en Alcalá de Henares, lugar en el que los padres de doña Ana de Mendoza, los condes de Mélito, tenían su residencia habitual. Este detalle nos hace ver la importancia de la familia Mendoza y el peso del apellido, aunque el futuro esposo fuera un personaje muy ligado a la Corona española. Como podemos leer en la misma misiva por la que tenemos noticia indirecta de este enlace, la carta de Juan de Sásamo a Francisco de Eraso:

> Y además de esto, para hacerle más favor y merced, (Felipe) se salió un día al Pardo y de allí fue a Alcalá a hallarse en el desposorio, que no fue poco solemnizado[21].

Ruy Gómez estaba muy contento por el gesto que había tenido para con él Su Alteza don Felipe, casándolo con una de las mujeres, aunque todavía moza, más prometedoras, además de por haberse desplazado a los desposorios desde Madrid[22]. No era para menos, a sabiendas de la gran amistad que unía a los dos hombres.

En aquella fecha de 1553 Ana contaba con trece años y Ruy con treinta y siete, por lo que la consumación del matrimonio

---

[21] Archivo General de Simancas. Estado, legajo número 100.

[22] Todas estas cartas en las que se manifiesta por parte de Ruy Gómez su alegría y agradecimiento por la boda están en el Archivo General de Simancas. Estado, legajo número 100. También aparecen recogidas en la obra de Gaspar Muro (1877), apéndices 2 a 5.

no podría realizarse hasta tiempo después. En este caso fueron dos los años propuestos en la documentación para que tal momento llegase. Sin embargo, más que la edad también pudieron influir las funciones de Ruy Gómez junto a don Felipe como Sumiller de Corps. Como tal tuvo que acompañar a Su Alteza en su viaje a Inglaterra para casarse con la reina de Inglaterra, María Tudor. Allí permanecería una temporada larga, por lo que el plazo firmado de dos años se dilató hasta casi el doble.

Como ya se ha comentado anteriormente, las capitulaciones para el casamiento de Ana de Mendoza con Ruy Gómez se firmaron en Madrid el día 18 de abril de 1553. Así es como las recoge Gaspar Muro:

> Capitulaciones para el casamiento de Ruy Gómez de Silva con doña Ana de Mendoza, celebradas entre Su Alteza el príncipe don Felipe y los condes de Mélito, padres de esta señora.
>
> 18 de abril de 1553
>
> Lo que se asienta y capitula entre el príncipe nuestro Señor y conde y condesa de Mélito sobre el casamiento que se ha tratado entre Ruy Gómez de Silva, Sumiller de Corps de Su Alteza y doña Ana de Mendoza, hija de los dichos condes, es lo siguiente:
>
> Primeramente; que la dicha doña Ana de Mendoza se ha de desposar luego por palabras de presente con el dicho Ruy Gómez de Silva como está concertado.
>
> Ítem; que Su Alteza, por razón del dicho casamiento, dará seis mil ducados de renta en los Reinos de la Corona de Castilla al dicho Ruy Gómez de Silva y a la dicha doña Ana de Mendoza para ellos y después de sus días, para sus hijos y descendientes legítimos, para los que tengan por bienes de mayorazgo en acrecentamiento del mayorazgo y casa del dicho conde de Mélito, y con los vínculos y sumisiones de él, de manera que muriendo el dicho Ruy Gómez de Silva con hijos, la dicha doña Ana de Mendoza tenga y goce los dichos seis mil ducados de renta en su vida, según y como ha de gozar el Estado del dicho conde su padre, y con que el sucesor del dicho mayorazgo sea obligado a traer las armas de Mendoza y las armas de Silva, las de Mendoza a la mano derecha y las de Silva a la mano izquierda. [...]

Ítem; que si el dicho conde de Mélito hubiere y dejare hijo varón legítimo al tiempo de su fin de muerte, de manera que no suceda en el dicho mayorazgo la dicha doña Ana de Mendoza, que desde ahora el dicho conde de Mélito promete y da en dote a la dicha doña Ana de Mendoza su hija, cien mil ducados de oro y que para la seguridad de esto y obligar los bienes de sus estados, saque las facultades necesarias [...].

Ítem; que dicho Ruy Gómez de Silva ha de prometer y dar en arras a la dicha doña Ana de Mendoza diez mil ducados de oro y sacar facultad bastante para poder prometerlos y obligarse y asegurarlos.

Ítem; que dicho Ruy Gómez de Silva y la dicha doña Ana de Mendoza se velen en haz de la Santa Madre Iglesia dentro de dos años de la fecha de esta capitulación y que Su Alteza cumpla con ellos en este tiempo de arriba capitulado [...][23].

Ítem; que cerca de lo contenido en esta capitulación y para que se cumpla lo en ello contenido, los dichos conde y condesa y Ruy Gómez de Silva y doña Ana de Mendoza hagan y otorguen las escrituras que fueren necesarias; fecha en Madrid a diez y ocho días del mes de abril de mil y quinientos y cincuenta y tres años.

Yo el Príncipe, don Diego Hurtado de Mendoza, condesa de Mélito, Ruy Gómez de Silva, por mandado de Su Alteza: Juan Vázquez[24].

Como ya he comentado en algún otro lugar de esta biografía, de la infancia de doña Ana no hay apenas más noticias. Solamente podemos deducir su presencia, siempre junto a sus padres, después de las capitulaciones matrimoniales de 1553, pues a ellos pertenecía la patria potestad. No deja de ser curioso que de la lectura de los documentos de la época, la pequeña parece tener la personalidad jurídica de un adulto —no olvidemos los compromisos que adquiría y asumía en las capitulaciones—,

---

[23] La velación era una ceremonia instituida por la Iglesia católica para dar solemnidad al matrimonio, y consistía en cubrir con un velo a los cónyuges en la misa nupcial que se celebraba, por lo común, inmediatamente después del casamiento, y que tenía lugar durante todo el año, excepto en tiempo de Adviento y en el de la Cuaresma.

[24] Gaspar Muro (1877), apéndice 1.

aunque para la vida diaria seguía dependiendo de la protección de sus padres.

Al casarse, el matrimonio pasó a convertirse en condes de Mélito, título cedido por el padre de la novia. Quizá este gesto fue el que llevó a Ruy Gómez a ver a su suegro con buenos ojos, hablando de él como «un gran cristiano». Idea que pronto cambiaría de forma radical.

## Desavenencias entre los padres de doña Ana

Siguiendo, pues, la pista de los padres, encontramos a nuestra protagonista en varias ciudades españolas lejos de Guadalajara y Madrid. No debió de venirle mal al padre de la niña adquirir protagonismo en la corte como suegro de Ruy Gómez. Poco después de 1553, don Diego comienza a desempeñar importantes cargos políticos. Así, conocemos que en el año 1555 la familia estuvo viviendo en Zaragoza. Allí, el padre fue nombrado virrey de Aragón. No obstante, don Diego no debía de ser un hombre de mano izquierda para el especial trato que había que tener con los aragoneses[25]. Al poco de comenzar a desempeñar su nuevo puesto tuvo que abandonar precipitadamente la ciudad.

Al suspenderse la pena capital que había impuesto un juez castellano a un entrador de caballos francés, país con el que estábamos en guerra, don Diego no hizo caso de los fueros aragoneses y lo mandó ajusticiar con garrote. Huelga decir que el pueblo de Aragón se levantó contra el intruso virrey, celoso de las prerrogativas reales castellanas. Inmediatamente el Consejo del Reino obligó al padre de doña Ana a abandonar la ciudad y su puesto.

Dos años después de este suceso, en 1557, nos encontramos a la familia al completo en Valladolid. No sabemos qué pintaban en la ciudad, pero seguramente debieron de acompañar a la corte, que en aquellos años, estando don Felipe en Inglaterra, se encontraba en la capital castellana encabezada por la regente, Juana de Austria.

---

[25] Los fueros aragoneses eran totalmente independientes de las leyes castellanas, viéndose solamente sometidos al poder de la Inquisición. Esta fue una de las razones por las que años más tarde, en 1591, se levantara Aragón contra Felipe II en favor del ex secretario de Estado, Antonio Pérez.

Sabemos que en esta ciudad residió primero con sus padres en una casa alquilada, aunque su ubicación exacta está totalmente perdida. Luego —desde enero de 1558 hasta agosto de 1559— residieron en el castillo de Simancas, justo en el momento en el que este edificio dejó de ser cárcel para convertirse en lo que todavía es hoy, un importante archivo histórico.

El castillo de Simancas, en Valladolid, antigua cárcel hoy Archivo General.

Es en Valladolid en donde tenemos los primeros testimonios gracias a la correspondencia de la época, que demuestran las desavenencias que había entre los padres de la joven. La vida en familia no debió de ser muy agradable. Esto es lo que cuenta Juan de Escobedo en una carta dirigida a Ruy Gómez con fecha del 26 de septiembre de 1557. En ella se describe de qué forma sus padres se pasaban el día en disputa continua:

> ... que después que estaba en esta casa, tanto en Aragón, como en Alcalá como aquí, su negocio en mesa y fuera de ella, era tratar de morderse y decirse lástimas, y que por el mismo caso entendía que siempre estaban disconformes[26].

Al parecer, era don Diego quien más leña echaba al fuego, al estar todo el día detrás de faldas, aunque tampoco la forma de ser de la madre resultaba modélica para apaciguar la situación. Sin embargo, aquí hay que dar la razón a doña Catalina. Su esposo había convertido la corte en una particular Sodoma y Gomorra para algunos de sus protagonistas. Todo empezó tras la visita del emperador Carlos V a Valladolid en 1557, acompañado de sus hermanas, las llamadas «reinas»: doña María, reina de Hungría, y

---

[26] Archivo General de Simancas. Consejo de Hacienda, legajo número 132. Mencionado por Mario N. Taladriz (1993), pág. 70.

doña Leonor, que lo fue de Francia. No tuvo otra ocurrencia el emperador que alojarse en la casa de don Diego, todo un honor para este y, si se me permite, no menos gusto.

Los salones de las reinas se convirtieron en centro de reunión de la corte, encuentros a los que asistía don Diego. Allí intimó con varias damas de las reinas, especialmente con una tal doña Marina. La correspondencia de la época es lo suficientemente clara como para demostrar el descaro y la falta de vergüenza de don Diego para con su esposa y en su propia casa. El escándalo resultó ser de grado sumo, participando en él, bien como mediadores o bien como protagonistas, prácticamente la totalidad de la corte[27].

Ahora bien, doña Catalina no le iba a la zaga. No en el sentido de la moral distraída de la que hacía gala don Diego, sino en la cizaña que continuamente añadía al ya de por sí quebradizo matrimonio. Por cartas de la época escritas por don Diego a Ruy Gómez, sabemos que la madre de doña Ana no era precisamente una gran administradora. Al parecer, era caprichosa en la entrega de donaciones a enfermos. Les quitaba a estos los dineros y se los entregaba a un fraile *«preso en Chancillería por puto»*[28].

Don Diego Hurtado de Mendoza acabó separándose de su esposa y abandonó el lado de su hija para ir primero a Pastrana, de donde marcharía poco después, en 1558, hasta Italia. Allí, gracias a la mediación de su yerno, Felipe II lo había nombrado presidente del Consejo de Italia. Como hemos visto, Catalina y su hija Ana permanecieron en Simancas hasta agosto de 1559, fecha en la que Ruy regresa definitivamentede su viaje por Europa acompañando al ya monarca español. Doña Juana de Austria había ofrecido alojamiento a doña Ana y a su madre en Tordesillas (a 28 kilómetros de Valladolid) y en Mojados (a 26 kilómetros de Valladolid). Pero el estado de buena esperanza de doña Ana, producido después de su primer encuentro con Ruy, obligó a elegir la opción más cercana a

---

[27] La historia y la documentación aparece en el mismo artículo de Mario N. Taladriz (1993), págs. 71 y 72.

[28] Carta de Juan de Escobedo a Ruy Gómez. Archivo General de Simancas, Consejo de Hacienda, legajo número 32. Mencionado en el artículo de Mario N. Taladriz (1993), pág. 72.

Valladolid, Simancas (a apenas 10 kilómetros). Y así se lo hizo saber doña Ana a su esposo por medio de una carta entregada a Juan de Escobedo en la que le relataba el traslado en silla de manos[29].

A pesar de que la regente Juana dio orden de que durante los primeros días no tuvieran contacto con nadie, esta disposición se fue dulcificando de manera que pronto se hicieron nuevas amistades. Y he aquí el nuevo problema. Al parecer, las amistades de Catalina de Silva no eran de los más normal. Por el contrario, la mujer se trataba con extraños personajes de religiosidad exagerada, iluminados, adivinos, astrólogos y demás gentes de escasa condición. Todo era poco apropiado para crear el ambiente más propicio ante la llegada del futuro nieto al que doña Ana estaba a punto de dar a luz.

Una de las exigencias de Catalina era que las nodrizas fueran ante todo hermosas. Tal situación debió de poner los pelos de punta a los coetáneos. Conservamos una carta explícita dirigida a Ruy Gómez en la que se entrevé lo grave de la situación:

> V. S. entre las cosas que ha de escribir a su casa, si a ella no viene, sea que en la crianza del hijo o hija que Dios os diere, tomen el parecer de mujeres cuerdas y que sepan cómo aquello se hace, y no de veinte desvariados con quien mi señora la duquesa (de Francavilla, doña Catalina) platica, porque sea cosa que su astrología le podía a V. S. costar cara; sacad a vuestra mujer de terribles compañías y poned a vuestro pollino a salvo, y todo lo demás a V. S. le dé poca pena[30].

En cualquier caso, y ante tal situación, cabe destacar que el comportamiento de la joven Ana fue siempre ejemplar. Así lo atestigua la correspondencia conservada de estos años en Valladolid en la que doña Leonor Manuel, una dama de la corte, informa al mismo Ruy:

---

[29] Carta de Hernando de Ochoa a Ruy Gómez del 17 de enero de 1558. Archivo General de Simancas, Patronato Real, legajo único. Mencionada en el artículo de Mario N. Taladriz (1993), pág. 73.

[30] «Otras seis cartas dirigidas al conde de Mélito, Ruy Gómez de Silva», enero-marzo de 1558, colección Zabálburu, CODOIN, vol. 97, págs. 333-356. Mencionada en el artículo de Mario N. Taladriz (1993), pág. 74.

... tenéis una mujer muy honrada y muy sesuda para su edad, y parece de muchos más años de los que tiene; no os cumple tenerla con sus padres en ninguna manera del mundo[31].

Más impresionante, si cabe, es la misiva enviada el 6 de noviembre de 1557 por la regente Juana de Austria a Ruy Gómez en la que le comunica que ella misma impidió la marcha de Valladolid de doña Catalina y de doña Ana, mientras don Diego ya había marchado a Pastrana:

Y porque la condesa me pidió que no lo consintiese, determinó de conservarlas, y así se pasó [...] mas pareciome que hubo lástima de su madre y tiene razón porque es terrible vuestro suegro (don Diego), [...] él es ido y la condesa se está con su madre y es la más bonita cosa del mundo, porque tiene más seso que todos ellos[32].

La razón de incompatibilidad matrimonial fue la causa de separación. Esta se llevó a cabo gracias a la mediación de Juana de Austria, cuando doña Ana y su madre pasaron a vivir al castillo de Simancas en enero de 1558.

En una etapa de aprendizaje como la que estaba viviendo doña Ana en estos momentos, es indudable que las disputas entre sus padres debieron de marcar su futuro carácter. No existen documentos ni en esta época ni después que nos hablen de una mujer violenta. Por el contrario, sí leemos entre líneas que la princesa se definió con un perfil arrogante, orgulloso y altanero. Algo típico de los Mendoza, por otra parte. No obstante, en palabras de doña Juana de Austria manifestando tener más seso que todos lo que le rodeaban, doña Ana también debió de sacar sus propias conclusiones, demostrando así una gran inteligencia y una madurez adelantada a la edad en que esta en realidad debía aparecer.

A pesar de todo, y dejando de lado la aparente dureza que injustamente se le ha querido achacar en su trato con los demás, doña Ana siempre manifestó hacia los suyos un comportamiento

---

[31] Carta con fecha del 5 de enero de 1558. Patronato Real, legajo único. Mencionado en el artículo de Mario N. Taladriz (1993), pág. 73.

[32] Archivo General de Simancas. Patronato Real, legajo único. Mencionado en el artículo de Mario N. Taladriz (1993), pág. 72.

ejemplar. Se puede decir que fue una mujer generosa. Quizá el exceso de generosidad es lo que la llevó posteriormente a la perdición. Fue muy cariñosa con sus hijos y con las personas más allegadas. En su testamento podemos comprobar de qué forma supo compensar el trabajo de todos sus sirvientes desde el primero hasta el último. Razón de más para defender a sus hijos, a pesar de que con algunos de ellos sus relaciones no fueron especialmente buenas. Posiblemente quiso que en ellos no se repitiera la historia que ella misma había vivido con sus padres; una historia de separación, distanciamiento y continuos desencuentros. Al contrario, siempre quiso lo mejor para todos ellos por igual. Como ya veremos más adelante, su relación final con Antonio Pérez, que acabó minando su fama y su notoriedad en la corte de Felipe II, seguramente se debiera más al intento de buscar los mejores enlaces para sus hijos, luchando siempre con un entorno agreste. Como última conclusión en este sentido, la princesa de Éboli siempre luchó por rodearse de todo aquello que nunca tuvo siendo niña, algo normal en cualquier madre.

## Casamiento de doña Ana y don Ruy

El casamiento en sí entre doña Ana y don Ruy Gómez debió de realizarse en marzo de 1557 o ya en el verano de ese mismo año. Ruy regresó a España de forma provisional el 3 de febrero de 1557 antes de volver a Flandes junto a Felipe II. Como hemos visto, en aquel año doña Ana vivía con sus padres en Valladolid, acompañando a la corte de Juana de Austria. Enviado por el recientemente coronado monarca español, Ruy Gómez visitó Yuste, en donde vivía retirado el emperador Carlos V, para consultar unos asuntos de Estado y obtener dineros y hombres para la guerra de Flandes. En España permaneció Ruy desde el 10 de marzo al 30 de julio, día en el que salió para los Países Bajos.

Aunque para la fecha del matrimonio oficial siempre se ha dado el año 1559, tuvo que ser mucho antes. Seguramente entre el día 10 y el 20 de marzo de 1557 se realizara la ceremonia nupcial de la velación en Valladolid. Diego, el hijo primogénito de Ruy y Ana, nació en Simancas el 3 de abril de 1558, falleciendo a los cinco años en Toledo. No se entiende de otro modo que doña Ana quedara embarazada sin estar casada la pareja formalmente por la Iglesia, tal y como se había estipulado en las capitulaciones firmadas en Madrid.

## La princesa tuerta

Para muchos investigadores debió de ser en estos años de adolescencia y juventud cuando se produjo el accidente, si es que este existió, que le hizo perder su ojo derecho; la característica más singular que ha marcado de forma irremediable la vida y el estudio de la princesa de Éboli.

No hay que negar que este «defecto» otorga al hermoso rostro de doña Ana un innegable halo de misterio y un morbo sin par, no por nada sexual, sino por la sana curiosidad de conocer qué es lo que esconde el parche. Esa mezcla de imagen de pirata del Caribe e ingenuidad forman un todo extraño y terriblemente atractivo que no deja indiferente a nadie que observe con detenimiento cualquiera de sus retratos atribuidos.

Tuerta o no, la princesa fue considerada en su época una mujer muy hermosa. Antonio Pérez dijo de ella que era una

> joya engastada en tantos y tales esmaltes de la naturaleza y de la fortuna.

También su contemporáneo Pedro de Madariaga sentenció que

> Si la mayor honra, gala y hermosura de las damas y princesas antiguas estaba repartida entre Elena y Penélope, ahora, en nuestra era, todo junto se remata en la eximia princesa de Éboli.

La tradición, que no la Historia, cuenta que la pérdida de su ojo debió de producirse por un accidente sufrido, supuestamente, entre los catorce y los dieciocho años. Para llegar a esta conclusión hay argumentos a favor y en contra que explicaré a continuación para que el lector saque sus propias conclusiones.

La primera teoría que ofrece una causa a la tuertez de doña Ana nace en el siglo XIX. En ella vemos cómo una doña Ana de Mendoza envalentonada y decidida resuelve un día tener un lance con florete con uno de sus pajes. La lucha, que en un principio no debía de ser más que otro entretenimiento de la joven, obstinada en demostrar a su familia que, a pesar de ser mujer y única heredera de su estirpe, contaba con los mismos provechos que un varón, acabó de forma dramática con un terrible accidente. Al parecer, el mencionado paje, no sabemos si asustado por la feroz voluntad de doña Ana o por necedad, acabó dando una mala estocada en el rostro de la niña, con tan mala fortuna que la punta del florete se introdujo en el ojo derecho de doña Ana, causándole lo que todos conocemos. Una versión paralela nos cuenta que en el mismo lance no perdió el ojo, sino que el accidente lo dejó tan afeado que fue necesario taparlo.

Gaspar Muro fue el primero en hacer pública esta tradición, en las dos versiones, en su *Vida de la princesa de Éboli*, publicada en 1877, obra en la que además aparece una copia del famoso retrato de doña Ana de Mendoza en el que se la ve con el parche, detalle que debió de hacer extensible por primera vez esta leyenda[33].

Su origen es desconocido pero seguramente hay que buscarla en el propio siglo XIX, quizá en los «mentideros» de la casa del Infantado.

Una segunda hipótesis que ha tenido cierto eco entre los historiadores es la del caballo. Según esta teoría, doña Ana estaría cabalgando, seguramente con el mismo brío y entusiasmo que la llevó a batirse con el paje en el caso anterior, cuando sufrió una caída. En el accidente se vería afectado su ojo derecho con el fatal desenlace que ya sabemos.

La tercera hipótesis que conozco es la de la carretilla. Según esta, cierto día de 1544 en el que doña Ana no estaba de muy buen humor, discutió con uno de los pajes de sus padres, un muchacho que había compartido juegos con ella desde que eran mucho más críos. Después de que ambos se agarran y se zarandean, tirándose del pelo y dándose fuertes patadas, los chicos llegan casi rodando hasta una de las esquinas del patio principal de la casa.

---

[33] Véase el apéndice 158 de la mencionada obra de Gaspar Muro (1877).

Allí hay una carretilla y unos aperos de labranza que quedan ahora a la espalda del chico. Doña Ana esboza una sonrisa y, retomando fuerzas, lo empuja con brío sobre las herramientas con tan mala fortuna que el muchacho se aferra a ella arrastrando a su señora en la caída. El rostro de doña Ana se golpea con fuerza con la carretilla, clavándosele una de las varas en su ojo derecho y haciendo que este saltara de la cuenca como si se tratara de un fruto maduro.

Esta teoría la conocí por primera vez plasmada en un trabajo de E. Infante, autor de un pequeño librito sobre la princesa en la *Enciclopedia Pulga*, en donde la describe con todo lujo de detalles[34].

Una cuarta versión de la leyenda relata que un día doña Ana se escapó de la casa de sus padres, cansada de permanecer ociosa en el palacio las veinticuatro horas del día. En su huida por las cuadras del casón se golpeó el ojo con una guadaña.

Y si le echamos imaginación al asunto podemos aceptar cualquier tipo de teoría. Se ha hablado de un gato, de un perro, del bofetón de una esposa despechada por la cornamenta que le había provocado la princesa al tener encuentros infieles con su esposo —como sucede siempre, el marido o la esposa no tienen la culpa, sino el que osa distraerlos de sus amores—, etcétera.

En cualquier caso, al haber tanta distancia en el tiempo entre la no mención a la causa del defecto y sus primeras referencias en el siglo XIX, resulta absurdo y quimérico ponerse aquí a establecer posibles motivos y momentos.

Poco antes que Gaspar Muro, el francés François Mignet menciona el defecto de la princesa en su biografía de Antonio Pérez, publicada por primera vez en 1845, sin entrar en detalles[35].

La profusión de datos existentes desde el siglo XIX acerca de este hecho choca frontalmente con la tradición anterior. Antes, prácticamente no hay nada. No deja de ser curioso que en la época de caída en desgracia de la princesa, desde 1579 hasta su muerte en 1592, se la llama de todo, pero nunca se hace alusión a su defecto

---

[34] E. Infante, *La princesa de Éboli*, Barcelona 1959, págs. 5-7.

[35] Existe una edición moderna y en castellano de la obra de François Mignet con un prólogo de Henry Kamen: *Antonio Pérez y Felipe II. Entre la leyenda negra y la historia*, Madrid, 2001.

ocular. Incluso historiadores de la época como Cabrera de Córdoba o Van der Hammer eluden totalmente esta singularidad. Lo mismo sucede con otros viajeros del momento. En la *Relación del viaje de España* de la escritora francesa madame D'Aulnoy (1650-1705)[36], publicado en 1691, no menciona tan evidente defecto al hablar de la belleza de la princesa cuando contempla sus retratos, que por entonces estaban en casa del biznieto de doña Ana, don Rodrigo de Silva y Mendoza, en su palacio madrileño de Buitrago.

Según recoge Gregorio Marañón, la primera mención a su defecto aparece en el conocido *Abrégé* («resumen») de la *Historia* de Thoy, empezado a publicar a principios del siglo XVII. En él se dice que la princesa de Éboli «era una de las más bellas mujeres de su tiempo aunque tuerta»[37].

Y a pesar de todo, no es seguro, o no con la certeza suficiente, que fuera tuerta.

Como hemos visto, no se comenta nada de este singular detalle en la mencionada carta de don Juan de Sásamo al secretario del emperador, con motivo del enlace con Ruy Gómez de Silva. De haber existido algo parecido, lo más lógico es pensar que se hiciera mención a ello. Pero no necesariamente tuvo que ser así.

Si tomamos como buena la carta de Sásamo, tendríamos que entender que el supuesto accidente se dio después de las capitulaciones para la boda con Ruy Gómez en 1553.

Si doña Ana de Mendoza era tuerta, bizca o ninguna de las dos cosas sino todo lo contrario, es uno de los misterios más enrevesados que aún quedan por resolver de la vida de esta fascinante mujer de la corte de Felipe II.

Todos los historiadores están de acuerdo en expresar la extrañeza de que un defecto físico tan evidente pasara totalmente

---

[36] Madame D'Aulnoy vivió durante tres años en España coincidiendo con la boda del rey Carlos II con María Luisa de Orleans celebrada en 1679. Como resultado de su viaje nacieron de su pluma dos libros: *Relación del viaje de España* y *Memorias de la corte de España*, publicados los dos en 1691. Madame d'Aulnoy fue célebre por sus obras de literatura infantil. Como seguidora de la línea de Perrault, a ella se deben cuentos como *El pájaro azul* o *El príncipe jabalí*.

[37] Gregorio Marañón, *Antonio Pérez*, Madrid 2002 (de la edición de 1951), pág. 194.

desapercibido a los ojos de los cronistas de la época. Llama la atención, incluso, que en el *Diario* de la corte que enviaba madame Vineaux, una de las damas de Isabel de Valois, tercera esposa de Felipe II y gran amiga de doña Ana, a la reina francesa Catalina de Medicis, no aparezca una sola mención al defecto de la princesa. A sabiendas de la excelente relación entre doña Ana y la joven esposa del monarca español, cuya camaradería iba desde los juegos infantiles hasta seguramente algún que otro flirteo, es insólito no descubrir referencia alguna al defecto de la Mendoza.

Pedro de Bourdeilles, señor de Brantôme (1540-1614), nos dice lo siguiente de doña Ana, mujer a la que conoció personalmente a mediados de la década de 1570:

> La princesa de Éboli, viuda de Ruy Gómez, a la que yo he visto, una mujer muy hermosa, que pertenecía a la casa de Mendoza[38].

Parece lógico pensar que, de haber sido doña Ana de Mendoza tuerta, Bourdeilles debería hacer referencia a este sutil detalle.

A este comentario del noble francés habría que añadir una conclusión que extraemos de los diferentes retratos que se han identificado erróneamente con la princesa de Éboli. Como explicaré en el apartado correspondiente de los apéndices, varios trabajos de Tiziano o del también italiano Francesco Albani fueron señalados en el siglo XVII como retratos de doña Ana. Curiosamente, en ninguno de ellos se observa el más mínimo defecto visual en las mujeres que supuestamente eran, en realidad, la princesa. De ello se puede deducir que también existía una creencia popular y extendida de que doña Ana era una mujer normal, hermosa y atractiva, y que, además, no contaba con ningún tipo de defecto en el ojo derecho y, ni mucho menos, lucía un siniestro parche sobre él.

Por todo ello, no es extraño que haya incluso investigadores que han dudado de su tuertez. Pero como señaló Marañón: «¡*Ay!*, *la princesa era, sí, tuerta y hay que dejarla seguir su destino históri-*

---

[38] Véase *Les vies des Grands Capitaines étrangers: D. Juan d'Austria*, citado por J. M. March en «La princesa de Éboli no era tuerta», *Boletín de la Real Sociedad Española de Excursiones*, 1944, LII, pág. 58.

*co con el parche sobre el ojo enfermo»*[39]. Y es que, aunque escuetos, sí existen unos pocos testimonios que hablan del defecto de doña Ana en su ojo derecho.

Quizá es a la princesa a quien se alude en una carta de don Juan de Austria, hermanastro de Felipe II, a su colega de correrías Rodrigo de Mendoza, hermano segundo de don Íñigo, entonces quinto duque del Infantado, fechada el 5 de noviembre de 1576. En ella le pide que trasmita el recado siguiente:

> ... a mi tuerta beso las manos y no digo los ojos hasta que yo la escriba a ella a que se acuerde de este su amigo...[40].

Hay constancia histórica de la gran amistad que unía a la princesa con don Juan. Precisamente fue nuestra protagonista quien presentó al hermanastro del rey a María de Mendoza, mujer que acabaría convirtiéndose en la amante de don Juan[41].

Si es difícil encontrar la existencia de una tuerta en la corte de Felipe II, el que haya dos

*Don Juan de Austria*, por Alonso Sánchez Coello (1567). Monasterio de las Descalzas Reales, Madrid.

es ya bastante improbable. Los oftalmólogos de la época no tenían tanto trabajo. Por ello, todo parece indicar que las líneas de don Juan van encaminadas a la princesa de Éboli.

---

[39] Véase, de Gregorio Marañón (2002), pág. 195.

[40] Gaspar Muro (1877), apéndice 158, pág. 186.

[41] No está claro cuál de las numerosas María de Mendoza de la época fue la amante de don Juan. Sabemos que el hermanastro del rey tuvo dos hijas. La

También es cierto, como señala el sacerdote jesuita José María March[42], que parece de muy mal gusto llamar a su amiga tuerta y luego, ambiguamente, añadir que no besa «los (dos) ojos», toda vez que don Juan parece que era un perfecto galán.

Poco antes del cautiverio de doña Ana en el verano de 1579 aparece el apodo de «animal imperfecto» en algunas de las cartas contra ella, lo que es posible que esté haciendo referencia de forma indirecta a su defecto en el ojo.

Pero la evidencia definitiva que nos demuestra que doña Ana de Mendoza y de la Cerda era tuerta, viene de la mano del prior don Hernando de Toledo, hijo del duque de Alba. En una carta al secretario de su padre, Juan de Albornoz, comentaba:

> Anoche, a la una, estaban unas damas en una ventana tratando de qué traería el ojo la princesa de Éboli: la una decía que de bayeta; otra que, de verano, lo traería de anascote [43] que era más fresco [44].

Esta carta es tomada por todos los historiadores como la prueba más evidente de que la princesa de Éboli llevaba parche y que, por lo tanto, tenía un defecto en el ojo derecho.

De 1602, diez años después de morir la princesa, conservamos manuscritos de la casa de Guzmán en donde se habla de Ana de Silva y Mendoza, la hija mayor de la princesa, casada con el duque de Medina-Sidonia, como:

---

primera nació en España y fue reconocida más tarde bajo el nombre de doña Ana de Austria, la misma que tiempo después llegó a ser abadesa del monasterio de las Huelgas de Burgos. La madre de doña Ana de Austria fue esta misteriosa María de Mendoza. Véase de Mercedes Formica, *María de Mendoza* (Madrid, 1979). La segunda hija de don Juan fue doña Juana de Austria, conocida también como donna Giovanna d'Austria, nacida en Nápoles. Tras pasar años en un convento fue liberada por Felipe III y casada con un príncipe italiano.

[42] Véase, de J. M. March (1944), págs. 55-62.

[43] La bayeta era un tejido empleado para el verano por su frescura. Por su parte, el antiguo anascote, no el tejido fino de ahora, era una tela de seda parecida a la sarga, también delgado.

[44] Esta carta de don Hernando de Toledo a Albornoz está fechada el 27 de julio de 1573, dos días antes de la muerte de Ruy Gómez de Silva. La cita Gregorio Marañón (2002), pág. 196.

hija del ilustrísimo Señor Ruy Gómez de Silva, duque de Pastrana y príncipe de Éboli, y de su ilustrísima mujer,

a lo que el amanuense añade al margen del texto:

«la tuerta» [45].

Con todo, al tratarse de un añadido posterior al documento original, bien podría tratarse de un error provocado por un exceso de celo, quizá basado en inconsistencias y leyendas que ya en la época, al igual que hoy, siguen incomodando a los investigadores.

Otra prueba, para mí quizá la más evidente, son las pinturas que seguramente su hijo fray Pedro González de Mendoza mandó realizar para el convento del Carmen de Pastrana. En dos de los lienzos, de los que ya tendremos oportunidad de detenernos con más profusión en los apéndices, la princesa aparece con el parche sobre su ojo derecho. No tiene ningún sentido que de ser pinturas mandadas hacer por su hijo fray Pedro, este la mandara representar de esta forma si no fuera porque, efectivamente, su madre lucía tal prenda.

Ahora bien, que llevara parche sobre su ojo derecho no nos proporciona ninguna clase de pista para saber cuál era la dolencia que padecía ni cuándo comenzó a usarlo. Cabe, pues, preguntarse: ¿qué defecto tenía la princesa? ¿Era realmente tuerta, bizca, o simplemente tenía el ojo blanco y por coquetería se lo cubría con un parche?

Debemos partir de una premisa que hay que tener muy presente. En el siglo en el que nos movemos, el XVI, hablar de tuerto no implicaba necesariamente que la persona tuviera el ojo vacío, no viera con él o cualquier tipo de dolencia que tradicionalmente nosotros asociamos con su problema ocular. «Tuerto» en el XVI era sinónimo de bizquera, de sufrir estrabismo o de vista torcida, tal y como señala el Diccionario de la Real Academia Española, a modo de término anticuado.

Sin creer en la tuertez de doña Ana, el mencionado padre March señala que el parche lo lucía por simple coquetería. Entre

---

[45] Citado también por Gregorio Marañón (2002), pág. 196.

la retahíla de argumentos absurdos que se caen por su propio peso, March asemeja su uso a una moda pasajera, como usar gafas
de sol; que si nos fijamos en el retrato de la casa del Infantado
podremos ver que a través del parche es posible discernir la presencia del ojo en perfecto estado y mirando en la misma dirección que el izquierdo, y que el parche del cuadro se debe, ni más
ni menos, a que seguramente usó ese disfraz «en un sarao o en alguna otra fiesta», queriendo retratarse así para recordar tan diver-
tido momento. Tal complemento no sería más que un simple
«disfraz», como los que aparecen en *El Lazarillo de Tormes*, para
pasar desapercibido[46]. Los argumentos de José María March son
un poco rebuscados e inconsistentes, desde mi modesto punto de
vista.

Imaginación no le falta al religioso. No sé qué retrato habrá
visto el padre March, pero en el que yo conozco no se aprecia ojo
alguno, y mucho menos después de su reciente limpieza. Menos
todavía cuando lo debió de ver este sacerdote hace más de medio
siglo con toda la capa de suciedad que en aquel momento tenía.
El mismo argumento de la trasparencia del parche lo emplea Gregorio Marañón. En esta ocasión, sin que sirva de precedente,
tengo que contradecir al insigne médico e historiador. Insisto, la
sombra que han identificado como la pupila que mira en el mismo
sentido que el ojo izquierdo no es más que eso, la sombra propia
del tejido que da consistencia al parche, amoldándose al lugar en
el que está colocado.

Más plausible es, sin embargo, la posibilidad que plantea
Gregorio Marañón como potencial causa del defecto de la princesa de Éboli. Después de un análisis del mismo cuadro, Marañón llega a la conclusión de que se trata de una nube externa o
leucoma. El origen de esta irregularidad pudo estar bien en un
traumatismo, coincidiendo así con la leyenda que habla del com-
bate con un florete, o debido a una infección (una queratitis
—es decir, una inflamación del tejido corneal— escrofulosa o si-
filítica), lo que provocaba cierto estrabismo, y que le podría haber llevado el ojo derecho hacia la izquierda. Según Marañón,
esto explicaría la mirada forzada del ojo sano hacia el exterior, en

---

[46] J. M. March (1944), pág. 60.

relación con la posición de la cabeza que vemos en el retrato más conocido[47].

Un estudio que nunca se ha hecho en profundidad es el que adelanta de alguna manera la historiadora Helen H. Reed. Ella nos dice, hablando de la caligrafía de doña Ana en una de sus cartas autógrafas:

> Su escritura, una gran letra distintiva con poco respeto por la separación entre palabra y palabra, debido posiblemente al inconveniente de la visión...[48].

Este detalle puede abrir un nuevo campo de investigación que hasta ahora nadie ha abarcado para intentar conocer el gran enigma de la princesa de Éboli.

Realmente son todo especulaciones. Lo mismo sucede con el intento de conocer cuál fue la causa de este ojo vacío o blanco y, sobre todo, cuándo se produjo.

La presentación de doña Ana en 1553 como novia de Ruy Gómez de Silva, según podemos leer en la carta de Juan de Sásamo al secretario del emperador, y que ya hemos comentado, no hace alusión alguna al defecto. Muy posiblemente este se produjera tiempo después durante su estancia en Valladolid, bien en la propia ciudad o bien en la cercana Simancas, adonde, como hemos visto, fue a vivir con su madre, alejándose de las «lástimas» que se decían ella y don Diego.

---

[47] Parece tener más lógica, aunque el único pero que le puedo poner a la hipótesis de Marañón es que el retrato del que hablamos, el más conocido, el atribuido a Alonso Sánchez Coello, no es en realidad un retrato de doña Ana hecho en vida, sino que el pintor que lo realizó seguramente se basó en un antiguo boceto. Por lo que nunca pudo haber visto realmente el rostro de la joven. Más adelante, cuando en los apéndices hable de los retratos de la princesa, comentaré más detalles a propósito.

[48] Véase de Helen H. Reed, «The Princess of Éboli's Letters», publicado en *Power and Gender in Renaissance Spain*, Illinois, 2004, pág. 154. No obstante, grafológicamente no existe nada que pueda indicar el defecto del ojo de la princesa. Seguramente, Helen H. Reed señala esta posibilidad porque conocía el defecto del parche. Véase de Clara Tahoces, *Grafología. Conócete a ti mismo y a los demás a través de la escritura*, Barcelona, 2005.

Mi propia opinión es que, sin conocerse la causa, la princesa de Éboli sufría algún tipo de enfermedad en el ojo derecho que con el paso del tiempo empeoró hasta llegar al punto de impedirle la visión por completo y tener, además, una aspecto feo, seguramente blanquecino. Esto no descarta las leyendas nacidas en el seno de la casa del Infantado sobre las luchas de esgrima, los caballos, etcétera.

¿Cuándo sucedió esto? No lo sabemos. Pero si tomamos por buenos los dos retratos que la doctora María Kusche parece haber identificado con doña Ana sin parche, en los que aparece de adolescente y se confirma que el famoso retrato de las rosas de la casa del Infantado de Sevilla es de Sofonisba Anguissola, en el que aparece con parche por primera vez, el agravamiento del problema ocular debió de ser hacia mediados de la década de 1560, o un poco antes[49]. Quizá el empeoramiento del ojo la llevó a utilizar el parche a modo de juego o disfraz en las abundantes fiestas de disfraces que había en la época. Y del disfraz pronto pasaría a la vida diaria como un complemento más de su indumentaria habitual. Es una posibilidad más con el mismo peso y argumentos que las otras que se han presentado hasta ahora.

---

[49] Ver el apéndice dedicado a «Los retratos de la princesa» de este mismo libro, para más información sobre estos retratos inéditos investigados por la doctora María Kusche.

SEGUNDA PARTE

# 4

# Esplendor de la princesa de Éboli

ODO cambia con la llegada de Ruy Gómez de Silva en agosto de 1559. Se reencuentran los esposos, quienes, como ya he comentado anteriormente, seguramente formalizaran su matrimonio con la ceremonia nupcial de la velación dos años atrás, en el verano de 1557. En este año de 1559 Ruy conoce a su hijo primogénito, Diego, y compra a su suegro los terrenos de Éboli en Nápoles (Italia) a 20 kilómetros de Salerno. Acto seguido, Felipe II, en gratitud y reconocimiento a la labor que durante tantos años ha realizado a su lado, nombra a los esposos príncipes de Éboli, fijando desde entonces su residencia en Madrid debido a las obligaciones que Ruy debía seguir junto al monarca. Doña Ana será princesa consorte al ser la propietaria directa del título su esposo.

Como hemos visto, desde finales de la década de 1550 hasta bien entrada la de 1570, cuando fallece don Ruy en el verano de 1573, la vida de la princesa se va a centrar principalmente en la corte de Madrid. Será un cambio radical en comparación con el enclaustramiento que prácticamente había sufrido junto a su madre en Valladolid y Simancas en los últimos meses.

Alejado su padre de la familia, que en parte era el causante de todos los males en doña Ana, su vida junto a don Ruy Gómez de Silva parece estar caracterizada por cierta tranquilidad y quietud, solamente alterada por acontecimientos puntuales o por la sempiterna forma de ser de doña Ana.

Tampoco es mucha la documentación existente de que disponemos para esta época. Una vez más, para seguir la pista de los avatares biográficos de doña Ana, hay que escudriñar en referencias indirectas o menciones a don Ruy de las que deducir la presencia junto a él de su esposa.

Del matrimonio entre Ana y Ruy nacieron diez hijos o quizá once si contamos el último embarazo que vivió en el monasterio de San José en 1573. De ellos solamente sobrevivieron hasta la edad adulta seis[50]. Nacieron entre los años 1558, después de que don Ruy Gómez regresara de forma esporádica desde Inglaterra para visitar a Carlos V en Yuste, y primeros de 1573, cuando debió de nacer Ana de Silva, la menor, alumbrada pocos meses antesde la muerte de su padre el verano de ese año.

Sabemos que junto a su esposo siempre fue una mujer feliz. En el año 1561 comienza el traslado de la corte desde Toledo hasta Madrid[51]. El proceso finalizará de forma definitiva en 1566. También hay que suponer que la princesa de Éboli residió en Toledo, aunque fuera de manera provisional, acompañando a su esposo. Pero desde que la mayor parte del trabajo se despachaba desde Madrid, la vida de nuestra protagonista girará en torno al viejo alcázar de los Austrias de la capital[52].

Por entonces, los príncipes de Éboli pasaron a tener como residencia la casa que poseían junto a la antigua iglesia de Santa María la Real de la Almudena. De esta casa hoy no queda nada. Por los antiguos planos de la ciudad de Madrid podemos identificar su ubicación más o menos exacta. El más importante de ellos es el de Texeira, fechado en el año 1656. En él podemos ver el aspecto de las casas apenas medio siglo después de que acabara la historia de la princesa, y antes de la construcción del palacio de Abrantes.

Según lo poco que sabemos, la ubicación exacta debió de levantarse junto a la actual calle de la Almudena, una perpendicular

---

[50] Para conocer más datos sobre la vida de cada uno de los hijos de doña Ana, consúltese el apéndice de este mismo libro, «Los hijos la princesa de Éboli».

[51] Al parecer, no era un lugar del gusto de Isabel de Valois, quien hablaba de la ciudad como uno de los lugares «más desagradables del mundo». Citado en Antonio Fernández Luzón, «Isabel de Valois», *La aventura de la Historia*, 79, pág. 60.

[52] Véase, de José Manuel Barbeito Díez, «El alcázar de Madrid», en *Palacios Reales en España. Historia y arquitectura de la magnificencia*, revista *Debates sobre Arte*, Madrid, 1996, págs. 56-66.

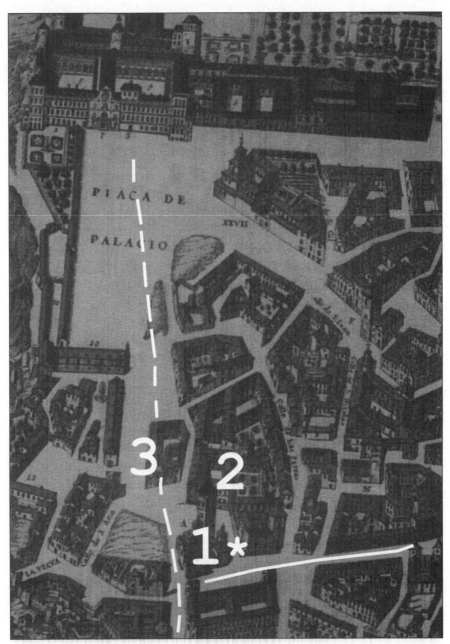

Detalle del plano de Texeira de Madrid del año 1656. **1**: Antigua iglesia de Santa María de la Almudena. **2**: Casas de la princesa de Éboli, con patios ajardinados. **3**: La casa de Los Leones de Juan de Escobedo. Con un asterisco (**\***): Posible lugar en donde asesinaron a Juan de Escobedo, hoy calle de la Almudena. En línea continua, la actual calle Mayor. En línea discontinua, la calle Bailén que antiguamente desembocaba en el Alcázar de los Austrias.

a la calle Mayor, a pocos metros de la moderna catedral del mismo nombre. En esta callejuela existe la estatua de un viandante apoyado en una valla metálica sobre un suelo acristalado, a través del cual se ve parte del ábside de la antigua iglesia. Las casas fueron derruidas en la primera mitad del XVII. Sobre su antigua ubicación don Juan de Maza levantó en 1655 lo que hoy se conoce como palacio de Abrantes (calle Mayor, 86). El nombre le viene del duque de Abrantes, quien compró en el XIX el casón como residencia. En la actualidad es la sede de la Casa di Cultura de Italia (Instituto Italiano de Cultura).

Este debió de ser el lugar en donde mataron a Juan de Escobedo cuando, la noche del 31 de marzo de 1578, regresaba a la casa de Los Leones. La vivienda se encontraba muy cerca de la residencia de doña Ana. Precisamente en un extremo de la calle, en la esquina trasera del palacio de Abrantes, hay una placa recordatorio en la que se lee lo siguiente:

> Junto a este lugar estuvieron las casas de Ana Mendoza y la Cerda, princesa de Éboli, y en ellas fue arrestada por orden de Felipe II en 1579.

La antigua posición de las casas formaba esquina alrededor de la fábrica de la iglesia de la Almudena siguiendo, seguramente, el mismo perfil en forma de «L» que hoy hace la calle Almudena con el jardín y la calle Bailén. En esa esquina, que hoy está ocupada por una zona verde elevada, es donde se encontraba la casa de la princesa de Éboli. De ella no queda nada, si bien una excavación arqueológica por debajo del jardín sí podría sacar a la luz los restos de la vivienda, aunque, bien es cierto, con muy poco interés histórico.

La casa quedaba a apenas dos minutos a pie del antiguo Alcázar de Madrid, la residencia de Felipe II. Se enclavaba además en uno de los lugares más selectos de la villa, en donde vivían otros hombres importantes de la corte. Es el caso de Juan de Escobedo o Antonio Pérez, destacados protagonistas de la vida de doña Ana. A todos ellos los iremos conociendo poco a poco en estas páginas.

Pero, sin lugar a dudas, la figura que más marcó el perfil de la princesa de Éboli en estos primeros años, al mismo tiempo que

Callejuela de la Almudena, junto al palacio de Abrantes, en Madrid, lugar en donde fue asesinado Juan de Escobedo y en donde se conserva una placa recordando la antigua ubicación de las casas de la princesa de Éboli.

catapultó su papel dentro de la corte de Felipe II, fue Isabel de Valois (1546-1568), la tercera esposa del monarca español, con quien llegó a mantener una grandísima amistad.

La relación de Felipe II con la princesa debió de intensificarse a raíz de su matrimonio con Ruy Gómez, su inseparable secretario. No es extraño, por ello, que aceptara con beneplácito la cercanía entre ambas jóvenes. Esta fue la razón de que doña Ana estuviera a punto de convertirse en camarera mayor de la reina. Esto sucedía en abril de 1566, cuando fallece la condesa de Ureña, quien ostentaba este cargo. Pero, finalmente, aunque la princesa de Éboli hizo todo lo posible por hacerse con el puesto, el rey eligió a la duquesa de Alba, doña María Enríquez, actuando así en contra del gusto de su esposa, Isabel de Valois[53].

---

[53] Las relaciones entre la princesa de Éboli y la duquesa de Alba, María Enríquez (1510-1583), nunca fueron buenas debido a los desencuentros de sus respectivos esposos, el príncipe de Éboli, Ruy Gómez, y el duque de Alba, Fernando Álvarez de Toledo (1507-1582).

La reina, seis años más joven que ella, nació el 13 de abril de 1546 en Fontainebleau. Hija de Enrique II de Francia y Catalina de Médicis, llegó a España fruto del tratado de Cateau-Cambresis que puso finalmente paz entre España y Francia en 1559. Este hecho dio el apelativo a la reina de «Isabel de la Paz». De estos años debió de ser un lienzo, hoy desaparecido, descrito por madame D'Aulnoy. Como ya he mencionado, esta mujer, noble y erudita, nos describe en su obra *Relación del viaje de España*, del año 1691, los retratos de la princesa que vio en el palacio de Buitrago de Madrid, perteneciente al biznieto de doña Ana, don Rodrigo de Silva y Mendoza. Allí había un lienzo en el que aparecía Isabel de Valois acompañada de la princesa de Éboli y del príncipe don Carlos, todos montando a caballo y con traje de corte.

*Don Carlos*, por Alonso Sánchez Coello (1557), Museo del Prado, Madrid.

Ya habrá ocasión de hablar con más detalle en el apéndice correspondiente de este misterioso cuadro. Baste mencionar aquí solamente que sería una prueba más de la cercana amistad existente entre la reina y la princesa de Éboli.

· En la Biblioteca Imperial de San Petersburgo se conserva el diario de Isabel de Valois que madame Vineaux, una dama de su servicio, enviaba a Catalina de Médicis para tenerla al corriente de lo que le sucedía a su hija. En esta documentación aparece de forma continua la princesa de Éboli[54]. En él es protagonista de diversiones de la joven reina española, acompañándola en fiestas y otros esparcimientos privados, paseando a caballo por Aranjuez y Toledo, incluso compartiendo con ella la mesa cuando el protocolo se flexibilizaba debido a la ausencia del monarca, Felipe II.

La amistad es innegable a tenor de la correspondencia existente entre la reina y su madre, Catalina de Médicis. Incluso podría añadirse como elemento a favor, los regalos que la reina madre francesa hizo a la propia princesa en gratitud por el favorable trato que tenía para con su hija. Uno de esos suntuosos regalos fue un magnífico anillo. Otros dicen que con esta joya Catalina de Médicis quiso comprar a la princesa de Éboli para evitar flirteos con Felipe II.

Uno de los detalles que pudo unir a las dos jóvenes fue el hecho de provenir de familias con problemas muy similares. A los ya conocidos enfrentamientos que acabaron en divorcio eclesial entre don Diego Hurtado de Mendoza y doña Catalina de Silva, Isabel aportaba una relación no menos tormentosa entre su madre, Catalina de Médicis, y la amante de su padre, Diana de Poitiers, una mujer veintiún años mayor que Enrique II.

La boda entre Felipe II e Isabel de Valois se realizó por poderes en la catedral de Notre Dame de París el 22 de junio de 1559. Hasta allí se desplazó el duque de Alba, muy a regañadientes, para representar al rey español. Pero hasta principios del año siguiente no se preparó el encuentro entre los dos esposos. El 6 de enero de 1560, una vez más, el duque de Alba fue a encontrarse con el cor-

---

[54] Véase, de Le Comte H. de la Ferriere, *Deux années de misión à Petersburg. Journal privé d'Elysabeth de Valois, adressé à Cathéerine de Médicis par une des dames françaises que avaient suivi Elysabeth de Espagne*. La obra es mencionada por Gaspar Muro (1877), pag. 33, incluyendo algunos fragmentos del texto original en francés.

tejo de Isabel en Roncesvalles. De allí emprendieron el camino hasta Guadalajara, siendo aclamada la comitiva en todos los pueblos y ciudades por los que pasaron.

La boda se realizó en el palacio del Infantado de Guadalajara el 2 de febrero. Allí debió de ser el primer momento en que se vieron Isabel de Valois, de apenas catorce años, y la princesa de Éboli.

Palacio del Infantado en Guadalajara, lugar en donde se casaron Felipe II e Isabel de Valois, con la estatua moderna del cardenal Mendoza en primer término.

Las crónicas de la época nos hablan de la belleza de la reina francesa. Sin embargo, cualquiera que se acerque a observar los retratos que de ella nos han llegado gracias al pincel de pintores tan importantes como Jorge de la Rúa o Alonso Sánchez Coello, Isabel de Valois era bastante normal tirando a feúcha. Al menos eso me lo parece a mí. Reconozco que es una simple cuestión de gustos. Además, durante una de las estancias en Toledo, la reina cayó gravemente enferma. Lo que en un principio pareció ser sífilis, resultó ser viruela. El rostro de Isabel se deterioró, empeorando aún más sus rasgos de por sí nada favorecidos.

Poco después de la boda real, también en julio de 1561, nacería el segundo hijo de los príncipes de Éboli. En este caso se trató de una niña a la que llamaron Ana de Silva y Mendoza, el mismo nombre que llevaría la pequeña de la familia trece años después. Del primogénito, Diego, poco sabemos. Quizá falleciera este mismo año o en 1563[55].

El nacimiento de los niños en las habitaciones del palacio muy cercanas a las de Isabel de Valois nos confirma la cercanía entre ambas mujeres. Sabemos que Isabel visitó a la princesa de Éboli en los alumbramientos y disfrutó con ella del nacimiento de los nuevos hijos. De igual forma, doña Ana nunca se separaría de su amiga, incluso en los momentos de grave enfermedad que la llevaron a la muerte el 3 de octubre de 1568, el famoso *Annus Horribilis* de Felipe II[56].

Conservamos de este momento una carta de la princesa de Éboli dirigida a la reina madre, Catalina de Médicis. En el texto que aquí reproduzco se descubre la cercanía y el dolor de doña Ana por la muerte de la esposa del monarca español.

*Isabel de Valois*, copia según Jorge de la Rúa, colección Várez Fisa (1565), Madrid.

---

[55] No sabemos con exactitud dónde está enterrado el primer Diego, aunque todo parece indicar que permanece en la cripta, hoy cerrada e inaccesible, del convento de San Francisco de Pastrana, junto a otros de sus hermanos que fallecieron a corta edad.

[56] Se conoce al año 1568 con el nombre de *Annus Horribilis* debido a las diferentes catástrofes que sufrió Felipe II en este tiempo. A la sazón, el encarcelamiento del primogénito don Carlos en enero y su posterior muerte en circunstancias dramáticas en julio, la invasión de Flandes por parte del príncipe de Orange y, finalmente, la muerte de su esposa, Isabel de Valois, en octubre.

Yo la amaba y deseaba servir tanto que me parece haber quedado del todo huérfana. A esto se allega pensar el sentimiento que Vuestra Majestad debe tener de tan gran desastre. Plega a Dios dar a Vuestra Majestad y a todos el consuelo y alivio que tan gran mal requiere, aunque no sé qué cosa pueda suceder que recompense tan gran daño como el que ha sucedido y aunque yo tengo harto necesidad de quien me consuela yo me esforzaré a suplicar a Vuestra Majestad que considerando que ha sido cosa de Dios, cuya voluntad no se puede contrariar, y que la Reina según el buen fin que hizo que fue conforme con su vida, ciertamente se ha de esperar que está en el cielo.

Procure Vuestra Majestad de consolarse y valerle de su mucho seso y discreción, para no dejarse llevar de la pasión, de manera que reciba detrimento en su salud y vida que tanto es menester en el mundo[57].

En estos años, entre 1566 y 1568, se produjo otro hecho importante en la vida de la princesa de Éboli que hasta ahora ha permanecido oculto en los archivos de la Historia. Seguramente después de firmar las capitulaciones de la boda de doña Ana de Silva, la hija mayor de la princesa, con don Alonso Pérez de Guzmán, el futuro heredero del ducado de Medina-Sidonia, tanto los príncipes de Éboli como su hijo mayor, don Rodrigo de Silva y Mendoza, emprenden viaje hasta Sanlúcar de Barrameda (Cádiz), tierra de los Medina-Sidonia:

Día 2. La excelentísima señora doña Ana de Mendoza y de la Cerda, princesa de Mélito y esposa de Ruy Gómez de Silva, primer duque de Pastrana, vistió el hábito de la Orden Tercera de N. P. S. Francisco junto con su esposo y su hijo don Rodrigo de Silva, en el convento de Sanlúcar de Barrameda, según testifica el padre Fernando de Valderrama en la descripción que hace de dicho convento en su *Centuria Bética*[58].

---

[57] Biblioteca Nacional de París MS N.A. 5177. Mencionada por Helen H. Reed (2004), nota 13, pág. 172.

[58] Este dato aparece en dos fuentes. En primer lugar se puede ver en la necrología de fray Lorenzo Pérez del año 1920 del monasterio de San José de Pastrana y que aquí reproduzco textualmente. En la fecha del 2 de febrero, fallecimiento de la princesa de Éboli, aporta algunos datos históricos y esta singular referencia apoyándose en la testificación del padre Fernando de Valderrama, quien lo apunta en la descripción del convento de San Francisco de Sanlúcar de

En el convento de San Francisco de Sanlúcar de Barrameda, doña Ana, don Ruy y don Rodrigo visten los hábitos de la Orden Tercera de San Francisco[59].

Este hecho rompe la tradición que siempre se había dicho de que la princesa de Éboli nunca salió del centro de la Península, siendo Zaragoza el lugar más alejado del centro en el que residió. Como aquí descubrimos, bajó hasta el extremo sur y conoció la inmensidad del mar.

## Los «amoríos» de la princesa

A la fama de intrigante de doña Ana de Mendoza hay que sumarle la de los numerosos devaneos amorosos que se le han adjudicado. Todos son de poca credibilidad, aunque hay que conocerlos. Como veremos a lo largo de las próximas páginas, a la princesa de Éboli la han acostado con el príncipe don Carlos, con don Juan de Austria y con el propio Felipe II, además del romance más conocido de todos, el que supuestamente tuvo con el secretario del rey una vez viuda, Antonio Pérez.

---

Barrameda en su *Centuria Bética*, publicada en el siglo XVIII. Este padre Fernando de Valderrama es el mismo que bajo el seudónimo de Arana de Varflora publica en el año 1791 en Sevilla, *Hijos de Sevilla ilustres en santidad, letras, artes, armas, arte o dignidad*. Del antiguo convento de San Francisco hoy solamente queda la iglesia en la plaza que lleva el mismo nombre del santo de Asís, en el barrio bajo de la ciudad.

[59] La Orden Tercera de San Francisco es una parte de la Orden franciscana que normalmente profesan personas seglares, aunque también hay sacerdotes. Podría entenderse como una suerte de rama seglar de la Orden de San Francisco. Sus miembros se comprometen a vivir el Evangelio más seriamente desde su estado laical y se ayudan de esa espiritualidad de San Francisco e indulgencias propias de la Orden. Antiguamente incluso usaban el hábito como los religiosos, sobre todo en las ceremonias litúrgicas y fiestas principales. Sus miembros acceden a la Orden, a la que son admitidos por medio de un superior.

Esta rama existe todavía en Pastrana. Al igual que las órdenes clásicas, como los dominicos, agustinos, etcétera; todos cuentan con una Orden Tercera. En la actualidad este tipo de órdenes terceras han pasado a denominarse movimientos o asociaciones.

Por empezar con el más joven, entre las amistades que hizo la princesa de Éboli hay que destacar al príncipe don Carlos, del que ya hemos presentado algunos esbozos en el apartado anterior. Con cinco años menos que doña Ana, don Carlos también ha sido puesto en su diana amorosa; por supuesto, sin ningún tipo de razón ni evidencia. Debió de ser en Madrid en donde doña Ana conoció e intimó con el malogrado heredero de la Corona. Nacido en Valladolid el 8 de julio de 1545, don Carlos de Austria fue el primogénito de Felipe II e hijo único de su primer matrimonio con María de Portugal. Su madre falleció durante el parto y desde pequeño se caracterizó por tener una salud enfermiza con tendencia al desequilibrio, penalidades que se acentuaron con el tiempo.

Más enfermiza ha sido la cabeza de los que han querido ver en don Carlos, ya estuviera chalado o no, a otro Austria crápula, libidinoso y lisonjero, que no hacía más que saltar de alcoba en alcoba, como el pajarillo que va de flor en flor. Pero no. No hay prueba alguna que encuentre relaciones íntimas entre don Carlos y la princesa de Éboli. Es más, tras la prisión de don Carlos el 2 de marzo de 1568, doña Ana y su esposo pasan a vivir en las habitaciones que tenía el príncipe en el Alcázar. Seguramente, al llegar a oídos de don Carlos, este hecho se vino a sumar a las contrariedades y paranoias que veía el príncipe en los que lo rodeaban. Antes de su detención, entre los papeles aparecidos en sus habitaciones se descubrió una lista de sus enemigos manuscrita por él mismo. La encabezaban el rey y don Juan, siguiéndolo inmediatamente don Ruy y la princesa de Éboli, además del duque de Alba y otros nobles personajes del momento. Es decir, de todo un poco.

Y como no parecía ser suficiente la princesa doña Ana, hay quien ha visto amoríos entre don Carlos y la propia reina Isabel de Valois, su madrastra, que tenía la misma edad que él.

Al parecer, Felipe II había elegido en primer lugar a Isabel de Valois para desposarla con su hijo don Carlos. Por extrañas razones, seguramente más políticas que amorosas, el monarca cambió repentinamente de decisión y, como se diría hoy de forma vulgar, le levantó la novia a su propio hijo, casándose con ella, como hemos visto, a principios de 1560[60]. Tal situación no debió de sentar extraordinariamente bien a don Carlos, enconando la relación entre padre e hijo. Incluso se ha dicho que el príncipe heredero amenazó a su padre con cortejar a su madrastra dejando en evidencia al monarca[61]. Si a esto añadimos lo sabido por todos, que don Carlos sufría de la cabeza[62], no es de extrañar las tensiones que debieron darse en aquellos años, de las que por cortesía segu-

---

[60] Junto a otros ingredientes, este detalle se sumó al conjunto de leyendas y fábulas que la Europa del XVI y del XVII lanzó contra Felipe II en lo que se ha venido a denominar Leyenda Negra. Por ella se escribió también que la muerte de Isabel de Valois en 1568 fue propiciada por un veneno administrado por la duquesa de Alba, aya de la reina, siguiendo instrucciones de Felipe II.

[61] Véase de Antonio Fernández Luzón, «Isabel de Valois», *La Aventura de la Historia*, 79, pág. 59.

[62] «Los documentos de la época mencionan que con apenas veinte años tiró por la ventana a un paje que le había llevado la contraria. En otra ocasión, también atacó con un cuchillo a varios ministros de su padre, estando entre ellos el mismísimo duque de Alba. También se decía que casi mataba a los caballos por la brutalidad con que los trataba, y lo más insólito de todo, a un zapatero que un día se presentó ante él con unas botas demasiado estrechas se las hizo comer como castigo.

»Pero, a pesar de estas circunstancias, Felipe II no se planteó nunca apartar a su hijo del trono. Al contrario, como señala Geoffrey Parker (*Felipe II*, Barcelona, 1979), todo parecía señalar que existía un afecto sincero hacia su heredero. Esto quedó demostrado durante la convalecencia de don Carlos en Alcalá por enfermedad, no separándose del pie de la cama el propio rey. Además, fue precisamente en este momento cuando, no sabemos quién estaría más loco de los dos, Felipe II mandó traer y meter en la cama de su hijo enfermo al cadáver incorrupto de fray Diego de Alcalá para sanar al príncipe. El caso es que don Carlos sanó e hicieron santo a fray Diego.

»Por último, las desavenencias entre padre e hijo comenzaron cuando se rumoreó que existía una conjura para nombrar a don Carlos señor independiente de los Países Bajos. Felipe II lo mandó encerrar en el Alcázar madrileño el 25 de enero de 1568. Los delirios del príncipe no tardaron en multiplicarse. Falleció por inanición el 25 de julio de ese año. Felipe II, luciendo una vez más esa ambigüedad moral que lo caracterizaba, nunca se perdonó lo que había hecho con su primogénito». Extraído de Nacho Ares, *La historia perdida*, Madrid 2003, págs. 140-141. Este trasfondo añadió nuevos elementos a la Leyenda Negra de Felipe II cuando en el siglo XVII Louis de Mayerne-Turquet, en su *Histoire general d'Espagne* (1608), o la *Vita del catolico Re Filippo II* (1679), de Gregorio Leti, entre otros, hablan del asesinato premeditado de don Carlos por parte del monarca español, debido a los celos por su esposa.

ramente nunca se escribió nada, por lo que solamente podemos lanzar suposiciones.

Leyenda o no, esta trama fue el eje central de la ópera de Giuseppe Verdi *Don Carlo*, escrita en 1867, en la que se crea un drama a partir de un amor a tres bandas entre don Carlos, Isabel de Valois y la princesa de Éboli[63].

Lo mismo se ha dicho de una supuesta relación entre nuestra protagonista y don Juan de Austria, el hermanastro de Felipe II. Don Juan (1545-1578), al que el monarca español jamás concedió el privilegio de poder llamarse Alteza, era hijo natural de Carlos V y Bárbara de Blomberg, una dama flamenca o quizá una mujer de cámara de origen alemán. Los historiadores no se ponen de acuerdo en este sentido. Nació en 1545 y solo fue reconocido por su

---

[63] La música de *Don Carlo* fue compuesta por Giuseppe Verdi para un libreto de Achille de Lauzieres y Angelo Zanardini basado en el *Dom Karlos, Infant von Spanien* («Don Carlos, Infante de España»), de Friedrich Von Schiller, y con libreto de Joseph Méry y Camille du Locle, con el texto italiano de Antonio Ghislanzoni. Fue estrenada el 11 de marzo de 1867 en la Ópera de París. En ella se cuenta la trágica vida de don Carlos de Austria (1545-1568), el hijo de Felipe II y su primera esposa, María de Avís (María de Portugal). El infante se enamora de su madrastra, Isabel de Valois, un año más joven que él. La princesa entra en la tragedia al enamorarse ella de don Carlos, creándose así una tragedia a tres bandas.

De esta forma se recupera la tradición legendaria que señalaba que la princesa de Éboli mantuvo algún romance con el infante español. Como hemos visto, sin embargo, no hay una sola prueba histórica de ello.

En la escena segunda del acto I, frente a las puertas del monasterio de Yuste, lugar que jamás visitó en la realidad, la princesa de Éboli interpreta, junto al coro y un paje llamado Tybalt que los acompaña a la mandolina, una canción morisca titulada *La canción del velo* («Nei giardin del bello saracin ostello»).

Más adelante, descubrimos otro de los momentos importantes de la presencia de doña Ana en el drama. Al final de la escena primera del acto III interpreta el aria *O don fatale,* una pieza en la que la princesa se reconoce, debido a su belleza, como el eje principal de todos los males sufridos por los protagonistas de la tragedia, la reina Isabel de Valois y el infante don Carlos.

Incomprensiblemente, en todas las representaciones la cantante aparece sin el parche en el ojo derecho (ni en el izquierdo, claro), lo que anula totalmente la personalidad del personaje. Después de un despliegue de medios tan enorme, con tantos actores, costosos vestuarios y decorados majestuosos, haber añadido una sutil gasa en forma de parche no supondría gasto alguno a la empresa.

hermanastro cuando este ya era rey de España, en 1559. Deja de llamarse Jeromín para ser conocido como don Juan de Austria, tener su propia casa y otorgársele la Orden del Toisón de Oro.

Participó de soslayo en varios actos públicos celebrados en Valladolid a finales de la década de 1550, coincidiendo allí con la princesa de Éboli, por lo que seguramente su amistad venga ya de estos años.

Al tener la misma edad que el príncipe Carlos, ambos comienzan sus estudios a la vez en Alcalá de Henares, junto al futuro duque de Parma, Alejandro Farnesio (1545-1592)[64]; curiosamente, otro lugar que fue residencia de la princesa en su juventud cuando sus padres vivían en la misma localidad.

Avezado hombre de armas, don Juan abandonó pronto su forzada vocación religiosa en favor de la militar. Sus victorias frente a los moriscos en Granada (Sublevación de Las Alpujarras) o la más popular de Lepanto contra los turcos en 1571, en la que iba como cabeza de la Liga Santa, convirtieron a don Juan en un personaje de renombre no solamente en la corte de Felipe II sino en toda Europa.

La amistad arrastrada desde su estancia en Valladolid se consolidó cuando en 1560 arde la casa madrileña de Luis Méndez de Quijada y su esposa Magdalena de Ulloa, mayordomos de Carlos V, que se habían hecho cargo de la educación y sustentación de don Juan, dejando a la familia en la calle. Al instante, los príncipes de Éboli le prestaron a ayudar al hermanastro del rey, de suerte que durante un tiempo don Juan convivió con doña Ana de Mendoza bajo el mismo techo.

Quizá fue esta la mecha que incendió la llama de un supuesto amor entre los dos jóvenes, él de quince años y ella de veinte. Una cosa parece clara, a ambos los unía una gran amistad, a la que por desgracia no podemos poner más límites. Recordemos la carta escrita en Flandes el 5 de noviembre de 1576, en la que don Juan señala a Rodrigo de Mendoza, compañero de aventuras amorosas, refiriéndose a miembros de la casa del Infantado: «*A mi tuerta beso las manos y no digo los ojos hasta que yo la escriba a ella a que se*

---

[64] La madre de Alejandro, Margarita de Parma, fue otra hija natural de Carlos V.

*acuerde de este su amigo...*». Al no poseer más pruebas que las que conocemos, no hay por qué pensar que en todo este embrollo hubo algo más que una gran amistad. Por lo tanto, no es necesario extender a todos los hombres y mujeres de la época esa fama de disolutos que en ocasiones se les ha querido dar.

Ahora bien, una cosa es bien clara a tenor de los hechos históricos. La fama de mujeriegos de los Austrias está sustentada en la cantidad de hijos naturales que tuvieron durante sus reinados. Los del emperador Carlos V, los que se atribuyeron a Felipe II, tal y como veremos a continuación, o los no menos conocidos de Felipe IV, en la siguiente centuria, quien se llevaría la palma de todos, nos hacen ser conscientes de una situación que nada tenía que ver con los calificativos del tipo de «cristianísimo» que se otorgaban a los monarcas españoles de este periodo.

Tras el aborto sufrido por Isabel de Valois en 1564, las habladurías apuntan a una posible relación de Felipe II desde 1559 con una dama de honor de la princesa Juana de Austria, su hermana, llamada doña Eufrasia de Guzmán[65]. Los mismos argumentos señalan que viendo Felipe a su esposa afligida por la situación o por los chismes que corrían por palacio, al recordarle todo a los amores adúlteros entre su padre y Diana de Poitiers, el propio monarca decidió cortar por lo sano la relación o los cotilleos para dedicarse de pleno a su joven esposa.

Algo parecido sucedió con doña Isabel de Osorio, otra amante de Felipe II utilizada como un pañuelo de usar y tirar que, tras haber servido para los fines que buscaba el monarca, fue apartada de la corte de Madrid y recluida en el palacio de Saldañuela (Burgos)[66].

Los cronistas de la época hablan del gusto por la cacería, los torneos y, sobre todo, las mujeres. Desconocemos si este comentario se realizó con maledicencia, pero el caso es que está ahí. Conservamos una carta de Ruy Gómez enviada al embajador francés Saint-Sulpice en la que se lee los siguiente:

---

[65] Doña Eufrasia, para evitar más comentarios del pueblo sobre esta relación, fue casada por Felipe II con el príncipe de Ascoli, no sin antes de despedirse de ella dejándola embarazada.

[66] Véase, de Manuel Fernández Álvarez, *Felipe II y su tiempo*, Madrid, 1998, pág. 844.

Los amores pasados [del Rey] habían cesado, de modo que todo iba tan bien que no se podía desear más[67].

Cuando el río suena, agua lleva.

En otro sentido, Felipe II ha sido también puesto en el ojo del huracán precisamente por un detalle relacionado directamente con la princesa de Éboli. Se ha llegado a decir que la boda pactada entre Ruy y Ana fue planeada por Felipe II para tener siempre cerca de sí a la princesa. Cuesta creer esto cuando en 1553, fecha de las capitulaciones de la boda, doña Ana era una niña que, como anuncia Gaspar Muro[68], difícilmente podía desatar las pasiones de un adulto como para provocar planes de ese calibre. Pero como señala el dicho popular, el roce hace el cariño. Es posible que el monarca sintiera algo o se viera atraído por esta joven, una vez comenzó a tratarla con regularidad.

Lo que es cierto, ahí están las cartas para demostrarlo, es que debió de existir entre ambos una gran amistad. Felipe II llamaba a doña Ana «prima», y ella lo trataba de maneras poco adecuadas para un soberano, lo que denotaba un grado de confianza, o de descaro por parte de la princesa, que tenía que estar respaldado en algún elemento.

Hay que reconocer que la vida de la princesa lo tiene absolutamente todo. Se trata de una mujer con poder, ambición, fue intrigante, con un físico extravagante y bella al mismo tiempo, madre de diez hijos (¿o quizá once?) y con un protagonismo en la corte de Felipe II sin igual. Su confraternización con Isabel de Valois, de la que llegó a convertirse en verdadera amiga íntima, acompañándola en cada una de las salidas que la joven reina hacía por Madrid y Toledo, vino a sumar puntos a su favor en una relación con el monarca ya de por sí excelente. El ser esposa de Ruy Gómez de Silva le abrió las puertas de la corte de una forma extraordinaria.

Ahora bien, hasta dónde se le abrieron las puertas de la corte y si estas llegaban, incluso, hasta la alcoba del monarca, es algo que solamente podemos especular.

---

[67] Citado por Antonio Fernández Luzón, «Isabel de Valois», *La Aventura de la Historia*, 79, pág. 60.

[68] Gaspar Muro (1877), pág. 249.

La historia de las relaciones de la princesa de Éboli con Felipe II comienza con el nacimiento en 1562 de su tercer hijo, Rodrigo de Silva, quien a la postre heredaría los principales títulos de la familia al morir su hermano Diego y convertirse él en el primogénito de la familia.

Siempre se ha insinuado, quizá más por el morbo que conlleva que por las pruebas históricas que de ello se pueden colegir, que Rodrigo de Silva era hijo natural de Felipe II.

La leyenda, porque seguramente en el fondo puede que no sea más que eso, viene de un hecho llamativo, al menos a los ojos del pueblo. Rodrigo era rubio, igual que Felipe y al contrario que el resto de sus hermanos que, hasta donde sabemos, eran de cabello oscuro.

La labor del historiador es buscar el momento en el que se pudo dar el encuentro y si este, finalmente, pudo existir.

En contra de la idea del hijo natural, algunos investigadores han propuesto que es imposible que Ana de Mendoza tuviera relación alguna con el rey al encontrarse de posparto y, por lo tanto, de reposo y en casa. Es cierto que en 1561 la princesa acababa de dar a luz a su hija mayor, Ana de Silva y Mendoza. Sin embargo, no sabemos si en reposo, en su casa o no, lo cierto es que tuvo las fuerzas necesarias ya fuera con su esposo Ruy o con Felipe para concebir a quien a la postre sería don Rodrigo, segundo duque de Pastrana.

Otro de los argumentos esgrimidos en contra de esta morbosa posibilidad es que, siguiendo a Marañón, en aquella época Felipe estaba de luna de miel con Isabel de Valois, de quien, al parecer, estaba muy enamorado. Ciertamente, una cosa no quita la otra. No vamos a descubrir nada nuevo si destapamos casos de personas muy enamoradas de su pareja y que, por circunstancias de la vida, tienen aventuras con terceros o terceras. Es más, en 1561 la reina Isabel apenas contaba catorce años. Sabemos que su primera menstruación no le llegó hasta después de cumplir los quince, exactamente con quince años y cuatro meses. Como hemos visto, en 1561 Isabel de Valois sufrió de viruela, por lo que ni su aspecto ni su condición física debían de estar para muchos juegos amorosos. Por lo tanto, no es de extrañar que Felipe se fijara en doña Ana de Mendoza o que incluso existiera una atracción común, cuando la princesa tenía ya los veintiuno y era una mujer hecha de los pies a la cabeza. El contacto con el secretario, Ruy Gómez, debía de hacer casi continuo el trato entre ambas familias. Si a esto añadimos que doña Ana se convirtió casi en una dama de compañía de la reina, la intimidad debió de ser aún mucho más frecuente.

Poco después, en octubre de 1564, en un documento del propio Ruy Gómez, descubrimos que Felipe se había hecho a la idea de la fidelidad cuando dice que los amores del monarca casi han cesado, de modo que todo iba sobre ruedas y no se podía pedir más. No sabemos en qué grado hay que medir ese «casi» dicho quizá, aunque sin pruebas pero todo hay que decirlo, por uno más de los supuestos cornudos de la corte española de la época. Tampoco debemos escandalizarnos, estos menesteres eran algo floreciente en todas las cortes europeas.

Gaspar Muro señala que tal relación no pudo existir toda vez que Santa Teresa fundó en Pastrana al llamamiento de la princesa de Éboli en 1569, tal y como veremos más adelante. De haber habido la más mínima sospecha de que doña Ana fuera la favorita del rey, parece lógico pensar que la santa abulense habría rechazado cualquier tipo de relación fundacional con la princesa[69]. Pero no es menos cierto que las amantes del rey fueron en su momento conocidas por todos y la santa no dijo nada cuando el soberano mediaba en su favor. Incluso ella misma reconoce en su obra *Fundaciones* que era menester fundar en Pastrana y llevarse bien con Ruy Gómez debido a la privanza del secretario con el monarca[70]. Como vemos, Santa Teresa tenía las cosas muy claras.

Otro de los frentes en donde encontramos esta huella de infidelidad aparece en un billete o carta veneciana procedente de la abadía de Saint-Germain des Près y conservado hoy en la Biblioteca Nacional de París. Este documento oficioso fue descubierto por François Mignet[71]. El texto, fechado en 1584, fue seguramen-

---

[69] Gaspar Muro (1877), págs. 33 y 34.

[70] Véase, de Santa Teresa de Jesús, *Libro de las fundaciones*, edición de Víctor García de la Concha, Madrid, 1991, capítulo XVII, 3.

[71] Códice 1234 de la colección Cloislins, folio 250. Véase de F. Mignet (reedición 2001), pág. 76. Toda esta historia es también citada por Gaspar Muro (1877), págs. 218-219. Muro es quien corrige la referencia inexacta de Mignet, que da el códice 1203 cuando en realidad es el 1234, que aquí propongo.

te hecho por algún funcionario de la embajada veneciana en Madrid y en él se cuenta que Felipe II, a pesar de ser un hombre cristianísimo, era muy aficionado a las mujeres, y que algunos señores «portan nombre» de ser hijos suyos:

> Ed in corte sono alcuni signori portano nome di esser suoi figli, come il duca di P... ed Don... ed altri.

Mignet se molestó en ir cotejando el listado de títulos de aquella época, con la sorpresa de que el único «duque de P» que existía en 1584 era el duque de Pastrana, don Rodrigo de Silva y Mendoza, el chiquito rubio de la princesa de Éboli. Esta carta ha venido a sumarse a las sospechas de que doña Ana y Felipe tuvieron algo más que amistad, fruto de lo cual nació Rodrigo, un nacimiento que, de ser cierto esto que comenta el funcionario italiano, fue encubierto, siendo considerado como un hijo más de los príncipes de Éboli.

A todo este maremágnum de suposiciones hay que añadir el testimonio de Antonio Pérez, el secretario que sustituyó a Ruy Gómez tras la muerte de este en 1573 y que hasta su caída en desgracia junto a la propia princesa en 1579, fue la mano derecha del Gobierno de Felipe II. Tras su huida a Aragón y luego a Francia en 1590, fue dejando tras él una estela de noticias, verdades, rumores y falsedades que hoy es difícil comprobar. Entre ellas estaban los amoríos que el soberano pudo haber mantenido con la princesa de Éboli, detalle que analizaremos en más profundidad cuando estudiemos las posibles causas de la prisión de doña Ana.

Existe otro detalle singular que me gustaría plantear aquí. Desconocemos el color del cabello de los otros hijos de la princesa de Éboli. Puede que Rodrigo no fuera el único rubio de la familia. No hay retratos ni documentos que entren en este tipo de detalles. A todo esto hay que añadir otro elemento. La problemática acerca de la veracidad de los retratos conocidos de doña Ana de Mendoza ha hecho suponer a algún investigador, tal y como expondré en el apéndice dedicado a los retratos de la princesa, que nuestra mujer era en realidad rubia. De ser así, este hecho cambiaría de forma radical la credibilidad de los chismes lanzados contra don Rodrigo.

Solamente podemos aceptar que la leyenda puede tener su fundamento y convertirse en realidad histórica a partir de un documento inapelable que así lo demuestre, documento que no ha aparecido ni posiblemente aparecerá. Como es lógico, los reyes no iban dejando pruebas por escrito de sus aventuras amorosas con princesas. Por el contrario, si era su deseo admitir la existencia de hijos naturales, se hacía con todas las de la ley, tal y como pasó con don Juan de Austria o, un siglo después, con don Juan José de Austria, hijo de Felipe IV y de la famosa actriz madrileña, la Calderona.

En la actualidad casi ningún historiador de renombre acepta los amoríos de la princesa de Éboli con Felipe II. El único destacable que así lo cree es Manuel Fernández Álvarez, pero, al igual que los que piensan lo contrario, su apuesta no es más que una suposición difícilmente probable con documentos[72].

El apellido lo dice todo y, hasta donde sé, no me consta que exista ningún «Rodrigo de Austria». Ahora bien, si se diera el caso de que apareciera un documento que, al menos, presentara ciertas dudas al respecto, es decir, que inclinara la balanza a favor de la creencia de que Rodrigo era hijo natural del rey Felipe II, algo que vaya más allá del simple color de pelo, se puede hacer una cosa: no hay más que comparar el ADN de ambos cadáveres, el del segundo duque de Pastrana enterrado junto a sus padres en la cripta de la colegiata de la villa y los restos de Felipe II enterrados en El Escorial.

## Pastrana: La casa de doña Ana

Si existe un lugar relacionado directamente con la princesa de Éboli, más que Madrid, sede de la corte a partir del reinado de Felipe II, o cualquiera de las grandes ciudades en donde doña Ana residió, bien esporádicamente o bien de forma más asentada, como Alcalá de Henares, Zaragoza, Valladolid o Toledo, el lugar por antonomasia de la princesa es Pastrana, en pleno corazón de Guadalajara.

---

[72] Manuel Fernández Álvarez (1998), págs. 843-845.

Es una pena que, aun estando a solo 65 kilómetros en línea recta de Madrid, lo que no debería suponer más de treinta minutos por carretera si existiera una carretera en línea recta, su desafortunada ubicación geográfica e inaceptable incomunicación la ven abocada a quedar a poco más de 100 kilómetros (muchos de ellos en pésimas carreteras), lo que supone, como mínimo, setenta y cinco minutos de viaje, se vaya por el camino que se vaya.

Vista exterior del pueblo de Pastrana en Guadalajara.

En cualquier caso, merece la pena el viaje. Pastrana se encuentra en el valle del río Arlés. Y si vemos el aspecto que tenía esta villa en el siglo XVI gracias a los planos que han llegado hasta nosotros o que los investigadores han podido reconstruir, nos damos cuenta de que muy poco es lo que ha cambiado del antiguo trazado existente en la época de la princesa de Éboli[73]. Así se la describe en la *Relaciones Topográficas de Felipe II* del año 1580.

Al treinta y dos, que esta Villa de Pastrana está en cuarenta grados de Astrolabio y altura, a lo que se ha entendido de los que la

---

[73] Véase, de Esther Alegre, *La villa ducal de Pastrana*, Guadalajara, 2003, y Tomás Nieto y Esther Alegre, *Los jardines de la villa de Pastrana*, Guadalajara, 1999.

han medido; está sita en una ladera que hace nariz, y por los dos lados la abrazan los dos valles y arroyos de las fuentes Fuempreñal y Fuente del Cerezo, de que en esta relación arriba se hace mención, los cuales arroyos se juntan en uno al pie de este pueblo; es lugar algo áspero, la mayor parte de él fue cercado de cal y canto, con almenas, y lo está ahora alguna parte de él, y otra parte caída.

Desde 1529 dejó de depender de la Orden de Calatrava, pasando en esa fecha a estar a la venta por mandato del emperador Carlos V. La compra la realizó más de una década después, en 1541, doña Ana de la Cerda, condesa de Mélito, la abuela materna de la princesa de Éboli. Por lo tanto, vemos que la relación de su familia con Pastrana viene de lejos. Sería precisamente doña Ana de la Cerda quien comenzó las obras de un castillo, luego palacio ducal, en el año 1542. Al mismo tiempo comienzan los problemas con los pastraneros. Estos habían intentado sin éxito comprarse a sí mismos la villa a través de los hombres pudientes que en ella vivían, por lo que cuando llegó la condesa de Mélito no vieron con

Palacio de los príncipes de Éboli en Pastrana. Alonso de Covarrubias.

muy buenos ojos que una forastera se hiciera dueña y señora del lugar a base de talonario, en total casi 20 millones de maravedíes[74].

La Sala del Trono del palacio ducal en su estado actual tras la restauración.

En los años siguientes, la condesa y su hijo, Gastón de la Cerda, no cesaron de vejar a los vecinos, gobernando la villa de forma despótica, pensando únicamente en sus propios intereses más que en los de los vecinos, tal y como deberían hacer y se esperaba de ellos.

Uno de los primeros puntos de enconamiento fue la construcción del palacio. Las leyes de la villa prohibían la construcción de castillo o casa grande junto a las murallas, norma que doña Ana de la Cerda pasó por alto sin ningún rubor.

La situación fue empeorando paulatinamente hasta que, en 1562, don Ruy Gómez, el príncipe de Éboli, comenzó los trámites para la compra de la villa a la familia de su esposa, operación que no finalizó hasta el 27 de marzo de 1569 por el precio de 154.466 ducados[75].

Un año antes, en marzo de 1568, gracias a la ayuda recibida durante la delicada enfermedad del príncipe don Carlos, Ruy Gó-

---

[74] La compra de Pastrana vinculaba también la adquisición de las villas de Escopete y Sayatón. Se tasó en 13.232.000 maravedíes por los vecinos, 5.246.869 por las rentas de los millones y casi un millón más por el valor de la muralla que rodeaba a Pastrana. Véase de Antonio Herrera, *Pastrana. Una villa principesca*, Guadalajara, 1992, pág. 22.

[75] Véase, de Antonio Herrera (1992), pág. 23.

mez recibe de manos de Felipe II el título de duque de Estremera, con Grandeza de España. Tiempo después, en 1572, Ana de
Mendoza y su esposo recibirían del rey el título de duques de Pastrana. La razón no se justificaba en un capricho del soberano por
querer recompensar una vez más a su fiel secretario. En esos años,
desde que se hiciera con el gobierno de la villa alcarreña, esta protagonizó un desarrollo notabilísimo. Al contrario de lo que había
sucedido con doña Ana de la Cerda, bajo la mano de los príncipes
de Éboli todo fueron parabienes en Pastrana. Ruy Gómez fue
considerado una especie de adalid del cambio sufrido por la localidad y, aunque no contamos con pruebas directas de ello, hay que
pensar que doña Ana de Mendoza también entró en los quereres
de sus vecinos.

Vista panorámica de la plaza de la Hora en Pastrana, con el palacio ducal en primer término y, detrás, el monasterio de San Francisco.

La razón está en el giro de 180 grados que dio Pastrana con la
llegada de los príncipes. El palacio ducal se convirtió de la noche a la
mañana de ser punto disputas entre los vecinos a ser el centro neu-

rálgico de la vida en la villa. El antiguo castillo fue construido por
Alonso de Covarrubias. Como hemos visto, su edificación empieza
en 1542 siguiendo las trazas del arquitecto toledano. El encargo inicial de la abuela de la princesa nunca llegó a culminarse de forma
definitiva aunque su construcción siguió en el tiempo. Fue habitado
circunstancialmente por los herederos de la princesa, y tanto el palacio como los espacios que se abrían a su alrededor, especialmente la
enorme plaza que hay frente a la fachada, diseñada también por Covarrubias, se convirtieron en el eje principal de la villa.

La princesa de Éboli también lo habitó de forma esporádica,
aunque bien es cierto que pasó en él largas temporadas. Su ubicación, justo frente al valle que se abre sobre el río Arlés, lo hacía un
lugar privilegiado para la vida doméstica de los príncipes.

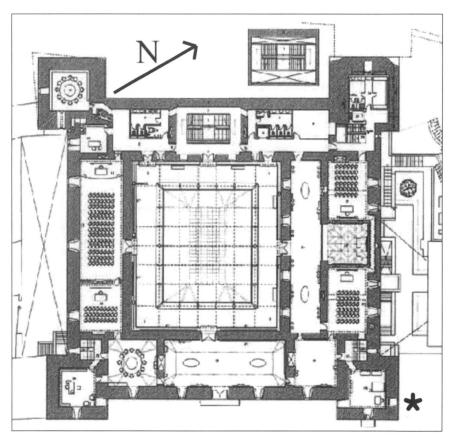

Plano de la planta superior del palacio ducal de Pastrana, con los salones principales y la
Habitación de la Hora, marcada con un asterisco. Alonso de Covarrubias.

En la época se habla del palacio de Pastrana en estos términos:

> Hay en particular dos Casas que son de los Señores de él (de Pastrana), y la una que no está acabada, es casa fuerte con troneras y saeteras, fabricada de cal y canto, de ancho muro y todas las paredes por de fuera, y ventanas y escaleras son de piedra sillería y con muy buenas maderas, y algunas piezas de artesones de talla, y tiene delante una plaza cercada de casas pequeñas con tiendas para contratación, y encima de ellas sus galerías sobre vallas y huertas de mucha frescura[76].

El palacio es un magnífico ejemplo de arquitectura civil renacentista. Su fachada de sillería está flanqueada por dos torreones cúbicos, siendo el del lado de levante el que sirvió de prisión a la princesa al final de sus días en 1592.

La planta del palacio es cuadrada y toda su estructura gira en torno a un patio plateresco en el que destacan las chimeneas gótico-mudéjares, los ricos artesonados y los zócalos de azulejería.

El palacio está levantado al pie del monasterio de los franciscanos y, como señalaban las *Relaciones Topográficas de Felipe II,* en pendiente descendente hasta el río Arlés. De ahí que las trazas del edificio original estuvieran acompañadas de diferentes jar-

Entrada principal del palacio ducal de los príncipes de Éboli en Pastrana. Alonso de Covarrubias.

---

[76] *Relaciones Topográficas de Felipe II,* 1580.

dines que servían de escaleras para acomodar el desnivel sufrido en los diferentes espacios[77].

Cuando los príncipes vivieron en él, el palacio era un verdadero despliegue de lujos. El artesonado renacentista del salón principal, el llamado Salón del Trono que se abre sobre la fachada, es una auténtica joya del arte de la época. Sobre la puerta de entrada de la fachada se pueden leer los apellidos de la princesa («*De Mendoça i de la Cerda*»), acompañado por encima del escudo nobiliario de su familia sujetado por dos amorcillos. Por debajo de la inscripción, a ambos lados del arco de almohadillado que cubre la puerta de entrada, vemos dos tondos hoy muy deteriorados con retratos en piedra seguramente de los primeros duques de Pastrana doña Ana y don Ruy[78].

Torre oriental de la fachada del palacio ducal de Pastrana con la reja que cubre la Ventana de la Hora. Alonso de Covarrubias.

El balcón que hoy vemos en la fachada, rompiendo el tímpano original de la entrada, es obra de una remodelación del siglo XVII.

No obstante, el lugar más interesante de

---

[77] Sobre este detalle de los jardines del palacio ducal de Pastrana, recomiendo el libro de Tomás Nieto y Esther Alegre (1999).

[78] Esta afirmación la lanza Mesonero Romanos en su artículo «Un viaje a Pastrana», en *Museo Universal*, Madrid, 1859. Citado por Gaspar Muro (1877), apéndices, pág. 195. También es posible que se trate de los abuelos de la princesa de Éboli, doña Ana de la Cerda y su esposo don Diego Hurtado de Mendoza, hijo del cardenal Mendoza, o simplemente dos retratos clasicistas, sin más.

todos los del palacio, precisamente por su relación directa con la princesa de Éboli, es la torre oriental, en la que todavía hoy se puede ver la gruesa reja de hierro forjado que cubría el balcón de la llamada Habitación de la Hora. Dice la leyenda que desde 1590 solamente podía observar la vida exterior del palacio a través de esta ventana y por un espacio de tiempo nunca superior a la hora. De ahí que la Plaza Mayor o Plaza del Mercado que hoy se abre frente al palacio cambiara de nombre por el de Plaza de la Hora ya en el siglo XVII.

El palacio cayó en el abandono más absoluto después de que ninguno de los herederos de los príncipes de Éboli se hiciera cargo de él, ni lo usaran como residencia habitual, de suerte que incluso acabó siendo vivienda improvisada hasta hace pocas décadas de los propios vecinos del pueblo. Algunas fotografías de mediados del siglo XX nos transmiten un poco la idea del mal estado de conservación del palacio y de sus artesonados.

El edificio está protegido bajo la Declaración Genérica del Decreto de 22 de abril de 1949, y la Ley 16/1985 sobre el Patrimonio Histórico Español. El palacio se cerró después de su restauración llevada a cabo por la Universidad de Alcalá de Henares, de quien depende el edificio, y finalizada en 1999[79].

El 21 de junio de 2005 fue inaugurado por el príncipe de Asturias, don Felipe de Borbón. Desde entonces puede ser visitado. La rehabilitación ha hecho desaparecer gran parte del antiguo encanto del edificio renacentista, aunque hay que reconocer que poco se podía salvar del palacio original, muy deteriorado por el abandono durante siglos. El encargado del proyecto fue Antonio Fernández Alba[80]. Salvo los artesonados de las salas nobles de la primera planta

---

[79] En la página web de la Universidad de Alcalá: http://www2.uah.es/infraestructura/Campus%20Guadalajara/pag%20pastrana.htm, podemos hacer una visita virtual al palacio de los príncipes de Éboli, ver fotografías, notas y los planos del edificio, todo ello antes y después de la restauración. Más curioso es, si cabe, la visita virtual con recorrido de 360 grados que podemos hacer del patio central y de la llamada Sala del Trono.

[80] Fernández Alba fue el encargado de la rehabilitación del edificio que hoy alberga el Museo Nacional Centro de Arte Reina Sofía. Es también Premio Nacional de Arquitectura 2005 y miembro de la Real Academia Española desde ese mismo año 2005.

La Habitación de la Hora, tal y como se conserva en la actualidad
después de la restauración.

o los azulejos originales del zócalo de los muros, casi nada recuerda
al paso de doña Ana. Incluso la Habitación de la Hora ha cambiado su fisonomía. Incomprensiblemente, el vano abierto en el muro
oriental y que albergaba una suerte de nicho u oratorio, protegido
por cenefas con decoración a modo de *a candelieri,* ha sido cubierta y en su lugar se ha colocado un retrato de la princesa de Éboli al
más puro estilo de Andy Warhol[81].

Mejor suerte corrió el otro edificio emblemático de los príncipes de Éboli en Pastrana, su iglesia colegiata. Unida al palacio por
la calle Mayor en una breve línea recta formada por las angostas
callejuelas de la villa, no es difícil llegar desde la plaza de la Hora,
frente al palacio, hasta la iglesia parroquial de la Asunción de la
Virgen María, la misma que el 18 de enero de 1569 fuera elevada
a colegiata por el papa Sixto V. En aquella fecha, don Ruy Gómez
convirtió la vieja iglesia en la sede de un cabildo o *collegium*

---

[81] Este vano del muro oriental puede observarse en todos los planos del palacio. Aparece junto al asterisco en el plano que publicamos en la página 94.

de clérigos que pervivió hasta el siglo XIX, cuando perdió su calidad de colegiata, aunque por esta particularidad hoy todavía se la conoce.

La iglesia fue comenzada a construir en el siglo XIV, cuando Pastrana pertenecía a la Orden de Calatrava. Lo que hoy conocemos del lugar, tampoco vamos a entrar en muchos detalles[82], es una mezcla de estilos acordes cada uno de ellos con las diferentes etapas de la historia en las que su construcción sufrió cambios. Se entra a ella por el conocido como Atrio de los Poetas, en el lado norte del edificio.

Detalle de la cúpula del crucero de la colegiata de Pastrana.

Existen varios elementos dentro del recinto religioso que nos llevan a la princesa de Éboli. En el crucero de la iglesia hoy podemos leer todavía diferentes epitafios colocados allí por fray Pedro González de Mendoza, hijo de los príncipes. Más interesante es, si cabe, el Museo de la Iglesia Parroquial, ubicado en la antigua sacristía. Allí se conservan algunos recuerdos de la villa pertenecientes a Santa Teresa, San Juan de la Cruz y de la propia princesa de Éboli. Entre ellos cabe destacar algunos muebles que posiblemente procedan del palacio y que fueron utilizados por doña Ana, los cuadros de algunos de sus hijos, como el mencionado fray Pedro

---

[82] Véase, de Antonio Herrera (1992), págs. 55-87. Aquí encontraremos abundante información sobre la historia del edificio y sobre las piezas que se exhiben en el Museo de la Iglesia Parroquial.

González de Mendoza y su hermana  pequeña, Ana de Silva y Mendoza, o el catafalco que amortajó los cadáveres de los príncipes en el traslado de sus restos ya en el siglo XVII[83].

Entrada bajo el arco conopial que da acceso a la colegiata de Pastrana.

En la cripta de la colegiata, a la que se accede por la puerta del lado del evangelio, a la izquierda del altar mayor, se conservan los restos de doña Ana de Mendoza, junto a los de su esposo, algunos de sus hijos, sus padres, el marqués de Santillana, y otros miembros de la familia Mendoza y duques del Infantado. Pero no adelantemos acontecimientos; ya veremos con más detalle todo lo relacionado con el enterramiento de la princesa.

Alrededor del palacio y de la colegiata la vida cambió de forma drástica con la llegada de los príncipes de Éboli. El comercio se intensificó con la venida de moriscos. Muchos de ellos habían sido repudiados de sus lugares de origen, especialmente desde que don Juan de Austria aplastara la revuelta de los granadinos en Las Alpujarras en 1568. Tras esta victoria cristiana, la pretensión de Feli-

---

[83] El museo está repleto de objetos del siglo XVI de origen desconocido. Posiblemente, muchos de ellos procedan de la princesa, aunque hoy lo desconocemos.

pe II era redistribuir por todo el reino de Castilla a los moriscos con el fin de diluirlos en la sociedad cristiana, rompiendo así sus lazos de identidad musulmana. Don Ruy Gómez de Silva consiguió hacerse con doscientas familias que el marqués de los Vélez conducía hasta Mula (Murcia). Gracias a un censo de moriscos de Pastrana sabemos que en 1573, cuatro años después de su llegada, las doscientas familias iniciales alcanzaban ya un total de 1.215 individuos, en 1581 había 1.536, y antes de su expulsión definitiva en 1610, 2.214. Sus trabajos se centraban principalmente en la seda, actividad en la que Pastrana destacó durante estas décadas de forma especial. Pero también había agricultores y una pequeña burguesía mercantil[84].

Los moriscos fueron bien aceptados en la villa, asentándose no en un barrio propio a modo de gueto, como siempre se ha pensado, sino repartiéndose por todas las cuadrillas que formaban Pastrana. De lo contrario, pronto hubieran podido reunirse, con el peligro que ello implicaba. El barrio alto que hoy se conoce como Albaicín fue en realidad el lugar fabril en el que estaban las manufacturas y trabajaban todos estos artesanos, pero no el lugar en el que residían. En este barrio se construyó por entonces la ermita del Pilar, una pequeña iglesia a la que la princesa de Éboli tuvo mucha devoción y que designó en su testamento como lugar de enterramiento.

La aparición de nuevos cultivos, la creación de una feria y la fundación en 1569 de varios centros religiosos de la mano de Santa Teresa de Jesús, además de la fundación de la iglesia que más tarde se convertiría en colegiata de Pastrana, acabaron por dar ese aire de modernidad a Pastrana, hasta el punto de que hay quien dijo que por qué no iba a ser Pastrana la capital de España. Su mala ubicación geográfica obligó de inmediato a desestimar tan honrosa posibilidad.

El último enclave de Pastrana relacionado con la princesa de Éboli, antes de meternos con las fundaciones religiosas de Santa Teresa de Jesús, es el monasterio de San Francisco.

En la parte alta de la villa, abriéndose en la actual plaza del Deán, se levanta la construcción de ladrillo que da vida a este antiguo mo-

---

[84] Los datos los tomo de la obra de Antonio Herrera (2000), pág. 18.

nasterio dedicado a la advocación de Santa María de Gracia. La Orden se estableció en Pastrana en el año 1460, asentándose en los antiguos herrenales, extramuros de Pastrana, justo encima de la ubicación de donde luego se levantaría en el siglo XVI el palacio ducal de los príncipes. Estos primeros franciscanos procedían de la comunidad de Valdemorales (Cáceres), donde se establecieron en 1437.

En 1569 los príncipes de Éboli acogieron el patronato del templo, colmando de arte sus estancias con retablos, rejas y otros ornamentos, entre los que cabe destacar la presencia de los escudos nobiliarios de la familia en la nave central del monasterio.

Monasterio de San Francisco, en la plaza del Deán de Pastrana.

Desgraciadamente, el lugar quedó abandonado desde el año 1836 debido a la Desamortización de Mendizábal. El contenido del templo, las antiguas donaciones y los objetos de valor desaparecieron todos. En la fachada hoy conserva un atrio de cinco arcos semicirculares de ladrillo, superpuestos por un cuerpo corrido con pilastras y ventanales. El patio del claustro es de sección cuadrada con muros y arcos de ladrillo. En el interior de la iglesia vemos una sola nave con capillas laterales cubierta con bóveda de crucería con capiteles simples decorados con elementos vegetales y escudos heráldicos de la casa Mendoza. Bajo ella se abre una cripta, hoy muy deteriorada, en la que fueron enterrados los hijos pequeños de los príncipes de Éboli[85].

Finalmente, y para acabar con este recorrido por los monumentos de la villa relacionados con doña Ana, no hay que olvidarse de la ermita de la Virgen de los Ángeles, ya desaparecida. Esta se encontraba a la entrada del pueblo, en el mismo lugar en el que hoy se levanta una gasolinera. Se trataba de una iglesia románica de una sola nave con el típico ábside semicircular de este periodo.

Después de la Desamortización de Mendizábal en el año 1836 la iglesia se cerró y sus bienes fueron trasladados a otros lugares. Algunos de esos bienes hoy se identifican con la princesa de Éboli. No es extraño cuando los propios duques de Pastrana utilizaban esta ermita como lugar de devoción y oración al comienzo de sus viajes hacia Madrid o a la llegada de estos; una tradición que seguramente empezara mucho antes que ellos y que continuó en el tiempo una vez desaparecidos los duques.

## Fundaciones de Santa Teresa

La presencia en Pastrana de Teresa de Cepeda y Ahumada, más conocida como Santa Teresa de Jesús[86], dio nuevos bríos a los pla-

---

[85] En la actualidad, el monasterio de San Francisco es un centro de reunión con diferentes salas acondicionadas para actos culturales. Todo ello gira en torno a un popular Restaurante Convento de San Francisco en el que se come bastante bien.

La nave central de la iglesia, muy deteriorada y pendiente de una restauración que le devuelva su antigua gloria, sirve hoy de centro de exposiciones para ferias en las que se promocionan los productos típicos de la Alcarria y Pastrana, y donde, en ocasiones, uno se puede topar con la propia princesa de Éboli...

[86] Recomiendo ver la serie de televisión *Teresa de Jesús*, de Josefina Molina, con la producción de Televisión Española del año 1983. En esta obra volvemos a descubrir a la princesa de Éboli. La actriz vallisoletana Concha Velasco protagoniza este clásico de las series de TVE en el que la princesa desempeña un puesto destacado. El papel de doña Ana es interpretado por Patricia Adriani, una actriz cuyo verdadero nombre es María Asunción García Moreno. Esta ma-

nes que los príncipes de Éboli estaban desarrollando en el lugar. Sus fundaciones son lo más conocido de la villa, y aunque la presencia física de Santa Teresa no pasó de tres meses y la de su Orden carmelita de pocos años, la huella que ha dejado en Pastrana ha conseguido eclipsar la presencia posterior de otras órdenes religiosas que nada tuvieron que ver con esos comienzos carmelitas. Es el caso de la orden de la Inmaculada Concepción y la de los franciscanos.

Además de la propia documentación de la época, conservada en parte en los monasterios fundados por Santa Teresa, la propia religiosa nos ha dejado un breve aunque muy útil trabajo para poder comprender lo que ocurrió en Pastrana en el verano de 1569[87].

La figura de Santa Teresa de Jesús es seguramente una de las más carismáticas de todo el siglo XVI. Perteneciente a la orden de Nues-

---

drileña se hizo muy popular a finales de los 70 y principios de los 80 por las películas de corte erótico que protagonizó. Quizá fue elegida para el papel de la princesa por este perfil de moral distraída, perfil que en la madurez de su carrera ha ido abandonando paulatinamente hasta trabajar con buenos directores.

Los capítulos 5 («Fundaciones») y 6 («Visita de descalzas») son los principales momentos de aparición de la princesa. Están relacionados con las fundaciones que llevó a cabo la santa en Pastrana a partir de 1569 y que tanta polémica acarrearon a unos y otros.

Estamos ante una magnífica recreación del siglo XVI a cargo de Víctor García de la Concha, en la que la figura de doña Ana —perfectamente caracterizada— queda un poco malparada debido a su impertinente comportamiento y continuos ataques de genio de niña malcriada y caprichosa. Desde mi punto de vista, este enfoque tan extremo es, quizá, un poco exagerado.

La recreación de las ropas está bastante lograda —a cargo de Carmina González—, salvo la famosa gola de abanillos, tomada del cuadro atribuido a Sánchez Coello, que ya comentaré al hablar de los retratos en los apéndices, y que nada tiene que ver con la moda de la época.

Es una pena que, debido al mal estado del palacio ducal de Pastrana en 1983, las escenas localizadas allí no pudieran rodarse en la villa alcarreña sino que se tuvieron que hacer en el palacio de Peñaranda de Duero (Burgos). Por su parte, los exteriores del monasterio carmelita de San José se hicieron en la localidad segoviana de Pedraza. Para las casas de Madrid, recreadas en la escena del funeral de Ruy Gómez de Silva, se utilizó la Sala de Armas del Alcázar de Segovia.

[87] Véase, de Teresa de Jesús, *Libro de las fundaciones*, edición de Víctor García de la Concha, Madrid, 1991, capítulo XVII, págs. 157-171.

tra Señora del Monte Carmelo, más conocida como carmelita, veía con desilusión de qué forma las religiosas aligeraban las costumbres propias de la Orden y se relajaban en su disciplina. Por ello, decide emprender una reforma de la Orden consiguiendo el apoyo del Papa, Pío IV, lo que le da pie a fundar en 1562 en Ávila el convento de San José, la primera comunidad de monjas carmelitas descalzas, circunstancia que la enfren-

Azulejado con la imagen de Santa Teresa de Jesús, según el cuadro de Juan Nardush. Entrada a la iglesia del monasterio de San José de Pastrana.

tó a muchos de sus superiores. En este nuevo centro religioso se intensificó el cumplimiento de la Orden primitiva escrita en 1209[88] por el patriarca latino de Jerusalén, Alberto de Vercelli, y aprobada en 1226 por el papa Honorio III.

A pesar de los contratiempos, en 1567 la reforma fue aprobada por el director de la Orden, permitiéndosele a Santa Teresa, en colaboración con San Juan de la Cruz, fundar otros monasterios, en esta ocasión para religiosos.

Con estas alforjas, y decidida a llegar hasta el final de su camino, la santa abulense se lanza a fundar monasterios por toda la Península. En total lograría levantar 16 femeninos y 14 masculinos.

Para el caso que aquí nos reúne, Pastrana y la princesa de Éboli, Santa Teresa fundó dos monasterios. La historia que antecede a la llegada de la santa a Pastrana no es menos curiosa que todo lo que ocurrió después y merece la pena que nos detengamos en ella.

En su *Libro de las fundaciones* nos cuenta la religiosa cómo tras fundar en Toledo, sin apenas descanso, después de culminar harto

---

[88] La regla era bastante severa. Exigía a sus miembros vivir en pobreza y en total soledad, absteniéndose de comer carne.

pesado trabajo, recibe la visita de un criado de la princesa de Éboli en el palacio de su prima, doña Luisa de la Cerda, en donde se
alojaba la santa. Este le recuerda el pacto de palabra que había entre ambas para fundar un monasterio en Pastrana. La religiosa,
que por aquellas fechas ya contaba con sesenta y cuatro años, estaba cansada y no tenía gana de emprender el agotador viaje hasta
Guadalajara, habiendo, además, acabado de inaugurar la casa en
Toledo que tantos esfuerzos y energías les había supuesto.

Pero la insistencia del criado de la princesa que se había desplazado hasta Toledo con una carroza especial para llevarla cómoda-
mente desde allí, hizo reflexionar a Teresa. Cuenta la propia monja que:

> Fuime delante del Santísimo Sacramento para pedir al Señor
> escribiese de suerte que no se enojase, porque nos estaba muy
> mal, a causa de comenzar entonces los frailes, y para todo era bue-
> no tener a Ruy Gómez, que tanta cabida tenía con el Rey y con
> todos; aunque de esto no me acuerdo si me acordaba, más bien sé
> que no la quería disgustar. Estando en esto, fueme dicho de parte
> de Nuestro Señor que no dejase de ir, que a más iba a aquella fun-
> dación, y que llevase la Regla y Constituciones[89].

Tras recibir de su confesor el mismo consejo, la religiosa se decidió a marchar a Pastrana.

En el Museo de San Francisco del convento del Carmen de
Pastrana hay una colección de lienzos de la escuela madrileña del
siglo XVII que reproducen el comienzo de las fundaciones desde,
precisamente, la llegada del criado hasta Toledo. En él vemos en
tres escenas la llegada del paje de la princesa, la consulta al Santísi-
mo Sacramento y el encuentro con Leonor de Mascareñas, aya del
rey y del difunto príncipe Carlos.

Al poco del recibimiento por parte de los príncipes de Éboli
en su palacio ducal, tras la Pascua del Espíritu Santo, en el verano ya de 1569, Santa Teresa funda primero el convento del Carmen. La idea era hacer dos fundaciones, una de religiosos y otra
de religiosas.

---

[89] Véase, de Teresa de Jesús (1991), capítulo XVII, 3.

El Carmen, levantado en un cerro a las afueras de Pastrana, junto a la vieja ermita de San Pedro, empezó siendo muy pobre, construyendo apenas unas casas de madera y un templo alrededor de esa ermita primigenia cedida por los príncipes a Ambrosio Mariano Azzaro y a Juan Nardush, más conocido este por fray Juan de la Miseria[90]. Se trataba de dos ermitaños italianos que Santa Teresa conoció a su paso por Madrid, de la mano de la mencionada Leonor de Mascareñas, y que tras hablar con la religiosa abrazaron de buena gana la nueva reforma del Carmelo[91].

Ruy Gómez de Silva entrega la ermita de San Pedro a Santa Teresa, escuela madrileña del XVII. Museo de San Francisco de Pastrana.

---

[90] Ambrosio Mariano Azzaro era natural de Bitonto, en el antiguo reino de Nápoles. Ingeniero de profesión, participó como soldado junto a las filas de Felipe II en la batalla de San Quintín (10 de agosto de 1557). Cambió su vida por la de religioso después de participar en unos ejercicios espirituales junto a un padre de la Compasión. Por su parte, Juan Nardush, de oficio pintor, también era italiano, originario de una pequeña localidad de los Abruzos, en el centro de Italia, cerca de Roma. Para más detalles de la vida y la obra de estos dos religiosos, véase de Silverio de Santa Teresa, *Historia del Carmen Descalzo en España, Portugal y América*, tomo III, capítulos XI y XII, Burgos, 1936; VV. AA., *Homenaje IV Centenario San Juan de la Cruz, Fontiveros 1542-Úbeda 1591*, Pastrana, 1991, págs. 67-73. Véase también de G. Barra y A. Cestaro, *La principessa di Eboli. Eboli e Pastrana nel 1500*, Eboli, 2002, págs. 82-84.

[91] Para más datos y anécdotas sobre la fundación de este lugar véase VV. AA., *Homenaje al Cuarto Centenario de San Juan de la Cruz*, Guadalajara, 1991, págs. 61-82.

La fundación lo tenía todo. Santa Teresa había tenido mucha suerte en toparse con dos varones que quisieran seguir sus pasos en la fundación de un cenobio masculino. Además, el cerro sobre el que se levantaba la originaria ermita de San Pedro tenía su historia dentro del marco de la leyenda. Allí fue donde Juan Giménez, un vecino de Pastrana, profetizó la fundación del convento. Al parecer, dijo haber tenido una visión por la cual el palomar de palomas bravas que allí había se tornaría en lugar de palomas mansas y blancas, y que con su vuelo alcanzarían el cielo. En el museo de los franciscanos de Pastrana hay un lienzo (78,5 por 64 centímetros) del propio fray Juan de la Miseria en el que se relata esta historia y se puede leer lo siguiente en un gran pie:

> Juan Giménez, vecino de Pastrana, varón sencillo, siervo de Dios e ilustrado con el don de la profecía, profetizando la fundación de este convento, dijo delante de muchos vecinos de la dicha villa, que venían en procesión a esta ermita y palomar: «¿Veis este palomar de palomas bravas? Pues tiempo vendrá en que se puebla de palomas mansas y blancas que con su vuelo llegarán al Cielo». En confirmación de esto, muchas personas vieron salir muchas veces, de una cueva de este cerro, una procesión de religiosos vestidos de buriel áspero, capas blancas, pies descalzos y velas encendidas en las manos y que dando una vuelta por el cerro se recogían en dicho palomar. *Historia de los carmelitas descalzos*, tomo I.

El antiguo convento de monjes del Carmen pertenece hoy a la Orden franciscana. En los libros podemos encontrar referencias a él como convento o monasterio de San Pedro o bien del Carmen. La idea doble viene de la mencionada ermita de San Pedro, el primer núcleo religioso habitado del lugar, cedido por los príncipes de Éboli a Santa Teresa, en cuyo interior había un retablo con la Virgen del Carmen. En definitiva, se trata de uno de los centros religiosos destacados de Pastrana debido a que por él pasaron las personas más importantes ligadas a la reforma carmelita del siglo XVI, como la propia Santa Teresa o San Juan de la Cruz. En la desamortización del XIX los carmelitas abandonaron el lugar siendo retomado el 11 de abril de 1855 por los

Vista exterior del convento del Carmen en Pastrana.

Padres Franciscanos Menores Descalzos de la provincia de San Gregorio de Filipinas[92].

Casi a la par que la fundación del Carmen fue la del monasterio de religiosas de San José. Habitado en la actualidad por una comunidad de monjas de la Orden de la Inmaculada Concepción, el monasterio fue fundado el 9 de julio de 1569 por Santa

_____

[92] En la actualidad, aunque el conjunto conserva su parte religiosa dirigida por los franciscanos, también cuenta con la llamada Hospedería Real de Pastrana. En ella podemos disfrutar de salones para acontecimientos, restaurante, cafetería, alojamiento, etcétera.

Teresa de Jesús, quedando Isabel de Santo Domingo como primera priora[93].

Entrada actual al monasterio de la Inmaculada Concepción o de San José, en Pastrana.

El retraso en su fundación con respecto al de religiosas se debió a la reforma de la casa que se había adelantado a hacer la princesa de Éboli y que finalmente no fue del gusto del Carmelo:

Hallé a la princesa y al príncipe Ruy Gómez, que me hicieron muy buen acogimiento. Diéronnos un aposento apartado, adonde estuvimos más de lo que yo pensé, ya que la casa estaba tan chica, que la princesa la había mandado derrocar mucho de ella y tornar a hacer de nuevo, aunque no las paredes, mas hartas cosas[94].

Tampoco fue más lo que pudo cambiar Santa Teresa. En aquella época solamente existían unas pocas habitaciones de las que no

---

[93] Aunque la historia es ambigua, es posible que antes de la llegada de las carmelitas ya existiera un monasterio concepcionista en Pastrana. Perteneciente esta villa al arzobispado de Toledo, en el monasterio concepcionista de esta ciudad se conserva una biografía de 1526 de Santa Beatriz de Silva, fundadora de la Orden. Al final de la misma se da un listado de las fundaciones concepcionistas en aquel año y, curiosamente, aparece Pastrana. Lo que no sabemos es si esta fundación, existente ya en 1526, es el mismo lugar que luego fue el monasterio de San José de las carmelitas, aunque es muy probable que así fuera. Quizá se abandonara y lo reutilizara la princesa de Éboli para Santa Teresa.

[94] Véase, de Teresa de Jesús (1991), capítulo XVII, 12.

queda huella alguna. Apenas en el nivel del suelo, tras la iglesia actual, podemos ver los restos de una antigua capilla con textos hoy indescifrables sobre las antiguas y modestísimas bóvedas del techo.

Como no había suficientes monjas —Santa Teresa solamente viajaba con dos— fueron a buscar más a Medina del Campo (Valladolid), de donde llegó fray Baltasar de Jesús, religioso que también acabaría entrando en la Orden del Carmelo Descalzo[95].

Como ya he dicho, la presencia de Santa Teresa en Pastrana no debió de pasar de los tres meses, el último de ellos en San José. Con la llamada Puerta de Santa Teresa en primer término, el monasterio de San José de Pastrana fue el lugar en donde quiso la princesa de Éboli meterse a monja bajo el nombre de sor Ana de la Madre de Dios, tras la muerte de su esposo en 1573, una historia que comentaré con más detalle dentro de poco. El caos organizado por la princesa durante su estancia en este lugar tuvo como corolario que las religiosas, siguiendo órdenes de Santa Teresa, abandonaran el lugar a los pocos meses, dirigiéndose, después de una escapada nocturna, a Segovia. Al quedar el monasterio vacío y «desfundado», al año siguiente fue repoblado por concepcionistas, las mismas que lo habitan hoy, bajo la dirección de Felipa de Acuña como priora.

La iglesia del monasterio sigue siendo en la actualidad lugar de encuentro de parroquianos de la villa. Como veremos más adelante, la historia de este lugar está muy ligada a la de la princesa de Éboli. Aquí es posible que fuera enterrada en 1592 y en él ingresó su hija pequeña, doña Ana de Silva, a finales de ese mismo año.

Sobre el friso que recorre toda la fábrica que sustenta las bóvedas de la iglesia puede leerse la leyenda que nos recuerda la fundación del monasterio:

ESTA IGLESIA Y MONASTERIO FUNDO Y DO[T]O EXCELENTISSIMA SENORA DOÑA ANA DE MENDOÇA Y DE LA CERDA PRINCESA DE MELITO Y DUQUESA DE PASTRANA CUIO ORIGEN PROCEDE LEGITIMAMENTE DE LOS REYES DE CASTILLA Y DE FRANCIA. ACABOSE A

---

[95] Este Baltasar de Jesús es el mismo fraile que aparece en varios cuadros del siglo XVII que reconstruyen los momentos más importantes de las fundaciones de Santa Teresa en Pastrana y de los que se hablará en el apéndice dedicado a «Los retratos de la princesa».

BEINTE DIAS DEL MES DE MAIO DEL AÑO DE NUES-
TRO SALVADOR JESUCHRISTO DEL MILL Y QUINIEN-
TOS Y OCHENTA Y DOS A ONRA DE DIOS Y DE SU BEN-
DITA MADRE TOTA PULCRA EST MARIA.

En la misma iglesia, levantada al más puro estilo austero de la
Orden carmelita, se pueden ver los escudos de la casa de Silva y
Mendoza, el león rampante de los Silva y el emblema con la inscripción «Ave Maria Gratia Plena» («Ave María llena eres de Gracia») de los Mendoza. Junto a la entrada de la calle podemos observar una copia sobre azulejos del retrato que de la santa de Ávila
hiciera Juan Nardush (Juan de la Miseria)[96]. Fue colocado por el
pueblo con motivo del centenario de la muerte de Santa Teresa.

La relación entre la princesa de Éboli y Santa Teresa nunca fue
buena. Siempre se ha tomado la excesiva prepotencia y soberbia
de doña Ana para explicar la causa del desencuentro. Sin embargo, no es menos cierto que la santa abulense también debió de ser
una mujer de armas tomar, en muchas facetas muy similar a la
princesa. Normal que se solaparan.

> Estaría allí tres meses, adonde se pasaron hartos trabajos por pe-
> dirme algunas cosas (la princesa) que no convenían a nuestra reli-
> gión y así me determiné de venir de allí sin fundar, antes que hacer-
> lo. El príncipe Ruy Gómez, con su cordura, que lo era mucho y
> llegado a razón, hizo a su mujer que se allanase, y yo llevaba algunas
> cosas porque tenía más deseo de que se hiciese el monasterio de los
> frailes que el de las monjas, por entender lo mucho que importaba,
> como después se ha visto[97].

---

[96] En la actualidad, además de la comunidad religiosa de la Inmaculada
Concepción, el monasterio de San José alberga un restaurante totalmente reco-
mendable: El Cenador de las Monjas. En él se conserva todo el ambiente de la
época de la princesa, incluyendo una cocina (¿lavadero?) del XVII. El restaurante
se levanta sobre el ala oeste del claustro del monasterio de religiosas. El salón
principal, en el que podemos disfrutar de los cuadros del pintor pastranero Javier Cámara con los retratos de la princesa de Éboli, se levanta sobre un antiguo espacio dedicado a las celdas de las monjas. En el suelo, de rojas losetas,
todavía se puede ver la separación de los tabiques que formaban las estancias.
Pegado al propio claustro corre una galería en la que se conserva la mencionada
cocina o lavadero, junto a una letrina de la misma época.

[97] Véase, de Teresa de Jesús (1991), capítulo XVII, 13.

Desconocemos qué clase de cosas eran las que pedía la princesa a Santa Teresa. Sin embargo, fueran cuales fueran, la determinación de la religiosa de dejarlo todo y querer marcharse de allí nos indica lo irritante de la situación entre ambas mujeres.

La gota que colmó el vaso del desencuentro lo encontramos en una anécdota curiosa. Al parecer, doña Ana tenía muchas ganas de leer una especie de diario que llevaba la Santa siempre consigo. En él relataba sus experiencias místicas. Lo comenzó a escribir alentado por su confesor, creando así una especie de autobiografía que posteriormente le daría más de un problema con la Inquisición[98]. Pues bien, conociendo cómo se las gastaba la princesa, es lógico entender que Santa Teresa se negara a la cesión. Pero cuando en ello medió el príncipe de Éboli, la religiosa no tuvo más remedio que claudicar viendo en peligro, seguramente, la fundación de los monasterios. No es que don Ruy Gómez chantajeara a Santa Teresa, sino que es más probable que esta, en previsión de futuros problemas, prefiriera ceder.

Bajo la promesa de no dejar ni revelar el contenido a nadie, la princesa de Éboli se fue muy contenta con el manuscrito, orgullosa y viéndose vencedora en aquel singular tira y afloja con la religiosa.

La irritación supina de Santa Teresa llegó cuando cierto día descubrió a doña Ana leyendo en alto algunos pasajes del manuscrito a sus ayas y pajes, en medio de bromas, burlas y tronchamientos de risa por los vuelos o los trances místicos que protagonizaba la monja de Ávila. La princesa de Éboli era un poco mala, es cierto, pero también hay que reconocer su ingenio.

---

[98] Posiblemente se tratara del *Libro de su vida*. El texto de Santa Teresa estuvo diez años secuestrado por la Inquisición, institución que tenía una casa en la propia villa de Pastrana. En la conocida calle de la Palma todavía se ve el escudo con la palma y la espada, símbolo del Santo Oficio de la Inquisición. A oídos de los inquisidores debieron de llegar los rumores y los comentarios del servicio de la princesa sobre los extraños y sobrenaturales prodigios protagonizados por la santa abulense. No hay que olvidar lo presente que estaba en la mente de todos la existencia de supuestas herejías de alumbrados en Pastrana y que tanto se hicieron eco en el reinado de Felipe IV ya en el siglo XVII. Véase Antonio Herrera (1992), pág. 16. A todo ello hay que añadir el resquemor que Santa Teresa se había generado con su reforma del Carmelo en la cúpula eclesial.

Tras las fundaciones, la villa de Pastrana se colmó con suntuosas festividades, bailes, danzas, procesiones y música que contaron con la participación de los príncipes de Éboli. Todo se llenó de cierto halo de espiritualidad con la llegada de personajes insólitos como la ermitaña Catalina de Cardona, una misteriosa mujer que fue acogida por doña Ana en su palacio y que se pasaba el día caminando por las calles de Pastrana vestida con hábito de monje y dándose latigazos para expiar sus pecados[99].

La sociedad de la época mostraba un prisma de doble moral. Uno de sus mayores baluartes lo encontramos en el propio rey, Felipe II, instigador de la Inquisición y azote de infieles, mientras que al mismo tiempo y en su propia casa disfrutaba de libros de magia y de las reliquias más esotéricas e idólatras. Y a pesar de las burlas de doña Ana hacia la faceta mística de Santa Teresa, hay que reconocer que la princesa de Éboli fue una mujer muy religiosa. Su devoción a la Virgen María no solamente queda patente en la divisa de su familia, en cuyo blasón podemos leer el mencionado «Ave Maria Gratia Plena», sino en la generosidad que demostró en las continuas donaciones que otorgaba a los dos monasterios fundados por Santa Teresa. Su devoción principal fue la de la llamada Santísima Virgen de Nuestra Señora del Soterraño, imagen conservada hoy en el Museo de la Iglesia Parroquial de la Colegiata de Pastrana.

La tradición cuenta que esta figura fue descubierta en una cueva, de ahí el nombre de Nuestra Señora del Soterraño («del subterráneo»), bajo el castillo de Zorita de los Canes, a 10 kilómetros al sur de Pastrana. Este lugar fue en su momento una especie de área de recreo de los príncipes de Éboli. En la actualidad, su estado ruinoso apenas llama la atención de los modernos automovilistas que pasan a su pie, descubriendo solo un montón de muros y torreones sin forma. Los orígenes de esta fortaleza se remontan a la época medieval en tiempo de la lucha con los moros, en el siglo X.

Tras pasar de mano en mano durante siglos, en el año 1565 fue comprado por don Ruy Gómez. Junto a la princesa de Éboli, ambos esposos realizaron reformas en el castillo para poder

---

[99] Véase, de VV. AA., *Guadalajara 1991,* págs. 73-76.

Ruinas del castillo de Zorita (Guadalajara), antigua propiedad de la princesa de Éboli,
bajo la cual se descubrió la Virgen de Nuestra Señora del Soterraño.

habitarlo. Hasta allí gustaba ir doña Ana descendiendo río Arlés abajo para contemplar desde la gran terraza que se abre en la cima del torreón sur del castillo las ruinas de lo que se ha venido a identificar con la población visigoda de Recópolis, la cual se encuentra a muy poca distancia del lugar, muy cerca de la ermita de la Virgen de la Oliva. En la actualidad el lugar está totalmente en ruinas, habiendo perdido cualquier recuerdo del paso de la princesa.

Pues bien, en el castillo había una pequeña iglesia o capilla bajo la cual se habría una antigua cripta en donde se adoraba a la Virgen del Soterraño. Fray Pedro González de Mendoza cuenta, en su *Historia del Monte Celia,* que allí apareció la imagen de la Virgen, en esta vieja iglesia de la Orden de Calatrava, escondida en una cripta excavada en la roca de la montaña a la que se llegaba a través de un misterioso pasadizo secreto abierto a modo de tumba. Fue descubierta siglos antes, estando siempre acompañada por una lámpara que nunca se apagaba.

Según cuenta Jesús Simón Pardo[100], la imagen fue venerada desde el siglo XIII[101]. La Virgen del Soterraño era frecuente meta de peregrinaciones de los vecinos de la comarca que, conocedores de los milagros que se le atribuían, iban hasta el castillo de Zorita para pedirle la solución de sus males y problemas.

Cuando la princesa de Éboli construyó la iglesia del monasterio de San José, un año después de su fundación, en 1570, quiso hacer en él un hueco para venerar la imagen de la Virgen del Soterraño. Ello implicaba retirarla de su ubicación original en la que había permanecido durante siglos. Aunque doña Ana era la dueña del castillo de Zorita y, por lo tanto, de la imagen, el alcalde del castillo, don Mateo López Cerezo, intentó disuadir a la princesa argumentando que cuando en situaciones previas se había intentado llevar a cabo algún traslado, de forma sobrenatural la imagen de la Virgen había vuelto a la cueva subterránea.

Como las gentes de Pastrana temían las represalias de la Virgen, nadie se prestó a realizar el traslado. Ni corta ni perezosa, doña Ana se presentó en el castillo en su carruaje y con sus propias manos tomó la imagen, la subió al coche y emprendió el camino hacia el monasterio de San José.

La leyenda dice que incluso la princesa de Éboli se vio afectada por los poderes sobrenaturales de la talla. Al parecer, al vadear el Tajo en una barcaza, descubrió que la imagen se había volatilizado. Tras varios intentos infructuosos, se conoce que la Virgen se cansó de jugar al gato y al ratón con doña Ana y finalmente consintió quedarse en el monasterio de Pastrana. Allí permaneció desde 1570 hasta que recientemente ha pasado a engrosar la colección de piezas del museo de la colegiata en donde hoy se puede ver[102].

---

[100] Véase, de Jesús Simón Pardo, *Advocaciones marianas alcarreñas*, Guadalajara, 1995, págs. 156-158.

[101] Manuel Santaolla Llamas (Guadalajara, 1995), pág. 135, retrasa su fecha al siglo XII.

[102] El Museo de la Iglesia Parroquial de Pastrana cuenta con un montón de joyas no solamente de la época de la princesa de Éboli sino de la propia historia del pueblo. Ahí están los magníficos tapices flamencos, las ropas eclesiales de los siglos XVI y XVII, el catafalco de los príncipes de Éboli, los retratos de los algunos de sus hijos, etcétera. La visita cuenta con un aliciente, la guía local, doña Victoria Ranera, una verdadera ama de llaves como las que ya no quedan en toda Castilla.

La fama de milagrera de la Virgen del Soterraño empujó a las religiosas del monasterio a que en 1605 reclamaran al cardenal Sandoval y Rojas para que constituyese una comisión para investigar lo sucedido. En aquella ocasión se entrevistó a más de 30 personas, incluida doña Ana de Silva y Mendoza, la hija pequeña de la princesa de Éboli. En aquel año residía como monja concepcionista bajo el nombre de sor Ana de San Francisco. La comisión fue presidida por el deán de la colegiata, don Juan Mazuelas, y

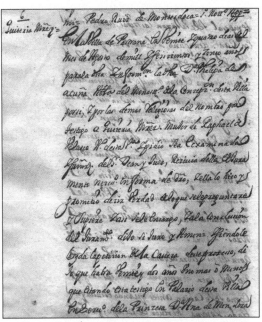

Folio 16, verso (detalle) de la declaración sobre los milagros producidos por la Virgen del Soterraño. Copia Verdadera de 1723 de la documentación original de la investigación realizada en 1605. Archivo Monasterio de San José, Inmaculada Concepción (Pastrana).

ante la presencia del notario apostólico, don Pedro Ruiz Montesdeoca.

De ese documento de 1605 se conserva en el monasterio de San José una copia auténtica realizada el 5 de febrero de 1723. En el fragmento que aquí reproduzco se alude al interés de la princesa por la talla y al anecdotario sobre si hacía o no milagros fuera o dentro de su cripta original:

> ... estando esta testigo en palacio de esta villa excelentísima de la princesa doña Ana de Mendoza y de la Cerda y duquesa que fue de ella, oyó hablar de la Santísima Virgen de Nuestra Señora del Soterraño y entonces supo esta testigo y entendió cómo esta Santa Imagen hacía milagros, porque viendo doña Teresa, secretaria que entonces era de la otra señora princesa, cómo su excelencia había traído al convento de la Concepción de esta villa (de Pastrana) la otra imagen y que al principio se había vuelto al Soterraño y capilla de donde dicen se apareció que fue en la fortaleza de Zorita.

Y viendo que por acá en aquel tiempo la sagrada imagen no hacía milagros como allá los hacía, oyó esta testigo a la otra doña Teresa que dijo a la otra señora princesa después, que su excelencia hizo traer esta sagrada imagen a este convento de la Concepción, no hace milagros como solía; su excelencia dé orden de mandar volverla a su soterraño y capilla, y entonces respondió la otra señora princesa que si Dios le daba vida que haría de poner en el convento que ella tenía una imagen que ella tenía de Nuestra Señora en su cárcel de la Plaza y que haría de hacer volver la imagen de Nuestra Señora del Soterraño a su lugar; y que (nuestro) Señor [...] que se murió luego pasados algunos días hizo mandar volver la otra imagen, y así se quedó en el convento adonde después está con gran veneración en el altar mayor de la iglesia de él[103].

Fray Pedro González de Mendoza, también nos reseña sus propiedades milagreras.

Con la devoción de sus cristianos pechos y la grandeza que pedía la obra, (mis padres) la trasladaron (a Pastrana), donde ha hecho y hace todavía grandes milagros, particularmente con enfermos del mal de peste[104].

La imagen de la Virgen del Soterraño, que hoy se puede ver en el museo de la antigua colegiata, es una talla románica tardía de los siglos XII o XIII, en posición sedente. A lo largo de los siglos ha sufrido no pocas restauraciones y apaños, como la corona que hoy porta, supuestamente colocada por fray Pedro, que la han convertido seguramente en una versión *kitch* de la talla original.

## Muerte de Ruy Gómez de Silva. La princesa monja

Los acontecimientos se precipitaron en Madrid en el verano de 1573. De forma repentina el príncipe de Éboli cae enfermo. El día 26 de julio llegaron desde Pastrana fray Mariano Azzaro y Bal-

---

[103] Folio 15 y 16 verso.
[104] Véase, de Fray Pedro González de Mendoza, *Historia del Monte Celia*, citado por Manuel Santaolalla Llamas (Guadalajara, 1995), pág. 135.

tasar de Jesús. Sus visitas eran habituales. Lo que no era habitual era que Ruy Gómez los invitara a quedarse, arreglando para ellos unas habitaciones. Dos días después, el escribano Gabriel Tosta toma nota del testamento del príncipe de Éboli. Allí estaban como testigos fray Diego de Ovando, de la Orden de Alcántara; Juan de Escobedo y Juan de Losilla; el doctor Pla, canónigo de Barcelona, el licenciado Carlos de Negrón y el doctor Jerónimo de Palacios.

El príncipe de Éboli quería que se cumpliese el mayorazgo que con licencia y facultad real habían fundado en escritura otorgada el 11 de noviembre de 1572[105]. Hacía herederos universales a sus seis hijos, señalando que los albaceas debían ser doña Ana, su padre, el príncipe de Mélito, junto al marqués de Priego; los señores Pedro Manuel, gentilhombre de cámara del rey; don Luis Venegas de Figueroa, caballerizo mayor de la reina; el doctor Martín de Velasco, del Consejo Real, y Francisco López de Arcaraso, el contador de don Ruy.

La princesa sería la tutora y administradora curadora de los hijos, «puesto que como parte interesada miraría más por su bienestar». También dejó don Ruy todo arreglado en caso de que su esposa fuera la única heredera si su padre, don Diego Hurtado de Mendoza, príncipe de Mélito, fallecía sin descendencia masculina[106].

Con la muerte de Ruy, el 29 de julio de 1573, comienza el momento de inflexión de la vida de doña Ana de Mendoza, princesa de Éboli. A partir de esta fecha se destapan todos los «males» que caracterizaron su vida. A pesar de la diferencia de edad (don Ruy murió con cincuenta y siete años, mientras que ella contaba solamente con treinta y tres), la desaparición del príncipe de Éboli le supuso un duro golpe. Su fallecimiento consiguió desestabilizar de una manera brutal lo que hasta ese momento parecía haber sido una vida tranquila en familia.

---

[105] Véase, de Aroní Yanko, *La princesa de Éboli*, Madrid, 2000, pág. 100.

[106] De lo contrario, si doña Ana acababa teniendo un hermano, ella solamente debería ser recompensada con la suma de 100.000 escudos; una cantidad nada despreciable para la época pero muy inferior a todo el valor que sumaban las posesiones de la familia.

Desconocemos lo que pasó por la cabeza de doña Ana en aquellos momentos, pero el sentido de abandono total, desolación y hasta cierto punto irresponsabilidad, debió de ser la tónica en aquellas horas. El resultado de todo ello fue la firme decisión de hacerse monja en el monasterio de San José, fundado por Santa Teresa en Pastrana cuatro años antes.

No es difícil poder imaginarse la cara que debió de poner el padre Mariano Azzaro cuando en pleno funeral en Madrid, a la salida del mismo, doña Ana le pide el hábito carmelita y le transmite su decisión de abrazar la profesión religiosa[107]. Con ello no hacía más que imitar el comportamiento de la eremita Catalina de Cardona, que vestía como fraile varón y tenía una conducta envidiablemente pía a los ojos de la princesa.

La consternación sobre tal decisión, sin lugar a dudas precipitada, nada madura y muy poco meditada, debió de embargar a todos los presentes. Acostumbrados también a los prontos de la princesa, aquel gesto fue interpretado como una especie de moda pasajera o una simple irreflexión. Sin embargo, había algo nuevo y diferente a lo sucedido en otras ocasiones. Ahora ya no estaba don Ruy para corregir y mesurar las decisiones de la princesa de Éboli. Por lo tanto, la decisión estaba tomada y abandonaría a los pocos días Madrid para marchar hacia Pastrana.

Tomados los hábitos en la capital y vestida ya de carmelita, la princesa, montada en un mulo, ya que había rechazado la suntuosidad de su coche habitual, y su comitiva emprendieron el camino hasta la Alcarria. Por delante de ellos marchó fray Baltasar de Jesús quien debía informar a Isabel de Santo Domingo, priora del monasterio de San José, sobre la decisión de la princesa de Éboli y dar tiempo así a prepararlo todo. Fray Baltasar llegó a Pastrana a las dos de la mañana.

Dice la Historia que la abadesa, conocedora del temperamento de doña Ana, al oír sus intenciones lanzó la célebre sentencia:

¿La princesa monja? ¡Yo doy la casa por deshecha!

---

[107] Véase, de fray Francisco de Santa María, *Reforma de los Descalzos de Nuestra Señora del Carmen*, Madrid, 1644, capítulos XXVI a XXVIII.

Deshecha o a punto de estarlo, desde el primer momento las exigencias de la princesa volvieron loca a la priora. Nada de lo exigido por doña Ana cuadraba con las estrictas reglas de la reforma del Carmelo que Santa Teresa había impuesto con tanto empeño pocos años antes.

No es de extrañar que una persona, acostumbrada al boato y a la riqueza que rodeaba su vida diaria, se viera de pronto apartada de ella, más cuando la propia princesa tenía metido en la cabeza de forma errónea que aquel monasterio era una cesión de su casa al Carmelo, es decir, se veía como su propietaria.

Isabel de Santo Domingo había mandado arreglar la casa para la llegada de doña Ana, preparar dos camas para ella y su madre, Catalina de Silva, al mismo tiempo que un nuevo hábito, ya que el de fray Mariano le quedaba enorme y no estaba tan limpio como era menester. La comitiva llegó al monasterio a las ocho de la mañana. Después de descansar, comenzó a revolucionar todo, obligando a profesar como monjas a dos mujeres de su servicio.

Los problemas no tardaron en surgir. La princesa consideraba el monasterio como una prolongación de su palacio, es decir, una especie de apéndice en el que podían entrar y salir seglares y religiosos con total libertad, rompiendo así las estrictas normas implantadas por Santa Teresa. No hizo caso a los consejos de su madre, quien, intercediendo por la priora, Isabel de Santo Domingo, quiso convencer a la desolada hija viuda de lo poco conveniente de aquella forma de actuar. La princesa se negó en un principio a vivir como una «mujer de piso» o «pisadera», es decir, usar alguna parte de la casa en la que vivir con su servidumbre, pero siempre fuera de la clausura. Lo único que se le permitía era entrar en la casa cuando quisiera, aunque sola[108].

Con el nombre de sor Ana de la Madre de Dios, la princesa de Éboli comenzó su vida religiosa, cuya duración no fue muy grande.

---

[108] Era costumbre en la época que hubiera personas que vivían piadosamente en los monasterios o conventos sin que necesariamente ello implicara ser religioso. A estas mujeres se las llamaba «mujeres de piso» o «pisaderas». Allí vivían con devoción incluso acompañadas de sirvientes. Participaban en los actos litúrgicos del monasterio como una más, pero no tenían la obligación de tomar los hábitos ni de estar en la clausura.

Conservamos una carta de fray Antonio de Jesús, el mismo carmelita que aparece representado en algunos cuadros de la Orden, hoy en el convento del Carmen (Museo de San Francisco de Pastrana), dirigida a la duquesa de Alba, que nos aporta datos reveladores:

> La nuevas que hay por acá de nuestra novicia la princesa, son de que está preñada de cinco meses y que está dentro del monasterio mandando como priora y que quiere que las monjas le hablen de rodillas y con gran señorío. Vuestra Excelencia lo diga a nuestra Madre si no lo sabe[109].

El documento no solamente confirma el comportamiento alocado de la princesa de Éboli en San José, sino que, además, da una pista ambigua sobre un misterioso embarazo del que no se tiene noticia que tuviera fruto posterior. La última hija de la princesa fue Ana de Silva y Mendoza, la pequeña de la familia y que luego la acompañó durante sus últimos años en la prisión del palacio de Pastrana. Debió de nacer a principios o en la primavera de 1573 fruto de la última pasión de Ruy Gómez. Sabemos que nació antes de la muerte de Ruy Gómez porque la menciona en el testamento como heredera junto a sus cinco hermanos. La bibliografía siempre ha fechado el nacimiento de la pequeña Ana en 1571 cuando ella misma se refiere claramente al año de 1573 en la documentación conservada del monasterio de San José, lugar en el que ingresó como religiosa en 1592 bajo el nombre de sor Ana de San Francisco[110].

No sabemos a qué se refiere el embarazo mencionado por fray Antonio de Jesús. Es posible que se trate de un error, pero un curioso error en cualquier caso. Es seguro que el propio religioso viera en persona a doña Ana. Entonces, ¿por qué habla de un nuevo embarazo? Si Ana de Silva, la hija pequeña, nació en los primeros días de 1573, hasta la muerte de Ruy en el verano es muy po-

---

[109] La carta es mencionada por Manuel Santaolalla Llamas en su libro *La princesa de Éboli* (Guadalajara, 1995), pág. 41.

[110] Así lo dice, por ejemplo, en su declaración realizada en 1605 sobre los milagros de la Virgen del Soterraño. Su muerte, acaecida en diciembre de 1615, le sobrevino con cuarenta y un años, dato que también menciona la necrología del monasterio de San José.

sible que la princesa se volviera a quedar embarazada a los pocos meses y que luego abortara dentro del propio monasterio de San José. No lo sabemos, pero la carta de fray Antonio de Jesús es bastante esclarecedora.

A esta decisión precipitada de «apartarse» del mundo a su manera hay que sumar la intención que tuvo doña Ana de desvincularse de sus deberes como heredera y madre de los hijos de Ruy Gómez. Aunque no se conserva la carta, sabemos que la princesa de Éboli escribió al rey al poco de fallecer su marido, para instarlo a que la desvinculara de los deberes administrativos y maternales a los que estaba obligada por natura. Con ello buscaba poderse dedicar de pleno a la vida contemplativa y religiosa.

Imaginamos la cara de Felipe II. Sorprendido, no debía de dar crédito a lo que escuchaba de boca de la que no hacía mucho, fuera la mejor amiga de su esposa, Isabel de Valois.

> (En el sobre) Por el Rey a la princesa de Éboli, su prima:
>
> El Rey. Princesa doña Ana de Mendoza, prima. Comoquiera que holgara yo mucho de que se pudiera haber tomado resolución en lo de la tutela y administración de las personas y hacienda de vuestros hijos (que nos habéis suplicado), para que desde luego pudierais estar libre de este cuidado, han sido tantos y tan graves los negocios que han ocurrido después de que el príncipe Ruy Gómez de Silva, vuestro marido, falleció, que no ha habido lugar para ello. Y así es forzoso y necesario que entre tanto que esto se hace, que será con la brevedad que se pudiere, vos os encarguéis de la dicha tutela y administración, como os lo ruego y encargo mucho lo hagáis, pues demás de que por el presente no se puede excusar, por los inconvenientes que podrán resultar de lo contrario, y por lo mucho y bien que el dicho Ruy Gómez me sirvió continuamente y la afición que le tuve y tengo a sus cosas y vuestras, recibiré en ello mucho placer y servicio. Del Pardo a XXV de septiembre de 1573 años. Yo el Rey. Por mandado de Su Majestad, Juan Vázquez[111].

La carta tuvo efecto y, a los dos días, la princesa de Éboli retomó su cargo de tutora de los hijos y de la hacienda de su casa, en

---

[111] Citado por Gaspar Muro (1877), pág. 55. Procedente de la *Historia Genealógica de la Casa de Silva*, de Salazar y Castro, Madrid, 1685.

virtud de un auto judicial del juez gobernador del Estado de Pastrana[112].

Pero a pesar de la resignación a seguir ligada a su rutina administrativa, la princesa no renunció a la vida religiosa. Podemos entenderlo con mayor o menor razón, pero de lo que no debe cabernos duda es de que doña Ana era una mujer religiosa, aunque lo quisiera ser a su manera.

Lo que todos querían conseguir era que abandonara el monasterio. Esta fue la intención del prior de Atocha cuando fue a visitarla, instándola a que tornara a casa con sus hijos[113]. El desenlace no llegaría hasta los primeros meses de 1574, seis o siete meses después de que la princesa de Éboli ingresara en el monasterio de San José. Hartas de los desplantes y las arrogancias de doña Ana, las catorce religiosas que quedaban en la casa recibieron la orden de Santa Teresa de abandonar el claustro de forma precipitada. Para hacerlo, la fundadora mandó a fray Juan de Ávila con cinco carromatos para recoger a las monjas y enviarlas a Segovia. Así nos lo cuenta la propia Santa Teresa:

> Vínose a disgustar con ella y con todas de tal manera que aún después de que dejó el hábito estando ya en su casa, le daban enojo, y las pobres monjas estaban con tanta inquietud que yo procuré con tantas vías pude, suplicándolo a los prelados, que quitasen de allí el monasterio, fundándose uno en Segovia[114] [...], adonde se pasaron dejando cuanto les había dado la princesa y llevando consigo algunas monjas que ella había mandado tomar sin ninguna cosa. Las camas y cosillas que las mismas monjas habían traído, llevaron consigo, dejando bien lastimados a los del lugar. Yo, con el mayor contento del mundo en verlas en quietud, porque estaba muy bien informada que ellas ningu-

---

[112] Véase colección Salvá, tomo 56.

[113] La carta original, escrita por un amanuense y firmada solamente por la princesa de Éboli, dice literalmente «... *salga luego de este convento y me vaya a la casa de mi hijo*» (Colección de MS. Del señor conde de Valencia de Don Juan). El mayor de ellos, Rodrigo, tenía en esta fecha once años y, hasta donde sabemos, no disponía de casa propia. Lo más probable es que se refiera a ir a vivir junto a sus hijos, como había sido costumbre hasta ese año de 1573.

[114] Se refiere al monasterio de San José del Carmen de Segovia. Véase *Teresa de Jesús* (1991), capítulo XXI.

na culpa habían tenido en el disgusto de la princesa, antes lo que estuvo con hábito, la servían como antes que le tuviese[115].

Tras la huida de las carmelitas, la princesa de Éboli quiso reutilizar la casa como sede de una fundación de la Orden de la Inmaculada Concepción que todavía sigue hoy en Pastrana[116]. El 7 de marzo de 1576 las nuevas monjas fundaban la casa, siendo su primera abadesa Felipa de Acuña, vicaria Isabel de San Jerónimo, junto a Catalina de Jesús y María de los Ángeles como cofundadoras del monasterio[117]. Al igual que sucedió años antes con Santa Teresa, las cuatro primeras religiosas que lo habitaron procedían de Toledo. A la vez que se finaliza la obra de la iglesia, la estrechez de la casa obligó a doña Ana a vender a las monjas una pequeña huerta que lindaba con el lugar para hacer el espacio un poco más amplio[118].

---

[115] Véase, *Teresa de Jesús* (1991), capítulo XVII, 17.

[116] No es extraño encontrar referencias al paso de las franciscanas por este lugar. Pero en realidad siempre fueron de la Orden de la Inmaculada Concepción, Orden dependiente en esta época de la de San Francisco.

[117] Libro 1º de cuentas de 1578 del monasterio de San José. Archivo de las Concepcionistas de Pastrana. Al parecer, las religiosas concepcionistas estuvieron primero en unas casas junto al convento de San Francisco pertenecientes a don Alonso de Envid. Sería Felipa de Acuña quien pidiera a la princesa de Éboli el poder utilizar el monasterio de San José para este menester.

[118] La compra de casas se fue continuando en el tiempo para ir ampliando el monasterio. Todavía hoy, en la parte más baja del edificio se conserva lo que parece que fue la antigua capilla de la fundación de Santa Teresa. Además, en algunas estancias, en concreto en dos, colindantes a esta primitiva capilla, se conservan en muy mal estado dos estrellas de David de casi un metro, pertenecientes seguramente a antiguas viviendas judías que se compraron y que pasaron a formar parte del monasterio de San José.

TERCERA PARTE

# 5
# La princesa viuda

LA muerte del príncipe de Éboli supone claramente un antes y un después en la vida de doña Ana. A la desolación y el desaliento que debió de causar en ella tan irreparable pérdida, hay que sumar otros acontecimientos no menos ingratos que le sucedieron a nuestra protagonista.

Tras la breve y caótica etapa como religiosa en el monasterio de San José, la princesa de Éboli regresa a sus tareas mundanas en Pastrana. Muerto su esposo, la administración de su hacienda personal se convierte en un verdadero caos continuo acompañado de diferentes despropósitos que pusieron en evidencia la aparente nula capacidad de doña Ana para manejar su fortuna.

Esta desorganización se veía en parte remediada con otro tipo de acciones que tuvieron como resultado hacerse con el favor de los habitantes de la villa. Por ejemplo, en 1574, después de unas lluvias que inundaron el valle y echaron a perder los cultivos, la princesa dio préstamos a los agricultores para poder salir adelante. Construyó una fuente en la plaza que se abre frente al palacio para que bebieran los caballos y hubiera agua los días de mercado, fundó el monasterio franciscano en 1575, después de haber sido aposentado por Busto de Villegas el año anterior, haciéndolo más grande y próspero. Siguió protegiendo la industria de la seda de los moriscos, aunque esto le supuso ciertos roces con otros ciudadanos de Pastrana. Finalmente, quizá uno de los detalles más importantes y menos conocidos, la princesa de Éboli quiso fundar una Universidad en Pastrana, similar a las que ya había en Alcalá y en Salamanca. Para esta tarea donó 12.000 ducados[119].

En el mes de marzo de 1576, poco antes o después de la refundación del monasterio concepcionista de San José, fallece doña Catalina de Silva, la madre de la princesa. Es cierto que sus relaciones nunca habían sido buenas, pero de alguna forma siempre se habían tenido la una a la otra en los momentos más difíciles. Recordemos las desavenencias vividas en su etapa de Valladolid a finales de la década de 1550 y que, en definitiva, supuso la separación de sus padres. En una carta fechada el 26 de abril de 1573, poco más de dos meses antes de la muerte del príncipe de Éboli, escrita en Madrid por el notario Viladamor a doña Jerónima de Estalrich, esposa de don Luis de Requesens y Zúñiga, cuando este se encontraba como gobernador del Milanesado, leemos lo siguiente:

> Nuevas de aquí no tengo que avisar a Vuestra Excelencia, sino que las paces de Ruy Gómez y del príncipe de Mélito [don Diego Hurtado de Mendoza, padre de la princesa de Éboli] se han hecho, con que la madre y la hija no se vean, sino que se vean suegro y yerno fuera de sus casas, donde quieran; y así se ven cada día, y lo ha sentido la princesa de Mélito [doña Catalina de Silva, madre de la princesa de Éboli] con tan grande extremo, que tiene unas tercianas dobles [fiebres] y dudo no le cueste la vida[120].

Desconocemos las razones de las desavenencias entre madre e hija y que poco después se debieron de subsanar. Seguramente intereses nobiliarios o económicos que hoy se nos escapan a falta de documentación.

Estos y otros contratiempos la obligaron a trasladar su residencia junto a la corte de Madrid; algo que intentó evitar el monarca español:

---

[119] Estos datos proceden de Helen H. Reed (2004), pág. 160. Véase también de Aurelio García López, «La princesa de Éboli y Pastrana», en *Wad-al-Hayara*, 21, 1994, págs. 66-73.

[120] La carta original está en catalán. Tomo la traducción al castellano del artículo de José María March, «Otra reyerta de la princesa de Éboli», en *Razón y Fe*, nº 129, pág. 282.

Tengo muy por cierto que para la conciencia y quietud de todos ellos y aún no sé si el honor, les conviene más el no venir ella aquí; y aún creo que para conservar la amistad con sus padres, pues ella misma dice que en ausencia son amigos y que en presencia no lo pueden ser[121].

Una vez más, la princesa de Éboli no hizo caso a los consejos de sus allegados y ni corta ni perezosa se presentó en la capital de las Españas con todo su séquito.

Dos años después de la desaparición de su madre surgió como de la nada otro problema inesperado que dio numerosos quebraderos de cabeza a la princesa. El padre de doña Ana, don Diego Hurtado de Mendoza, se casó en segundas nupcias con Magdalena de Aragón, hija de los duques de Segorbe y de Cardona. A pesar de que don Diego no era ya un mozo —esta boda le llegó en 1578 cuando ya contaba seguramente con más de cincuenta años—, tuvo las fuerzas suficientes para antes de morir ese mismo año dejar en estado de buena esperanza a doña Magdalena.

La preocupación de la princesa de Éboli no era para menos. De ser un niño el vástago del nuevo matrimonio de su padre, doña Ana vería volatilizarse toda la herencia que por parte de este pudiera recibir, percibiendo solamente la suma acordada de 100.000 escudos.

Pero los problemas de la herencia de su padre no se quedaron ahí. Una vez muerto su progenitor, el primo de doña Ana, don Íñigo López de Mendoza, primer marqués de Almenara, hijo de don Gaspar de la Cerda y Mendoza, hermano menor de don Diego Hurtado de Mendoza, continuó con un pleito que ya venía de antiguo contra la princesa al creerse heredero legítimo, siendo varón, de la herencia de los Mélito. El litigio estaba relacionado con los señoríos de Mandayona, Miedes y Almenara y se solucionó a favor de don Íñigo en la Chancillería de Valladolid en 1573[122].

---

[121] Citado por José García Mercadal (1959), pág. 53.

[122] El pleito lo había puesto incluso antes de que muriera Diego Hurtado de Mendoza, su tío y padre de la princesa. Cuando don Íñigo murió por la revuelta de Zaragoza a favor de Antonio Pérez (1591), como no tenía hijos, le hereda su hermano Diego de Mendoza y de la Cerda, primo hermano también de la princesa. Cuando este Diego muere sin hijos en 1609, le deja en su testa-

Resuelto el primer paso del contratiempo con su primo mendocino, solamente quedaba por esperar el alumbramiento de su joven madrastra doña Magdalena de Aragón.

En esta ocasión tuvo más «suerte» y doña Magdalena malparió dando a luz una niña que además vino al mundo sin vida.

En su nueva toma de contacto con la corte, doña Ana debió de notar el segundo plano que ahora protagonizaba. Muerto Ruy Gómez de Silva, verdadero mentor de su papel junto a Felipe II, no tenía nada que hacer allí sino resolver los continuos problemas, pleitos y desabrimientos, como ella misma decía, a los que su desmedido gasto la había arrastrado.

Y como suele ocurrir, siempre hay una nueva oportunidad, una especie de luz al final del túnel que, llena de esperanza, llama a la puerta de la persona agobiada para rescatarla de su caos vital y sacarla a la superficie. En el caso de la princesa de Éboli, esa luz al final del túnel se llamó Antonio Pérez, el secretario de Felipe II, con quien ya había tratado asuntos junto a su esposo fallecido desde hacía años.

## Antonio Pérez y la muerte de Juan de Escobedo

Doña Beatriz de Frías, mujer del contador López de Vivanco, nos cuenta que el reencuentro de la princesa con Antonio Pérez se dio a la vuelta de doña Ana a Madrid, tras la muerte de su madre.

García Mercadal, que escribió una importante biografía de la princesa de Éboli hace más de medio siglo, nos relata con singular pluma este reencuentro.

> Fue entonces Antonio Pérez a visitar a la princesa. Era el secretario, según dicen sus contemporáneos, de gentil cuerpo y

---

mento todos estos bienes a Ruy Gómez de Silva y Mendoza, nieto de los príncipes de Éboli y tercer duque de Pastrana.

Protestó otro pariente, el conde de Cocentaina, Jerónimo Corella de Mendoza (biznieto de una Brianda de Mendoza que era la hermana mayor del padre de la princesa de Éboli), y al final se lo repartió la Chancillería, dejando Mandayona y Miedes para el tercer duque de Pastrana, pero el marquesado de Almenara se lo dio al mencionado Jerónimo.

buen rostro, pero solía ir tan pomposamente vestido, incurriendo en el ordinario proceder de todos los advenedizos, y tan cargado de perfumes, que su elegancia resultaba un tanto postiza y le hacía excesivamente afeminado.

La princesa, que no se mordía la lengua si sentía la comezón de expresar sentires inoportunos y que, cuando se le ocurría un dicho, por imprudente y atrevido que fuese, al punto lo echaba a volar para que no se le pudriese en la despensa del cerebro, declaró con ruda franqueza el desagradable efecto que aquellos perfumes en cuerpo y hábito de varón le habían producido, y el secretario salió del palacio del callejón de Santa María como gato escaldado, malhumorado y más que ofendido, jurando no volver a cruzar sus umbrales[123].

En el posterior Proceso Criminal contra Antonio Pérez aparecen las palabras textuales de doña Ana mencionadas por doña Beatriz Frías[124]:

> ¿No veis que el liviano ha dejado este aposento porque le dicen que no ande de esa manera y tan oloroso?[125].

Algo debió de cambiar al poco tiempo, porque los encuentros entre Antonio Pérez y la princesa de Éboli se hicieron continuos, aunando en ellos, como veremos, intereses comunes y quién sabe si algo más. La misma doña Beatriz Frías declara en el Proceso que, unos meses después, la princesa de Éboli le reconoció

> ... que Antonio Pérez era muy discreto y que había de llegar a gran altura.

Prueba de ello es que cuando se confirmó el nacimiento de la niña muerta de doña Magdalena de Aragón, la madrastra de la princesa, esta mandó a uno de sus lacayos a comunicar la buena nueva a Antonio Pérez y a pedirle albricias. El regocijo del secre-

---

[123] Véase de José García Mercadal (1959), págs. 56 y 57.

[124] Se conserva el Proceso Criminal contra Antonio Pérez realizado en el año 1582. En él encontramos abundante documentación de lo que ocurrió en estos años, con alusiones directas a la princesa de Éboli, que es en realidad lo que aquí nos interesa.

[125] *Proceso Criminal*, pág. 145.

tario fue tal que no tuvo otra ocurrencia que entregarle 600 ducados al mensajero para que se los llevara a su señora.

El contacto y conocimiento de ambos personajes debió de darse años antes. Como sabemos, Antonio Pérez había trabajado de manera muy estrecha con Ruy Gómez, por lo que el trato entre ambos debió de ser fluido mucho antes de este indigesto encuentro citado por doña Beatriz de Frías. Por ejemplo, en el mes de agosto de 1567, tras la muerte de otro de los hijos pequeños de los príncipes de Éboli (Pedro González de Mendoza), abandonan el Alcázar para vivir en unas casas prestadas por Antonio Pérez en el mismo Madrid. La razón era evitar los desencuentros que doña Ana mantenía con la duquesa de Alba, camarera mayor de Isabel de Valois, encontrándose esta a punto de dar a luz a Catalina Micaela. Las habitaciones que los príncipes utilizaban en el Alcázar, muy cercanas a las de la reina y en donde naciera Ana de Silva en 1561, la hija mayor de la princesa, fueron remozadas para servir de aposentos a las dos hijas de los reyes.

Así las cosas, entre 1576 y 1578 debió de darse la privanza entre la princesa de Éboli y Antonio Pérez. Muchos son los que han querido ver entre los dos algo más que sintonía política. Contaban con la misma edad y aunque Pérez estaba casado con doña Juana Coello Vozmediano, según algunos historiadores no hubo escrúpulos para seguir adelante con su secreta y supuesta relación amorosa, todavía hoy no demostrada por nadie ni por ningún documento.

Antonio Pérez nació en 1540 nadie sabe dónde[126], descendiente de aragoneses. Hay quien afirma que además de haber nacido el mismo año que doña Ana, también lo hizo muy cerca, en Valdeconcha (Guadalajara). Pero nada de todo ello es seguro.

Sí lo es el que Antonio Pérez en el año 1542 fuera legitimado por Carlos V como hijo de Gonzalo Pérez, un religioso aragonés, arcediano de Sepúlveda (Segovia), que pasó por ser uno de los secretarios más importantes del momento, cargo que heredaría tiempo después el hijo.

---

[126] Otros autores señalan el 6 de mayo de 1534 como su fecha de nacimiento. Para conocer mejor la biografía de Antonio Pérez que aquí solamente esbozamos, recomiendo el libro de Gregorio Marañón (2002).

Su oscuro origen también lo ha puesto en el ojo del huracán de una teoría estrafalaria que señala que fue hijo de don Ruy Gómez, y por lo tanto hijastro de la princesa de Éboli. Sin embargo, no hay una sola prueba que confirme este hecho. Esta idea proviene de que a corta edad fue llevado junto a don Ruy para que se criara y se formara junto a él. A los doce años comienza su formación académica, llegando a pisar las universidades europeas más importantes: Alcalá, Salamanca, Lovaina y Padua.

Tras pasar unos años en Italia, fue reclamado por el príncipe de Éboli para que le ayudara en sus tareas políticas. Era el momento del traslado de la corte a Madrid y el

Don Carlos Manuel, duque de Saboya. Copia según Alonso Sánchez Coello, 1585, normalmente identificado por error con Antonio Pérez. Casa ducal de Medinaceli, Toledo.

bagaje político ayudaría en la formación del joven Antonio Pérez. En la corte ayudó a su padre, Gonzalo Pérez, quien entonces era secretario del Consejo de Estado. A la muerte de este en 1566, Antonio es señalado como la persona más capacitada para llevar los asuntos italianos. En esta época, Felipe II arregla su matrimonio con doña Juana Coello. La boda se celebró en la iglesia de Santa María, más tarde de la Almudena, el 3 de enero de 1567[127]. La es-

---

[127] La boda se realizó para reparar el honor mancillado. Antonio Pérez había dejado embarazada a Juana Coello, naciendo un niño, suponiendo todo

posa venía de la importante familia de los Vozmediano. Con el matrimonio, el rey quería dar cerrojazo a la vida de desenfreno que hasta entonces había llevado el joven político[128].

Al igual que sucede con la princesa de Éboli y otros protagonistas de esta historia, no son muchos los retratos que se conservan de Antonio Pérez. Quizá el único seguro es el que hay en la Biblioteca del Monasterio de San Lorenzo de El Escorial (Madrid), y aunque sea un anónimo del siglo XVI (otros se lo atribuyen a Antonio Ponz, pintor del siglo XVIII), estamos seguros de que se trata de Antonio Pérez, ya que en la parte inferior del lienzo viene grabado el nombre del retratado: «Antonius Perez».

Uno de los retratos más conocidos de Pérez en cualquiera de sus dos versiones es aquel en el que lo vemos con bohemio y gorro negros, sujetando un anillo-sello que le cuelga de una cadena del cuello, en los dedos de la mano derecha.

Uno de los retratos pertenece a Alonso Sánchez Coello, pintado en 1585, conservado en la actualidad en una colección particular de Barcelona. El otro es una copia de aquel, hoy en la casa ducal de Medinaceli (Toledo).

Pues bien, la historiadora del arte María Kusche[129] propone que quien aparece en el cuadro no es Antonio Pérez ni Ruy Gómez, a quien también se le ha identificado con la pintura, sino Carlos Manuel, duque de Saboya, casado en 1585 con la hermosa Catalina Micaela, hija de Felipe II e Isabel de Valois[130].

---

ello gran enfado de Ruy Gómez, ya que, además, según la declaración posterior de Cecilia Herrera en el Proceso, Antonio Pérez se negaba a casarse con doña Juana.

[128] Juana Coello debió de ser una mujer excepcional. Desgraciadamente no conservamos retratos de ella, aunque las descripciones de la época no la presentan como una mujer agraciada. No obstante, siempre fue una defensora acérrima de su marido, a pesar de las continuas infidelidades de su esposo, y protectora sin parangón de los hijos tenidos con él. En la novela de César Leante, *El bello ojo de la tuerta* (Madrid, 1999), desempeña un papel destacado y nos acerca el perfil vital que debió de tener esta mujer.

[129] Véase, de María Kusche, *Retratos y retratadores*, Madrid, 2003, págs. 432-435.

[130] La prueba más clara está en los galones del bohemio que luce el personaje. En él podemos leer una «S» formando un nudo, el emblema de los Saboya. Además, en cada una de las tres franjas se pueden leer entrelazadas las letras

Antonio Pérez es identificado como uno de los pilares básicos de la llamada Leyenda Negra de Felipe II. De ser su hombre de confianza pasó a convertirse en su más acérrimo enemigo. Famoso por su boato y la suntuosidad con que vivía, siempre rodeado de exuberantes perfumes y ropas estrafalarias, lo que ha hecho a más de uno pensar que realmente era homosexual[131], a pesar de todo Antonio Pérez fue el hombre de confianza de Felipe II. Tras la muerte de Ruy Gómez, se lo consideró el máximo exponente del llamado partido ebolista; una suerte de corriente política y diplomática que agrupaba a todos aquellos que no compartían las formas de hacer del otro gran «partido» del momento, el del duque de Alba, con más apego al uso de la fuerza en los asuntos exteriores. Esta discrepancia de formas y haceres los llevó a llamarse partidos de palomas y halcones, respectivamente.

Ese favoritismo con Felipe II facilitó el que su amigo Juan de Escobedo, también del partido ebolista, fuera a parar en 1574 a Italia junto a don Juan de Austria. Su objetivo era controlar los movimientos del hermanastro del rey[132]. Ya en esta década, tras la victoria de Lepanto (1571), comienza a surgir la sospecha de que don Juan pretende dar la espalda a su hermano y construir en el norte de Europa su propio reino, quizá a caballo entre Inglaterra y los Países Bajos. Y al contrario de lo planeado y esperado, Escobedo se convirtió en el defensor de don Juan, seguramente al comprender que las actividades de este no suponían peligro alguno para la corona española.

---

del nombre «SABOYA». Si a todo esto le sumamos el gran parecido entre este retrato y el anónimo que se conserva en El Escorial del propio Carlos Manuel, reconoceremos finalmente que no se trata de la figura de Antonio Pérez sino del duque de Saboya.

[131] La fama de sus dentífricos cruzó fronteras. Él mismo se vanagloriaba de que gracias a la eficacia de sus recetas, una extraña agua que acompañaba a las plumas que usaba para limpiarse los dientes, pudo conservar todas las piezas hasta una edad muy avanzada, algo realmente extraordinario para una época en la que a partir de los 30 muchos no podían lucir una dentadura completa y mucho menos sana. De ahí viene la creencia de que el palillo mondadientes fuera introducido en Francia gracias a la presencia de Pérez.

[132] Antes que Escobedo, don Juan de Soto había sido separado de la secretaría de don Juan por ver en él la fuente de las peligrosas aspiraciones del hermanastro del rey.

Desconocemos qué oscuros intereses aunaron a la princesa de Éboli y a Antonio Pérez. Sin embargo, la historia nos dice que intimaron de una manera extraña, convirtiéndose en ocasiones en la comidilla de la «prensa rosa» de le época, hablando de posibles amoríos entre la viuda y el esposo de Juana Coello, situación que, seguramente, creó malestar entre los dos. En esta línea se encuentra el testimonio de doña Beatriz Frías, mujer del contador López de Vivanco, quien nos cuenta que:

> Y ya en esta ocasión se murmuraba en la casa las entradas y salidas de Antonio Pérez y se llegó a tener sospecha deshonesta entre él y la princesa[133].

Ambos mostraban elementos comunes como el derroche y el despilfarro de sus haciendas[134]. Más gravedad tenía el caso de la princesa, cuando ella venía de una familia nobiliaria importante como era la de los Mendoza. Y más comprensible era el caso del secretario de Felipe II de origen más humilde[135].

---

[133] Gaspar Muro (1877), pág. 69, sacado del Proceso Criminal contra Pérez, pagina 145.

[134] Los de la princesa de Éboli eran muy conocidos. En una carta de Pedro Núñez de Toledo al secretario Mateo Vázquez podemos intuir la fastuosidad que alcanzó la villa de Pastrana en época de la princesa. Además, en ella descubrimos los caprichos y los atropellos a los que estaba acostumbrada: «Lo que algunos juzgan de esto, es que sigue la inclinación que tuvo toda su vida a tener poca quietud; yo creo que el verdadero juicio es creer que realmente no lo tiene, porque esto se colige claro de todas sus acciones, además de ser cosa que puede ser heredada.

»Cuando había falta de agua se hacían procesiones de disciplinantes por una calle y por otra iban danzas con gaitillas de Barcelona que ha hecho venir allí, de manera que acaecía encontrarse lo uno con lo otro. Tiene un prado que llama de San Jerónimo, y para una fiesta que se hizo la mañana de San Juan, gastó mucha cantidad de oro para dorar unos sayos de esterilla de palma que habían de sacar sus hijos y no se pudo salir con la invención.

»Ha despedido todos cuantos criados y criadas honradas tenía, y particularmente a Fuenmayor, porque dice se escribe con Vuesamerced, con Juan Ruiz de Velasco, que es de los encartados, y con el duque de Medina, con quien dice que está mal porque no ha negociado su vuelta a Madrid. Todas estas cosas arguyen que no está en sí, y la disculpan mucho, y de cierto que es un estado muy para haberla lastimado». Citado por José García Mercadal (1959), pág. 108.

[135] No es casual que Felipe II se rodeara siempre de secretarios y políticos de origen modesto o incluso humilde. Los casos de Ruy Gómez, Antonio Pé-

Durante el mencionado *Proceso Criminal de Antonio Pérez* de 1582 salieron a la luz algunos detalles sobre las juergas y los dineros que el secretario derrochaba cada año; unos 20.000 ducados, una suma muy considerable para la época. En su casa se organizaban cenas suntuosas y juegos. Se decía que el valor de los muebles era de 140.000 ducados, a lo que había que sumar que la cama en la que dormía era una copia exacta de la de Felipe II. Y el número de criados que empleaba a su servicio era algo sin parangón en la corte del momento[136].

Entre muchos de los regalos que intercambiaban Antonio Pérez y la princesa de Éboli estaba el sello del secretario, cuyo esquema principal había sido heredado de su padre, Gonzalo Pérez, y que luego Antonio modificaría. Estaba compuesto por un enigmático laberinto con un minotauro en el centro. El minotauro lleva un dedo sobre la boca y sobre él la divisa *In Spe*, «en espera». Existe un vínculo muy claro entre el símbolo del sello y la trayectoria de su vida. Para Gregorio Marañón, autor de la mejor biografía escrita hasta la fecha de Antonio Pérez, el significado del sello del secretario es claro. El minotauro es el propio Pérez en silencio, de ahí el dedo en la boca, y el hallarse en el interior de un laberinto refleja la complicada tesitura de secretos, noticias y demás negocios con que Pérez debía de afrontar a diario en su trabajo en el Alcázar de Madrid[137].

---

rez o Mateo Vázquez no son únicos. Al parecer, la pretensión del monarca español era alejar a los grandes jefes de las casas nobiliarias del poder para, así, evitar cualquier tipo de problema político.

[136] Todos estos datos, mencionados en el *Proceso Criminal contra Antonio Pérez*, aparecen citados en la obra de Gaspar Muro (1877), pág. 65.

[137] Después de todos los problemas acaecidos con la trifulca de la muerte de Escobedo, Pérez mantuvo los protagonistas del sello pero cambiando algunos elementos. De esta forma, el minotauro ya no se llevaba la mano a la boca y el trazado del laberinto se había roto. Por su parte, la divisa ya no era el anterior *In Spe*, sino que ahora se podía leer *Usque ad huc*, es decir, «hasta aquí». Con ello, Antonio Pérez quería dejar de manifiesto su decisión de no seguir guardando los secretos que hasta ese momento había respetado con celo, revelándolos y salvaguardando así su seguridad en contra de los ataques de Felipe II. El propio Pérez así reconocía el significado de los dos símbolos y explicaba el cambio de elementos: «La primera [divisa] para mostrar a mi príncipe que sobre tal golpe de agravio, sobre tal piedra de méritos y esperanzas, en me-

Representación de los dos sellos de Antonio Pérez.

La casa principal de Antonio Pérez no estaba lejos de las de la princesa de Éboli, en el centro de Madrid, junto al viejo Alcázar. Por un lado, la llamada casa de Puñonrostro se levantaba en lo que hoy es la plaza del Cordón, detrás de la plaza de la Villa, a unos metros de la iglesia de San Justo, totalmente remozada y que nada tiene que ver con la que utilizara Pérez tiempo después para acogerse a sagrado en una de sus huidas. En la misma plaza del Cordón existe hoy una placa que recuerda el lugar exacto en donde estuvo aquella residencia. En ella podemos leer:

> En este lugar estuvieron las casas del Cordón donde el secretario de Felipe II Antonio Pérez vivió desde 1575 y sufrió cautiverio hasta su fuga en 1585.

La calle colindante a lo que serían las casas del Cordón hoy recibe el nombre de calle de Puñonrostro.

---

dio de aquellas pasiones, metido en·aquel laberinto de confusión de ánimo, tendría constante mi silencio y firme mi confianza *in spe,* en esperanza de él y de la fe de caballero que me había diversas veces empeñado. La segunda, para advertirle que, al fin, llegada la hora, faltando, dijo, lo que digo, se rompería el laberinto y silencio y que este duraría solo *usque ad huc,* hasta el punto del desengaño de la esperanza».

Tanto él como sus allegados solían portar este tipo de insignias con mensaje críptico. Gracias a la documentación de la Inquisición, sabemos que Jerónimo Martínez, a la sazón uno de sus secuaces en tierras aragonesas, fue detenido y acusado por el estamento eclesial al portar otra medalla «con símbolos y valor prodigioso».

Por otro lado, no lejos de allí, en la actual calle de Santa Isabel, muy cerca de lo que hoy es el Museo de Arte Contemporáneo Reina Sofía, estaba la llamada «Casilla» de Antonio Pérez, una finca en la que también residía de vez en cuando. En este lugar el secretario guardaba una excepcional biblioteca y una pinacoteca de estilo manierista sin igual en la época, con muchas pinturas de origen italiano y de tema mitológico. Años después, entre 1581 y 1584, la princesa de Éboli comprará esta casa y algunas de sus pinturas, en total noventa y seis, por 24.000 ducados gracias a unos préstamos que le concedió Baltasar Castaño[138].

Al igual que ha sucedido con las casas de la plaza del Cordón, de la Casilla no se conserva resto alguno.

Tanto en estas casas como en las de la princesa de Éboli se desarrollaron algunos de los pasajes más oscuros del reinado de Felipe II. Antonio Pérez y su amigo Juan de Escobedo compartían en ocasiones largas veladas. No olvidemos que el propio Escobedo vivía junto a las casas de la princesa en la llamada casa de Los Leones.

Lo que desconocemos son las causas que llevaron a Pérez, y por ende a la princesa, a no ver con buenos ojos la presencia en la corte de Juan de Escobedo. El enfrentamiento entre ambas partes nace cuando a finales de julio de 1577 llega a España el secretario de don Juan de Austria procedente de los Países Bajos[139]. Su misión en España era la de recaudar dinero para apoyar la política flamenca que en este lugar estaba desarrollando su señor.

---

[138] El encargado de hacer la compra fue Diego de Horche, uno de los sirvientes por los que más aprecio sentía la princesa de Éboli. Nacido en Pastrana y fallecido en 1589, Diego era un hombre de una vasta cultura. Por otra parte, para ver más detalles sobre la compra de los cuadros, véase de Helen H. Reed (2004), págs. 161 y 163.

[139] Don Juan de Austria había sido nombrado en 1576 gobernador de los Países Bajos por su hermano Felipe II. Este gesto quería compensar de alguna forma la continua negativa de otorgarle el tratamiento de alteza y dándole el de infante. Por méritos políticos y militares don Juan de Austria seguramente lo merecía. Recordemos su victoria en Las Alpujarras granadinas contra los moriscos, la de Lepanto a la cabeza de la Liga Santa ante los turcos, o la buena gestión desarrollada en Italia y luego en los Países Bajos. Sin embargo, Felipe II siempre mantuvo ante su hermanastro cierto aire de desconfianza; mucho tiempo antes, incluso, de que Antonio Pérez instigara y fabulara contra don Juan.

*Retrato de caballero* por El Greco. A. L. Mayer identificó este retrato con Juan de Escobedo. Colección particular.

Sin saber por qué, Antonio Pérez vio como algo peligroso la presencia de Escobedo en Madrid. Más extraño resulta este hecho cuando a ojos vista de todo el mundo existía una gran amistad no solamente entre Antonio Pérez y Juan de Escobedo, sino entre este y la princesa de Éboli.

Dos años antes, el 28 de abril de 1575, doña Ana le había vendido a Escobedo la casa de Los Leones, que quedaba cerca a la suya, junto a la antigua iglesia de Santa María de la Almudena. En esa misma fecha, la princesa le confía a Escobedo una delicada tarea. Conocedora de que este regresaría a Nápoles en breve, le encargó la tasación de los bienes del ducado de Francavilla que don Diego Hurtado de Mendoza había legado al hijo de doña Ana, don Diego de Silva y Mendoza.

Después de que Pérez instigara y malllevara al monarca contra Escobedo, Felipe II acepta finalmente acabar con el secretario de su hermanastro, dejando la delicada tarea en manos del secretario.

Juan de Escobedo había nacido en 1530 en Colindres (Cantabria), en el seno de una familia hidalga con linaje procedente de Selaya[140]. Bajo la protección del príncipe de Éboli, consiguió que

---

[140] No se conserva ningún retrato fidedigno de Juan de Escobedo. El que suele aparecer en los libros de historia fue pintado hacia 1571. Su atribución a El Greco e identificación con Juan de Escobedo se debe a A. L. Mayer (*Dominico Theotocopuli El Greco*, Múnich, 1926). El cuadro perteneció en su momento al Museo de San Luis (EE. UU.). En el año 1955 fue vendido a la Wildenstein & Company de Nueva York, quien a su vez lo pasó a una colección privada

Felipe II lo nombrara secretario del Consejo de Hacienda y, en 1569, alcaide del castillo de San Felipe y de las Casas Reales de Santander. Poco después sería recomendado por Antonio Pérez para ocupar el cargo de secretario de don Juan de Austria. Ya existía cierta relación entre Escobedo y don Juan. Fue en su casa de Colindres en donde se hospedó doña Bárbara de Blomberg, la amante de Carlos V y madre de don Juan de Austria.

Al colocar un hombre de confianza como lo era Escobedo junto al hermanastro del rey, este buscaba controlar los movimiento de don Juan. Pero como hemos visto ya, igual que un bumerán, la jugada no le salió del todo bien al monarca español y pronto Escobedo se alió a los intereses de su nuevo señor, intereses que, todo hay que decirlo, en su gran mayoría fueron rumores indemostrables. De Escobedo se llegó a escribir que «por aquel portillo (refiriéndose a Santander) llegaría a entrar su amo don Juan como rey de España». Esto nos puede dar una idea del resquemor existente ante la figura de don Juan y su secretario, artífices de una supuesta empresa para coronar al hermanastro en algún trono de Europa, seguramente Inglaterra, y acceder desde él al de España por medio de la invasión.

Para Antonio Pérez el inesperado giro de la situación hacía obligada la muerte de Escobedo; en definitiva, la muerte de uno de sus grandes amigos por medio de un asesinato de Estado.

El papel de la princesa de Éboli en esta trama es de lo más misterioso. Es posible que ella participara como alentadora del asesinato del secretario, pero las causas que la llevaron a ello nos son totalmente desconocidas.

---

en donde todavía está. No suele aparecer en los catálogos de obras de El Greco.

Existen, por el contrario, varias representaciones pertenecientes a la pintura histórica del siglo XIX en las que se recrea el momento de la muerte de Escobedo junto a la antigua iglesia de la Almudena, a pocos metros de donde se levantaban las casas de doña Ana de Mendoza. De estos últimos uno de los más conocidos quizá es *Muerte de Escobedo*, de Lorenzo Vallés (1830-1910). No hay que confundir este cuadro con *La muerte del conde de Villamediana*, de Manuel Castellano, pintado en 1868 y hoy en el Museo Municipal de Madrid, que suele aparecer en numerosos lugares como *Muerte de Escobedo*. Yo mismo he utilizado este cuadro por error.

En el posterior Proceso Criminal contra Antonio Pérez, doña
Catalina de Herrera realizó una declaración singular que supuso la
semilla de lo que en definitiva se ha convertido en el germen literario de los amoríos entre Antonio Pérez y la princesa de Éboli;
un elemento que daría peso a la participación de la princesa en el
asesinato de Escobedo:

> ... fue un día Escobedo a decir a la princesa lo que se murmu-
> raban las entradas de Antonio Pérez en descrédito suyo, y comen-
> zando a decirla que él porque había comido su pan le hacía decir
> aquello, la princesa se levantó y le dijo que los escuderos no te-
> nían que decir en lo que hacían las grandes señoras y con esto se
> entró allá dentro[141].

Gaspar Muro da por bueno este argumento para hacer ver que
la princesa de Éboli comenzó a odiar a Juan de Escobedo hasta de-
searle la muerte. Este hecho, acompañado de otras intrigas políticas
relacionadas con los tratos entre Escobedo y don Juan, y su posible
acceso al trono de Inglaterra para luego derrocar a Felipe II, termi-
naron por convencer a los dos protagonistas de esta historia para
acabar con Escobedo. Ahora solamente tenían que buscar los ardi-
des necesarios para que Felipe II aprobara el asesinato de Estado.

Seguramente Antonio Pérez se acercara a Felipe II con la historia de una posible alianza de don Juan de Austria con María Estuardo, reina católica de Escocia y prima de Isabel I de Inglaterra,
a quien los católicos querían derrocar, apoyados por varios países
europeos como Francia o España. Don Juan tenía muy buenas relaciones con el duque de Guisa y sus partidarios que pretendían
apoderarse de Inglaterra. Después, el nuevo rey entraría en España a través de Santander para hacerse con el trono de Felipe II.

Estos argumentos que aparecieron en el Proceso Criminal contra Antonio Pérez fueron dados por buenos para que el monarca
español aprobara de una manera tácita el asesinato de Escobedo,
quien a su vez era considerado el catalizador de toda esta historia.

Las verdaderas razones de lo que pasó, cómo, quién, cuándo y
por qué surgieron, seguramente nunca las sepamos con certeza.

---

[141] Gaspar Muro (1877), pág. 72.

Solamente podemos intuir la colocación de ciertas piezas en este complicado puzle, aunque, se diga lo que se diga, el resultado final en ninguno de los casos es satisfactorio.

Aprobado el asesinato de Escobedo, solamente quedaba ejecutarlo. La decisión, tomada seguramente en 1577, se dilató varios meses, permaneciendo Escobedo en todo este tiempo ignorante del peligro que se cernía sobre su cabeza.

En un billete fechado a finales de febrero de 1578 el rey insta a Antonio Pérez:

> Sin duda convendrá abreviar lo de la muerte del Verdinegro, antes de que haga algo que nos coja desprevenidos, que él no debe dormir ni descuidarse de sus costumbres. Hacedlo y daos prisa[142].

Antonio Pérez inició su táctica criminal mediante la utilización de venenos, «arte» que, junto con la magia, era una de sus especialidades. Los conocimientos de venenos y especialmente en pócimas milagrosas, muchas de las cuáles eran diseñadas por él mismo, venían de la sabiduría adquirida en la alquimia. Si bien es cierto que no conocemos las fuentes de las que pudo nutrirse para acrecentar su interés por las ciencias y la magia, tampoco nos debe de extrañar su quehacer en una época en la que, a pesar de la Inquisición, todo el mundo pensaba que aunque la brujería era una superchería, «las brujas, haberlas hailas»[143].

---

[142] Citado por César Leante (1999), pág. 97.

[143] De Antonio Pérez decían algunas coplillas de la época: *Don Antonio, don Antonio, Secretario, Secretario, el mismísimo demonio.*
La especialidad del secretario eran las quintaesencias conseguidas con la piedra bezoar de los alquimistas. La piedra bezoar está compuesta de restos de alimentos, pelo y otros añadidos que se aglutinan en el interior del estómago de un animal. Desde principios de la Edad Media se le han atribuido propiedades curativas —su propio nombre viene del árabe *badzehr*, que significa antídoto—. Además, se decía que con esta piedra se evitaba toda suerte de maleficios, ojerizas y males de ojo. Su importancia fue tal que la reina Isabel I de Inglaterra (1533-1603) conservaba en su tesoro una de ellas como si fuera parte de las joyas de la corona.
Antonio Pérez la empleaba para cualquier enfermedad. Cuando fue visitado en Madrid en su casa de la plaza del Cordón por el Justicia de Aragón, este le comentó los vapores y desfallecimientos que sufría su mujer. Atento como

El primer intento de envenenamiento de Escobedo se produjo el sábado 8 de marzo de ese mismo año. Escobedo recibió una invitación de Antonio Pérez para cenar en La Casilla. A la misma reunión estaban invitados Melchor de Herrera, el conde de Chin-

---

siempre, el secretario le preparó un sortilegio con piedras bezoar que guardaba en un cofre para asistir a la mujer de su amigo.

Durante su exilio en Francia siguió manteniendo correspondencia con su familia en Madrid. Sabemos, por ejemplo, de una carta enviada a su hija Gregoria en la que se exponen unas extrañas «tablas» con las horas de insomnio, tablas de los sentidos del alma, de los planetas y estrellas y de los elementos, elementos que Marañón identifica con la mente delirante de un desterrado pero que quizá tienen más relación con la situación que en esos años se vivía en el París del antiguo secretario. Hacía pocos años Michel de Nostradamus (1503-1566) había fallecido y su fama como astrólogo y vidente, lejos de decrecer, había ido en aumento de forma sorprendente. Es más, se sabe que durante su época de trabajo con Felipe II, Antonio Pérez hacía gala de un extraño lujo: un astrólogo de cámara, llamado La Hera; un clérigo que era capaz, decían, de leer el porvenir en las estrellas, algo a lo que en más de una ocasión debió de agarrarse el secretario para decidir el desenlace de complicados vericuetos políticos.

Desde siempre su horóscopo había estado vinculado a las Siete Pléyades, lo que, como él mismo llegó a decir en su correspondencia privada, le permitía «el andar envuelta mi fortuna con reyes y príncipes y el no haber cosas mías que no traigan consigo estruendo».

Una vez huido a tierras de Aragón, los pronósticos de sus horóscopos y de los que le hacían llegar sus acólitos eran claramente antifelipistas. En una extraña clave judeosionista, el propio Antonio Pérez era identificado en algunos de ellos con Moisés y el monarca, Felipe II, con el despótico Faraón sobre el que el poder divino haría caer innumerables y terribles plagas. Esto es lo que podemos deducir de la lectura del presagio enviado por Álamos de Barrientos a Pérez en el exilio, no sabemos si para darle moral, en el que se dice: «Ánimo, señor, que Dios vela por nosotros; buena va vuestra causa; plagas vienen sobre Faraón... vuestra merced no desmaye, pues Dios le toma por sujeto, como a Moisés, para castigar la dureza de Faraón».

Durante el proceso inquisitorial del secretario también salieron a la luz numerosos documentos en donde se habían registrado misteriosos horóscopos que, por más que lo han intentado muchos historiadores y estudiosos del esoterismo, todavía no han dado con una respuesta satisfactoria. En uno de ellos podía leerse: «Quien ponga lo que falta / en este onceno número pintado / 10130422500 / puesto en la esfera alta / mostrara de Felipe el triste estado. / Y el que Saturno hado / mostrara que le asalta / promete demostrar como gran cosa / a toda nuestra España provechosa».

chón y Nava del Pueblo. Entre los mayordomos estaban Antonio Enríquez y Diego Martínez, dos hombres de confianza de Antonio Pérez.

A lo largo de la velada los servidores procuraron que la copa de Escobedo siempre estuviera llena del mejor vino. Enríquez la servía y en el camino Martínez vertía la dosis de veneno, del tamaño de una avellana. Fueron dos las veces que se le dio a beber a Escobedo la famosa «agua mortífera». La segunda de ellas, viendo que la primera no hacía efecto, fue incluso supervisada por el propio Antonio Pérez, que se disculpó ante sus invitados por una urgencia mingitoria.

El primer intento no tuvo efecto ninguno. Juan de Escobedo volvió a su casa tal y como había ido a la cena de Antonio Pérez, sin ningún síntoma de haber probado el «agua mortífera».

A los cuatro días, el día 12 de marzo, miércoles, Escobedo fue invitado de nuevo por Pérez, en esta ocasión a la casa de la plaza del Cordón. En esta nueva cena, la mesa estuvo presidida por Juana Coello, la esposa de Antonio Pérez. En el postre servido al secretario de don Juan, una escudilla de nata, se le añadió una solución de solimán o arsénico («*unos polvos como de harina*»). Para que no hubiera fallo alguno, a la copa de vino también se le añadió la misma «agua mortífera» utilizada en La Casilla.

En esta ocasión el veneno hizo efecto y poco antes de acabar la cena Escobedo comenzó a sentirse mal. Le dolía la tripa y en un momento dado tuvo que retirarse al aseo para vomitar. Este gesto fue lo que seguramente le salvó la vida en el segundo envenenamiento.

Escobedo permaneció unos días en casa de Antonio Pérez recuperándose del malestar. El médico que lo atendió no llegó a dar con el motivo del problema. Seguramente, si fue atendido en casa de Antonio Pérez, se trataría de un médico de su confianza, implicado, quién sabe, en la operación.

Finalmente, Escobedo sobrevivió a este segundo intento de envenenamiento. Hubo que esperar a un tercero.

Para ello, Antonio Pérez se las ingenió para introducir en casa de Escobedo un ayudante del rey o marmitón, gracias a la colaboración de Juan Rubio. Allí dejaron en la comida un dedal de solimán, suficiente para acabar con el secretario, convaleciente todavía de la intentona anterior.

Al empeorar la situación de Escobedo se llamó de nuevo a un médico, quien en esta ocasión detectó el origen del mal en un envenenamiento. Inmediatamente se sospechó de la sirviente morisca que le atendió en la comida. Desconfiados de ella en las últimas semanas, todo les hizo pensar que había sido la mujer la causante del daño. Sometida a tortura, la pobre mujer confesó haber sido ella pero que a quien había querido envenenar era a la esposa de Escobedo, ya que le había pegado días atrás.

La realidad supera siempre a la ficción. Quién le iba a decir a Antonio Pérez que se libraría de cualquier sospecha gracias a otro envenenamiento paralelo que se estaba produciendo de forma casual en la casa de los Escobedo sin que él tuviera noticia de ello.

Poco después, la sirvienta morisca fue acusada de intento de asesinato y colgada en una plaza pública de Madrid.

Ese mismo día, cuando todavía pendía del mástil el cuerpo de la mujer, entraban en Madrid varios hombres contratados para llevar a cabo un siniestro plan del que, finalmente, Juan de Escobedo no conseguiría huir.

Antonio Pérez decidió acabar con el secretario de don Juan matándolo a cuchillo. Tomada la resolución, Antonio Enríquez, uno de sus servidores que ya vimos que participó en los envenenamientos, marchó para Barcelona para hacerse con un buen equipo de facinerosos y armas con las que acabar con Escobedo. Allí contrató a varios hombres. Se trajo además una ballesta pequeña, empleada en aquel lugar para acabar con vidas humanas, cuyo funcionamiento era más preciso que el de cualquier pistola. No sabemos si se llegó a usar esta ballesta. Lo que sí conocemos son los nombres de los seis matarifes: Diego Martínez y el mencionado Antonio Enríquez, que ya habían participado en los envenenamientos; Juan Rubio, el que proporcionó el marmitón del tercer intento; a los que había que sumar tres nuevos protagonistas, Juan de Mesa, Insausti y Miguel Bosque. Juan de Mesa portaba:

> ... una arma larga de hoja acanalada, ligera, de la marca de Castilla, cedida por su convecino Martín Gutiérrez. Los otros cinco se armaron con dagas y pistoletes[144].

---

[144] *Proceso Criminal contra Antonio Pérez*. Citado en Aroní Yanko (2000), pág. 128.

Al parecer, los facinerosos estuvieron buscando durante varios días la oportunidad para realizar el ataque. Esta no se dio hasta la noche del 31 de marzo de 1578, Lunes de Pascua. Los seis hombres se dirigieron a las puertas de la antigua iglesia de Santa María de la Almudena. Al ver la pequeña comitiva que acompañaba a Escobedo, quien seguramente regresaba a su casa de Los Leones junto a dos o tres servidores, el grupo atacó al séquito. Aprovechando el revuelo, Insausti clavó su arma en el cuerpo de Escobedo no dejándole tiempo a este ni a decir «amén».

Antiguo grabado que reconstruye la muerte de Juan de Escobedo junto a los muros de la iglesia de la Almudena de Madrid.

Para cubrirse las espaldas, Antonio Pérez no quiso saber nada de lo que iba a ocurrir esa noche con su amigo. Se marchó a Alcalá de Henares junto a su esposa e hijos, alojándose en casa de Alonso Beltrán, alguacil mayor de aquella localidad. Con ellos iba también Gaspar Robles, un amigo de don Juan de Austria, quizá para dar más empaque a la coartada. El rey estaba en El Escorial, y el único de los protagonistas de esta historia que se quedó en Madrid, si es que realmente tuvo que ver algo, fue la princesa de

Éboli, cuyas casas, como hemos visto, estaban pegadas pared con pared a la Almudena.

Todavía hoy son muchas las cosas que no están claras en lo relacionado con la muerte de Juan de Escobedo. No solamente las causas finales, cómo, dónde, etcétera, sino, simplemente, el cuándo. Algunas circunstancias históricas me hacen pensar que la muerte de Juan de Escobedo debió de darse uno o dos días antes de la fecha formalmente aceptada, el 31 de marzo de 1578, Lunes de Pascua.

Efectivamente, siempre se ha dicho que Juan de Escobedo murió ese día, fecha correspondiente al antiguo calendario juliano. Los hechos sucedieron hacia las 21 horas cuando regresaba de noche a su domicilio de la casa de Los Leones, situada junto a la antigua iglesia de Santa María de la Almudena. En la actualidad podemos leer una placa en la callejuela de la Almudena con la siguiente inscripción:

Maqueta de la antigua iglesia de la Almudena de Madrid. Museo de San Isidro, Madrid.

En esta calle mataron al secretario de don Juan de Austria, Juan de Escobedo, el 31 de marzo de 1578, noche del Lunes de Pascua.

Se conserva una carta, fechada el día 1 de abril (martes) en San Lorenzo de El Escorial de Mateo Vázquez, secretario de Felipe II, al propio monarca, en la que este señala, respondiendo a una misiva anterior:

> ... fue muy bien enviarme luego lo de Escobedo que vi en la cama, porque muy poco después vino don Diego de Córdoba con la nueva que ha sido extraña, y no lo entiendo lo que dicen los alcaldes[145].

De estas líneas se entiende que Felipe recibió la noticia de la muerte del secretario de don Juan de Austria en El Escorial la noche del día 31 de marzo. La noticia fue confirmada por su primer caballerizo, don Diego Fernández de Córdoba. Sin embargo, es improbable que, como se dice, Escobedo fuera asesinado a las veintiuna horas, y un correo recorriera los 40 kilómetros esa misma noche del día 31 hasta llegar a El Escorial. Lo más probable es que muriera el 30 de marzo, Domingo de Resurrección, o incluso antes.

En aquel año de 1578 la Semana Santa cayó entre los días 24 y 30 de marzo del calendario juliano[146]. La muerte del Verdinegro —apodo que recibía Juan de Escobedo por su forma de vestir o su forma de ser, agria y áspera— fue inspiración de coplas y romances como este ejemplo, obra del duque de Rivas:

> En aquella corta calle / más bien callejón estrecho / que por detrás de la iglesia / sale frente a los Consejos / se halló tendido

---

[145] MS. del señor conde de Valencia de Don Juan, en Gaspar Muro (1877), apéndice 8.

[146] El Domingo de Resurrección tiene lugar siempre el domingo siguiente a la primera luna llena de primavera, por lo tanto puede variar entre el 22 de marzo y el 25 de abril. En este caso, al ser el día 23 de marzo de 1578 luna llena, la Semana Santa cayó el domingo siguiente. Esta última fecha es correcta añadiendo la corrección a nuestro calendario gregoriano. Según este, el 31 de marzo fue en realidad viernes. Sin embargo, si descontamos los 11 días que se eliminaron en octubre de 1582 cuando el calendario gregoriano empezó a funcionar (después del día 4 se pasó al 15), efectivamente, ese 31 de marzo cayó en lunes en el calendario juliano.

un cadáver / de un lago de sangre al medio. / Con dos heridas de
daga / en el costado y el pecho, / y como rico ostentaba / la cadena de oro al cuello / y magníficos diamantes / en los puños y
en los dedos / que obra no fue de ladrones / se aseguró desde
luego / el horrible asesinato / que a Madrid cubrió de duelo...

La persecución contra el secretario y su posterior proceso es,
sin lugar a dudas, un libro aparte. Como no es este el lugar en el
que se debe tratar el asunto como eje central de la biografía de
nuestra protagonista, solamente tomaré del famoso proceso contra Antonio Pérez los elementos vinculantes a la figura de la princesa de Éboli.

El asesinato de Juan de Escobedo puede considerarse como un
grave error político. Este hecho fue rápidamente aprovechado por
los enemigos de Antonio Pérez para extender la sombra de la duda en Felipe II.

La causa final que motivó a Antonio Pérez y a Felipe II a acabar con su vida nos es todavía desconocida. Podemos intuir algunas cosas, pero, a falta de documentos, todo ello no son más que
elucubraciones sin sentido, como la que se ha llegado a decir basándose en el testimonio de doña Beatriz de Frías. Recordemos
que esta mujer afirmó en el proceso de 1582 contra Antonio Pérez que las habladurías del momento hicieron pensar en la existencia de un posible *affaire* entre la princesa de Éboli y el secretario del rey. Doña Beatriz no menciona en ningún momento la
figura de Escobedo, por lo que eso que se ha llegado a decir de
que Escobedo, que contaba con llave de la casa de la princesa, entró una noche en el palacete de doña Ana y se encontró a los dos
amantes, viuda y hombre casado, en actitudes poco honestas en la
alcoba de ella, sencillamente, no tiene ningún sentido. Además de
que se aleja totalmente del hecho histórico probado. Ni Antonio
Pérez ni la princesa tenían miedo de que Escobedo se fuera de la
lengua y hablara de sus amores al rey, ni el secretario de don Juan
de Austria vio a nadie en la cama de nadie[147].

---

[147] Este argumento se ha utilizado de forma continua en la literatura y el cine relacionado con la princesa de Éboli. Kate O'brien, en su novela *Esa dama*
(1946), nos plantea esta situación como el motivo de encono entre los dos
«amantes» y Escobedo. La versión cinematográfica de esta película, *La princesa*

No olvidemos una cosa que echa por tierra este argumento romántico y literario. De haber sido así, la amistad entre Antonio Pérez y Juan de Escobedo se habría roto al instante. Sin embargo, el hecho de que hubiera un par de invitaciones a cenar en las casas de Pérez y que Escobedo aceptara gustoso, sin sospechar en ningún momento, a pesar de los síntomas, que estaba siendo envenenado por aquel, anula esta posibilidad.

Los parientes de Juan de Escobedo no tardaron en pedir explicaciones al rey por la muerte del cabeza de familia. Mateo Vázquez[148], otro de los secretarios importantes de Felipe II y pertinaz enemigo de Antonio Pérez, se convirtió en el estandarte de las reclamaciones. Vázquez hacía de puente entre el monarca y la familia, a pesar de que no le unía amistad alguna con Escobedo. Seguramente, vio el suceso como una oportunidad extraordinaria para poder hacer daño a su enemigo. Ambos secretarios ya habían tenido fuertes discrepancias desde que Vázquez accediera a la secretaría el 29 de marzo de 1573.

A mediados de abril de 1578 Mateo Vázquez escribe una carta al rey exponiéndole cómo estaba la situación en aquel momento:

> Mucho se esfuerza en el pueblo la sospecha contra aquel secretario (Pérez) de la muerte del otro (Escobedo), y dice que no las trae todas consigo (como suelen decir), que así anda a recaudo su persona después de lo que sucedió y que un juicio que se ha echado dice que lo hizo matar un grande amigo suyo, que se halló

---

de *Éboli* (1955), nos presenta a un vestido y decoroso Antonio Pérez (Gilbert Roland) abrazando a una princesa (Olivia de Havilland) ataviada con un espectacular vestido rojo, cuando entra en el salón, no la alcoba, Escobedo (José Nieto). Muchos años después, Almudena de Arteaga, en su novela *La princesa de Éboli* (Barcelona 1998), propone el mismo argumento literario.

[148] Mateo Vázquez fue canónigo de la catedral de Sevilla y arcediano de Carmona. Tendrá desde este momento un papel importante en la trama de la princesa de Éboli. Criado como huérfano por un canónigo de la catedral de Sevilla, don Diego Vázquez Alderete, él mismo reconocía que había nacido en Argel, hijo de madre cristiana hecha allí prisionera. No obstante, su origen es un misterio. Incluso ya en la época se decía que este sacerdote era realmente un simple morisco, por lo que no es raro encontrarlo en la correspondencia de la época bajo alusiones a ese «perro moro» o «arráez». Desempeñó la secretaría desde 1573 hasta su muerte en 1591.

en sus honras y por una mujer, y el día que entró a ver la del dicho secretario a la del muerto, dice que la del muerto levantó la voz echando maldiciones al que lo había hecho y de manera que se notó mucho [...] y por satisfacer a los ministros y a la república, que tan escandalizada está del negocio, y divertir opiniones que andan muy malas y de muy dañosa consecuencia, conviene mucho que Vuestra Majestad mande apretadísimamente que se siga y procure por todas las vías y modos posibles averiguar la verdad...[149].

En esta carta ya se hace una alusión clara a la implicación de Antonio Pérez («*que lo hizo matar un grande amigo suyo, que se halló en sus honras*») y la princesa de Éboli («*y por una mujer*») como instigadores del asesinato de Juan de Escobedo.

Hay que comprender la situación de este incómodo triángulo formado por Felipe II, Antonio Pérez y Mateo Vázquez. Los dos primeros sabían perfectamente quiénes eran los culpables de toda la trama. Mientras que el tercero se limitaba a cumplir con su obligación, informar al rey de lo que sucedía y se decía en las calles de Madrid.

Felipe II hacía oídos sordos a lo que sucedía. Pasaba los billetes de unos secretarios a otros sin saber qué responder ni en qué modo actuar. Transcurrían los meses y las reclamaciones de Pedro Escobedo, hijo de Juan de Escobedo, al rey caían en saco roto una tras otra. Antonio Pérez se crecía al ver a Felipe II de su lado, al tiempo que Mateo Vázquez no se rendía al desaliento buscando por todos los medios el talón de Aquiles de su compañero de trabajo y rival.

Para desesperación de la familia del muerto, su viuda doña Constanza y sus hijos, el asesinato de Escobedo pareció quedar en un segundo plano, solapado por la rivalidad y los desencuentros entre los dos secretarios. Vázquez utilizaba toda suerte de triquiñuelas, acusando sin pruebas a Pérez, y este no le perdonaba que lo hiciera. No hay nada nuevo bajo el sol.

Se intentó buscar intermediarios que arreglaran los problemas entre los dos. El primero en intentarlo sin éxito fue el doctor Mi-

---

[149] Citada por Gaspar Muro (1877), págs. 81-82, carta que se conserva entre las *Relaciones* de Antonio Pérez.

lio, un personaje muy vinculado a la corte. Luego apareció don Agustín Álvarez de Toledo, otro noble de la corte felipesca, quien curiosamente no se dirigió de forma directa a Antonio Pérez sino a la princesa de Éboli. Demostrada está con este detalle la afinidad entre doña Ana y Pérez. Tampoco tuvo éxito.

Mateo Vázquez lo intentó sin éxito con el conde de Khevenhüller, embajador del emperador de Alemania; con Juan Fernández Espinosa, tesorero general, o don Gaspar de Quiroga, cardenal arzobispo de Toledo[150], entre otros. El resultado siempre fue

---

[150] Una de las personas que más procuró el bien de la princesa de Éboli fue Gaspar de Quiroga, cardenal arzobispo de Toledo. Nacido en el seno de las ilustres familias Vela y Quiroga, sobrino de Vasco de Quiroga, don Gaspar nació el 13 de enero de 1512 en el pueblo abulense de Madrigal de las Altas Torres. Hombre singular que alcanzó los más altos honores eclesiásticos, su humildad impidió que ejerciera el supremo poder político. Se trataba de una persona vinculada al partido ebolista, muy amigo de Antonio Pérez y de doña Ana, a quien tenía mucho cariño por haber sido la esposa de su gran amigo, don Ruy Gómez de Silva.

Estudió en el colegio de Oviedo de Salamanca, alcanzando allí el doctorado y la cátedra en 1540, siendo nombrado después vicario general de Alcalá de Henares. Fue auditor de la Rota en Roma en 1546 junto al papa Paulo IV. Conocedor de los problemas italianos, en 1559 fue encomendado por Felipe II para visitar el reino de Nápoles y de todas las provincias con todas las facultades. En 1563 regresó a Barcelona y el rey lo recompensó por su labor dándole una plaza del Supremo Consejo de Justicia, con la de la Santa General Inquisición. Tras varios años de servir al rey en las más difíciles misiones, el 20 de abril de 1573 se posesionó del cargo de inquisidor general y entró a formar parte del Consejo de Estado, encargándole el monarca la superintendencia de las juntas. Desde este cargo reformó el convento agustino de Extramuros de Madrigal y lo favoreció con obras pías; liberó a Fray Luis de León de su prisión; convocó sínodos, bautizó a príncipes y fue nombrado arzobispo de Toledo. En 1578 el papa Gregorio X, a instancias del rey, lo nombró cardenal. Falleció el 20 de noviembre de 1595

Gaspar de Quiroga siempre actuó como firme defensor de la figura de la princesa de Éboli. Con ella y con sus hijos le unía una relación excepcional al haber estado vinculado al llamado partido «pacifista» de Éboli que lideraba Ruy Gómez de Silva.

Esta relación tan cercana entre el cardenal y la princesa se plasmó en la novela de Kate O'Brian, *Esa dama* (1946), de forma que aparecían en la obra como tío y sobrina, cosa que nada tiene que ver con la realidad histórica de la pareja.

el mismo. No había manera de acercar posturas entre los dos secretarios para buscar una solución a la muerte de Escobedo, la verdadera causa de la investigación que parecía perderse y quedar en un segundo plano.

La situación se fue empeorando hasta el punto de que el propio Antonio Pérez se vio obligado a ir con escolta por Madrid, por temor a que le sucediera lo mismo que él había hecho con Escobedo:

> Por la corte se dice que el secretario Antonio Pérez anda con hombres de guarda por defensa de su persona...[151].

Cambiando de opinión, el rey manda a Pérez declarar ante Antonio Pazos, presidente del Consejo de Castilla, seguramente con miedo a que las investigaciones

*Gaspar de Quiroga*, cardenal arzobispo de Toledo, por El Greco. Hacia 1594. Localización desconocida.

Del cardenal conservamos un retrato de 64 por 51 centímetros, óleo sobre tela, fechado en 1594 y atribuido generalmente a El Greco. Como sucede con tantas obras de este periodo, como es el caso del supuesto retrato del mismo pintor realizado a Juan de Escobedo en 1571, la obra está hoy desaparecida. Seguramente se conserva en alguna colección privada.

En ella los antiguos catálogos hablan de que se podía leer la inscripción «D. Gaspar de Quiroga. Fundador de este refujio», de lo que se deduce que pudo estar originalmente en el colegio de Santa Úrsula de Toledo. Después de pasar por la colección Böhler de Múnich, el cuadro desapareció.

Sí conservamos, por el contrario, un retrato que de él hay en la sala capitular de la catedral de Toledo en el que porta la mitra y los símbolos propios cardenalicios.

[151] Carta del doctor Milio al rey de finales de febrero de 1579. Citada por Gaspar Muro (1877), pág. 98.

acabaran señalando al propio Felipe II. Tras la declaración, las cosas se calmaron y tanto la viuda, doña Constanza, como su hijo, Pedro Escobedo, convencidos del testimonio de Pérez en el que defendía su inocencia, prometieron no retomar las acusaciones hasta que no hubiera pruebas concluyentes que demostraran lo contrario.

No obstante, Antonio Pérez y la princesa de Éboli no las tenían todas consigo. Los acontecimientos venideros les darían la razón. Tras regresar ella de pasar la Semana Santa en Pastrana, el secretario comenzó a percibir cierta animadversión hacia él. Esto ocurrió cuando Felipe II le negó la Secretaría del Consejo de Italia, tal y como antes le había prometido.

Ante el cambio de circunstancias, Pérez anuncia al rey su intención de dejarlo todo y de abandonar la corte. Felipe II mandó a Antonio Pazos que, a través de la princesa de Éboli, intentara hacer cambiar a Antonio Pérez de opinión. Esta, a su vez, utilizó como mediador al duque de Medina-Sidonia, su yerno. En el informe que Pazos hizo al rey le señalaba que cuanto más flexible se actuaba con Antonio Pérez, este actuaba de forma más pertinaz, al tiempo que añadía una coletilla que se ha convertido en un clásico de la literatura de la princesa de Éboli, al comentar Pazos:

... siendo la hembra la levadura de todo[152].

Al parecer, doña Ana, no conforme con que se diera el cargo pedido por Pérez, solicitó que había que otorgarle una renta de 3.000 ducados anuales, cantidad que ella misma doblaría de su bolsillo, tan bueno debía de ser el trabajo del secretario. Y mientras, en el otro lado, Mateo Vázquez seguía quejándose de las difamaciones que Pérez, por su parte, vertía sobre él.

Estas gestiones, en las que la princesa de Éboli hacía de puente entre el rey y su secretario, no son más que una prueba clara de la relación existente entre los dos, relación que no necesariamente tenía que ser amorosa. Lo que en este punto no se puede dudar es la existencia de intereses comunes que luego intentaré desglosar.

---

[152] Citado por Gaspar Muro (1877), pág. 106.

Sabemos que incluso Antonio Pérez, para disgusto de la princesa, su familia y el propio rey, el 31 de marzo de 1579 llegó a hacer las maletas para marcharse a vivir a Aragón[153]. Estaba cansado de las acusaciones que se vertían sobre él y de cómo Felipe II, el otro mentor del asesinato de Escobedo, no hacía absolutamente nada por defenderlo. Finalmente, reflexionó y decidió dejar las cosas como estaban, quizás rendido, esperando a que el rey regresara de El Escorial y arreglara el problema de una vez por todas.

El problema estaba en que Felipe II, haciendo gala de esa ambigüedad que le caracterizó a lo largo de su vida, decía la misma cantinela protectora tanto a Pérez como a Vázquez.

Felipe II pensó que la única solución al aprieto estaba en separar a los dos secretarios. Con ello no se lograba una respuesta a la pregunta planteada por la familia de Escobedo, ¿quién mató al secretario de don Juan? Pero, como dije antes, el asesinato había quedado a estas alturas en un cuarto plano, tras las agrias disputas entre los dos políticos.

Para separarlos, quiso enviar a Venecia como embajador a Antonio Pérez[154]. El intento nunca se llevó a cabo y, sin saber todavía el porqué, la última decisión de Felipe II fue tajante y drástica.

Tras las conocidas presiones de la familia de Escobedo, tomando de aquí y de allá dimes y diretes, después de varios meses de tensa lucha, todo parecía llegar a su fin. No está claro todavía por qué —cada uno hablaba de la feria según le había ido en ella—, pero quien más posibilidades tenía de perder, Antonio Pérez, fue declarado culpable.

El secretario fue relevado por el cardenal Granvela[155], un viejo secretario que fue hecho venir de manera precipitada desde Italia.

---

[153] La marcha a Aragón implicaba aplicarse a los fueros de esta tierra como descendiente de aragonés, quedando libre de las leyes castellanas, algo que seguramente también barajó Antonio Pérez en este momento y que luego consumó muchos años después, en 1590.

[154] El dato lo conocemos por una carta del cardenal arzobispo de Toledo a la princesa de Éboli, mencionada por François Mignet en *Antonio Pérez y Felipe II*, Madrid, 2001, capítulo III, págs. 88-107. En este capítulo encontramos también abundante información de las tribulaciones de Antonio Pérez en este periodo.

[155] Su verdadero nombre era Antonio Perrenot, señor de Granvela (1517-1586), jurista y cardenal borgoñón, que desempeñó el cargo de consejero del emperador Carlos V y luego de su hijo, Felipe II.

La noche del 28 de julio de 1579, poco más de un año después de la muerte de Juan de Escobedo, Antonio Pérez era detenido en Madrid. En su casa se presentó Álvaro García de Toledo, alcalde de corte, llevándolo a su casa[156].

Conocedora de la noticia, la princesa de Éboli abandonó sus casa para ir a las que tenía Antonio Pérez en la actual plaza del Cordón. Mandó a una sirvienta a investigar qué era lo que había pasado y, mientras ella esperaba sola en la calle, aparecieron por allí el marqués de la Favara y otros amigos de Pérez. Galantemente acompañaron a la princesa de regreso a su casa.

---

[156] La excusa que se tomó para censurar a Antonio Pérez fue la corrupción. Nunca se habló en un primer momento del asesinato de Escobedo. El proceso judicial por corrupción se dilató en el tiempo, siendo finalmente declarado culpable y sancionado con dos años de cárcel y diez de destierro. Al mismo tiempo se celebró el proceso por la muerte de Escobedo, que finalizó con una acusación formal después de que Pérez fuera torturado. Todo esto sucedía casi diez años después, en junio de 1589. Fue entonces cuando el antiguo secretario planeó su huida a Aragón. Lo haría el 19 de abril de 1590. Acogiéndose al derecho foral como hijo de aragonés, Pérez no podía ser enjuiciado en Aragón por un delito cometido en Castilla. La única posibilidad que tenía Felipe II para perseguir a su ex secretario era emplear el tribunal de la Santa Inquisición. Así, se lo acusó de hereje intentando llevarlo a la cárcel inquisitorial, lo que provocó la famosa revuelta en Zaragoza. Todo fue manejado por el justicia de Aragón, Juan de Lanuza, que veía indignado cómo los fueros aragoneses no eran respetados.

Finalmente, Antonio Pérez consiguió huir a Francia a través de Inglaterra. Junto a Enrique IV de Francia, Pérez trabajó proporcionando información sobre la política o los proyectos de España, aunque sin éxito alguno para los franceses. En Inglaterra, Antonio Pérez ayudó en el ataque a Cádiz en 1596. La paz de Vervins de 1598, entre Felipe II y Enrique IV, significó el final diplomático de Pérez. Resentido, en una carta a la duquesa de Beaufort, amante de Enrique IV, Antonio señalaba *«cómo una dama y un Rey me lastimaron y perdieron»* (citado por Manuel Santaolalla Llamas, 1995, pág. 95). Luego se dedicó a la escritura, sacando a la luz dos trabajos importantes que supondrían la consolidación de la Leyenda Negra en Europa contra Felipe II: sus *Relaciones* y *Cartas*.

Antonio Pérez intentó conseguir el perdón del nuevo rey de España, Felipe III, sin éxito. Lo mismo intentó su esposa, Juana Coello, para que ella y sus hijos pudieran viajar a Francia para ver a su esposo, pero siempre se les negó el permiso. Antonio Pérez falleció el 7 de abril de 1611 en París, sumido en una pobreza extrema.

Pocos minutos después se presentaba en casa de doña Ana don Rodrigo Manuel de Villena, capitán de la guardia española del rey, señor de Cívico de la Torre y comendador santiaguista de Almaguer. Lo acompañaba el almirante de Castilla. Gracias a una carta de Pedro Núñez de Toledo al secretario Mateo Vázquez, fechada el 30 de julio de 1579, conocemos un breve pasaje de la conversación que debió de darse aquella noche en la casa de la princesa entre doña Ana y don Rodrigo:

> Dicen que dijo la princesa, cuando vio entrar a don Rodrigo, que era gran fineza aquella ir la a visitar a tal hora por los negocios de Antonio Pérez; él respondió con el recaudo que llevaba, y ella dijo si se había visto prender una mujer como ella por no querer hacer unas amistades[157].

Aquí vemos cómo la princesa se hacía partícipe de la tergiversación de los hechos, reconociendo que su detención nada tenía que ver con la muerte de Escobedo sino «por no hacer unas amistades», se sobrentiende que con Mateo Vázquez.

Antonio Pérez señaló después en sus *Relaciones* que la detención de la princesa fue seguida por el propio rey, quien, acompañado por Sebastián de Santoyo, fue testigo de todo desde un portal. El alcázar quedaba a escasos minutos de las casas de doña Ana y, cubierto por las sombras de la noche, se dice que fue testigo desde una calle junto a la Almudena de la llegada de sus hombres y el posterior prendimiento de la princesa.

La noticia corrió por todo Madrid como la pólvora. A la mañana siguiente, el presidente del Consejo de Castilla, don Antonio Pazos[158], escribe al rey contestándole a un billete que el monarca había redactado la pasada madrugada, poco después de hacerse efectivas las detenciones. Pazos señala:

> Sagrada Católica y Real Majestad: Esta mañana a las 7 trajo un criado mío de palacio el billete de Vuestra Majestad y ya en mi vecindad había mucha publicidad del negocio, de que todos estaban confusos y amodorrados[159].

---

[157] Véase, de Gaspar Muro (1877), apéndice 52.

[158] Con este nombre suele aparecer en la bibliografía aunque su nombre completo era Antonio Mauriño Pazos Figueroa.

[159] Colección de Salvá, tomo 56, págs. 212 y siguientes.

*Ana de Mendoza, princesa de Éboli*, atribuido recientemente a Sofonisba Anguissola. Pintado hacia 1565. Colección casa del Infantado, Sevilla.

*Ana de Mendoza, princesa de Éboli*, atribuido siempre por error a Alonso Sánchez Coello. Anónimo del siglo XVII. Colección casa del Infantado, Madrid.

Urna de mármol que acoge los restos de la princesa de Éboli en la cripta de la colegiata de Pastrana.

Catafalco mandado construir en 1637 por fray Pedro González de Mendoza, el hijo de la princesa de Éboli, para las exequias en honor del traslado de los restos de sus padres la colegiata de Pastrana.

*Doña Ana de Silva y Mendoza*, luego sor Ana de San Francisco, hija pequeña de la princesa de Éboli. Anónimo del siglo XVII. Museo de la Iglesia Parroquial de la Colegiata de Pastrana.

*Joven desconocida*, atribuido a Alonso Sánchez Coello. Hacia 1567. Según María Kusche, podría tratarse de la princesa de Éboli. Museo del Prado, Madrid.

Los príncipes de Éboli. Detalle del cuadro *Santa Teresa de Jesús da el hábito a Juan Narduch y Mariano Azzaro*, escuela madrileña del XVII. Museo de San Francisco de Pastrana.

Virgen del Soterraño con una corona añadida seguramente por fray Pedro. Museo de la Iglesia Parroquial de la Colegiata de Pastrana
(foto: Juan Gabriel Ranera).

*Antonio Pérez*. Anónimo del siglo XVI. Biblioteca del monasterio de San Lorenzo de El Escorial, Madrid.

*La princesa de Éboli como monja carmelita*, sor Ana de la Madre de Dios, por Javier Cámara (1997). El Cenador de las Monjas, Pastrana.

No se entiende el gesto de Felipe II hacia la princesa de Éboli. Es cierto que en alguna carta se mencionó, más como chisme del pueblo que otra cosa, que doña Ana había sido la mujer intrigante que había tras el asesinato de Escobedo. Pero esta acusación nunca se hizo de manera directa desde la corte. Con fecha del 12 de febrero de 1578, Pérez recibe una carta de Bartolomé de Santoyo que trabajaba en la cámara del rey, haciéndole saber que allí se mencionaba su nombre como el del asesino de Escobedo[160], pero nunca apareció el de la princesa de Éboli.

Grabado de la Torre de Pinto aparecido en *Vida de la princesa de Éboli*, de Gaspar Muro (1877).

Para entonces, doña Ana ya permanecía recluida en la Torre de Pinto, a tres leguas al sur de Madrid.

## Razones de un encierro

La no existencia de una acusación formal contra la princesa, algo, por otra parte, nada extraño en la época, ha provocado ríos de

---

[160] Citada por Antonio Pérez en sus *Relaciones*, la menciona Gaspar Muro (1877), pág. 101.

tinta sobre cuál fue la verdadera razón que llevó al rey a encarcelar a doña Ana durante casi trece años y de forma tan cruel desde 1590, con la huida a Aragón de Antonio Pérez. Que este se encontraba por medio en la razón que llevó al monarca a encarcelarla es algo obvio. De lo contrario, no se explica que Felipe II, a través de Mateo Vázquez, mandara cortar de raíz la comunicación entre ambos, aun después de su encierro.

## La «traición» de don Juan

Como hemos visto, una de las razones de las que se habló fue la posibilidad de que la princesa de Éboli intrigara junto a Antonio Pérez en contra de don Juan de Austria, inventando una supuesta invasión de Inglaterra por parte del hermanastro del rey. Ayudado del duque de Guisa, don Juan se haría con la corona de Inglaterra, casándose luego con María Estuardo (1542-1587), la reina escocesa católica, que para muchos partidarios de esta empresa era la legítima heredera de la corona de Inglaterra.

Las dudas siguen en pie. Don Juan murió por unas fiebres tifoideas ese mismo año de 1578, el 1 de octubre, en el campamento de Namur, en los Países Bajos. La Leyenda Negra incluso atribuyó su muerte a otra confabulación maquinada por el monarca español. Sustituido en el cargo por Alejandro Farnesio, todo el material relacionado con la correspondencia de su hermanastro fue enviada a Madrid por don Andrés de Prada. Entre las cartas parecía haber confesiones del propio don Juan a su hermano, reconociéndose como la causa de la muerte de su secretario, Juan de Escobedo:

> ... con justa razón puedo imaginarme haber sido causa de su muerte, por lo que Vuestra Majestad mejor que yo sabe. Tenga por bien, se lo suplico, que no recuerdo ni solicito, como lo haré por todos los correos, cuanto toca al difunto, hasta que sea hecha entera justicia y remuneración de sus servicios, sino que pase adelante con lo demás que debe cumplir como caballero[161].

---

[161] Documento citado por Aroní Yanko (2000), pág. 135.

Esta documentación fue revisada por Felipe II en Madrid. Imaginamos que en tal situación, Pérez sintió el temor de verse descubierto en sus maquinaciones. No sabemos qué contenían esas cartas. Pero sí es sintomático que Felipe, nada más leerlo todo, lo mandó destruir. ¿Descubrió algo comprometedor para él? ¿Se percató de que nada de lo que en un principio había presentado Antonio Pérez contra don Juan era, ni mucho menos, cierto?

En cualquier caso, no queda muy claro, de haber sido cierta esta hipótesis, cuál era el papel de la princesa en esta historia. Ni siquiera dando por buena la idea de que «la mujer —refiriéndose a la princesa— era la levadura de todo», tal y como hemos visto que se hablaba de ella en algunas cartas de la época.

### Amante de Antonio Pérez

La historia, más que la leyenda, señala que, efectivamente, Ana de Mendoza y Antonio Pérez se traían entre manos una relación que quién sabe si en algún momento fue más allá de la simple amistad.

Ya he dejado de lado la idea de que Juan de Escobedo descubriera *in fraganti* a los dos personajes en la alcoba de ella. De haber existido esa animadversión que habría roto la larga amistad entre Pérez y Escobedo, no tiene sentido que aquél invitara a cenar en dos ocasiones a Escobedo pocos días antes de su asesinato y que este fuera tan tonto de aceptar sin sospechar nada. Entre Pérez y Escobedo la amistad nunca se rompió y, hasta la traición de uno de ellos, siempre hubo sintonía y buenas palabras entre ambos.

Esta posibilidad de venganza de Felipe II se basa en la idea de que en el siglo XVI el papel de la viuda era llorar al esposo muerto con respeto, y el de él, más que menos, ser fiel a su mujer. Lógicamente, nadie hacía esto, aunque en la medida de lo posible se procuraba lavar la cara en público y guardar las maneras. Es más, el propio Juan de Escobedo contaba con una amante en Madrid, doña Brianda de Guzmán, a quien venía de ver precisamente el día que lo acuchillaron junto a la Almudena. Al menos esto es lo que dicen las malas lenguas.

El problema de fondo no estaba en que la princesa de Éboli tuviera o no una nueva relación con otro hombre. Nadie se lo impedía. Son numerosos los matrimonios de viudas en segundas nupcias en esta época. Lo que chocaba y no consentían el vulgo y el resto de la sociedad de la época era que se arrimase a un hombre casado. Si esto fue así, seguramente Antonio Pérez, ante el temor de que Escobedo contara al rey lo que había visto, decidiera acabar con su vida. Para ello también debió de inventar la historia de la traición de don Juan y del peligro que conllevaba Escobedo para la Corona española.

Según esta hipótesis, al conocer Felipe II la «verdad», ¿que Ana y Antonio eran amantes?, decidió perseguirlos hasta acabar con ellos. A él por los papeles con que contaba, y a ella, quizá, por haber faltado al respeto a la memoria de su esposo, Ruy Gómez. Aun así, no se comprende la crueldad del rey para con doña Ana durante tanto tiempo. Más cuando sabemos que Felipe II era tendente a las costumbres disolutas. ¿Sintió celos de Pérez al haber sido él mismo amante de doña Ana tiempo atrás, tal y como se rumoreaba en los mentideros de Madrid? No lo creo. Debió de haber algo más.

En contra de esta hipótesis se presenta la posibilidad nada despreciable de que Pérez fuera homosexual. Al menos de eso se le acusa en su proceso posterior, aunque, lógicamente, este hecho no aprueba ni desmiente nada. Como sabemos, uno de los aspectos que más llamó la atención a la princesa, y también que más le desagradó cuando lo conoció, fue el excesivo pimpolleo del secretario. Este gustaba de presentarse siempre en público perfumado en exceso y emperifollado con vestiflotantes ropas. Tuviera o no pluma don Antonio, también hay que decir que de la correspondencia indirecta que ha llegado hasta nosotros mantenida entre él y la princesa no se puede atisbar el más mínimo destello de esa relación amorosa. Es más, de haber algo, sí se podría especular con la posibilidad de que doña Ana sirviera de alcahueta para buscar al secretario «*gentiles hombres de sus mismos gustos*».

Quizá la mejor prueba que nos habla de la no existencia de los amores entre la princesa de Éboli y Antonio Pérez es la carta de este a un amigo, escrita en sus últimos años en Francia, cuando se lamenta de la situación que lo llevó a ser apresado en el verano de 1579:

... qué delito fue querer dejar el servicio del rey y que el otro (delito) que por ahí se cuenta de amores, no llegó a ta; la sospecha no hace delito.

## El descaro de la princesa

También cabe la posibilidad de que el rey se hartara de la lengua y los caprichos de la princesa de Éboli, de su falta de mano para gobernar su hacienda y que todo no fuera más que una suma de despropósitos que acabaron con los huesos de doña Ana entre rejas. Sabemos que el rey tenía mucho aprecio por los hijos de los príncipes de Éboli. Se ha llegado a hablar del miedo que sintió el monarca porque los pequeños perdieran la fortuna de sus padres debido al continuo despilfarro de la princesa como la causa del encierro.

También conocemos la mala lengua que gastaba doña Ana y la falta de protocolo con que se dirigía a su íntimo, Felipe, con quien a su vez siempre le unió una grandísima amistad. No olvidemos que entre ellos, como grande de España que era doña Ana, siempre se llamaban «primos».

No tiene mucho sentido plantear esta posibilidad cuando incluso, una vez en prisión, en las contadas cartas del rey se mostraba un tono conciliador, idéntico tono al que utilizaba ella, siempre con mucho respeto hacia su rey.

## La razón de Portugal

Es quizá esta la hipótesis de trabajo más plausible de todas las que se han presentado hasta la fecha. En ella se combinan la ambición de la princesa de Éboli y los tejemanejes que se pudo traer con Antonio Pérez, al pasarse mutuamente informaciones valiosas de la política exterior española. Lo que no sabemos es qué era lo que ganaba el secretario del rey con todo ello y su relación con la muerte de Escobedo. ¿Descubrió el secretario de don Juan estos tejemanejes entre doña Ana y Pérez? No lo creo, por la misma razón que he expuesto al hablar de los amores entre ambos. De haber existido este miedo a que Escobedo los delatara, no tiene sentido que este aceptara de buen grado la invitación de su amigo para cenar en su casa en dos ocasiones.

Gaspar Muro presenta, en su *Vida de la princesa de Éboli*, la teoría de Portugal mencionando una carta de Pedro Núñez de Toledo al secretario de Felipe II, Mateo Vázquez, fechada el 25 de agosto de 1579. En ella se habla de las sospechas que corren en forma de rumores de que la causa de la prisión de doña Ana se debe a que

> ... la Jezabel [162] trataba de casar con hijo del de Braganza, y que con esta ocasión el Caballero Portugués le hacía amistad hasta darle la cifra y otras cosetas de por casa de esta manera, cosa que tiemblan las carnes al oírlo [163].

No nos olvidemos de una cosa. La carta está fechada a finales de agosto de 1579, cuando Antonio Pérez y la princesa de Éboli ya llevaban casi un mes en sus respectivas prisiones. Es posible que existiera este miedo por parte de Felipe II, pero su conocimiento fue posterior a que se tomara la decisión de apresar a los dos protagonistas de esta parte de la biografía de doña Ana.

En el Proceso Criminal contra Antonio Pérez, en la declaración de Pedro de Mendoza, mayordomo de la princesa de Éboli, se manifestó:

---

[162] Según el Antiguo Testamento, Jezabel, princesa tiria, hija de Ittobaal, rey de Tiro (al sur del Líbano) y Sidón, fue la esposa de Acab, rey de Israel. Introductora del culto a Baal en Israel, en el Antiguo Testamento aparece como opositora de los profetas de Yahvé. Su nombre es sinónimo de ignominia entre los judíos por sus métodos tiránicos de gobierno y la adoración de dioses extranjeros, extendiéndose en el saber popular como emblema de vergüenza, infamia y deshonor. Otro de los apelativos empleados con la princesa de Éboli era el de «La Canela», que se puede leer en una carta de Juan de Samaniego a Mateo Vázquez fechada en junio de 1581. Como es lógico, no se está refiriendo a algo muy fino y exquisito, que es la acepción actual, sino a algo picante y excitante, lo que Marañón interpretó como *sex appeal*. En este mismo billete se refiere a Antonio Pérez como «el Pimpollo». Véase de Gaspar Muro (1877), apéndice 182.

[163] Citada por Gaspar Muro (1877), apéndice 65.

que este testigo y los demás de la casa sospechaban que el secretario decía a la princesa muchas cosas secretas de su oficio, como provisiones de despacho de personas y cosas de este orden porque la princesa hablaba de cosas particulares que trataba Antonio Pérez. Y personas de Italia que venían a negociar con Su Majestad en cosas que tocaban al oficio de dicho secretario, siempre procuraban ganar la voluntad y favorecerse de la dicha princesa. Y porque al ir y venir al Consejo de Estado, además de otras muchas veces, siempre el secretario iba y venía por la casa de la princesa. Y se dejaba bien entendido que la diría muchas cosas y secretos que él sabía y pasaba por sus manos.

En nuestra época, el médico e historiador Gregorio Marañón fue quien apoyó firmemente la posibilidad de Portugal hablando de la posible confabulación entre Pérez y la princesa para colocar a una de sus hijas en el trono de este país en detrimento de Felipe II[164].

Esta es, para muchos, la justificación velada del trato dado por el rey a doña Ana de Mendoza. El trono de Portugal estaba en manos del rey Sebastián (1554-1578), sobrino de Felipe II. Las alocadas aventuras del joven Sebastián en África, cuando no contaba heredero alguno a la Corona, convirtieron a Portugal en un nido de víboras de nobles y ambiciosos que pretendían colocarse ellos mismos o a sus parientes cercanos en la lista de aspirantes al trono. De fallecer el joven Sebastián por cualquier circunstancia, el trono pasaría al duque de Braganza.

Al parecer, el plan de la princesa de Éboli era casar a una de sus hijas con el primogénito del duque de Braganza para que, una vez muerto este, su hija ascendiera al trono con su esposo portugués como reyes de aquel país. De esta forma, la princesa de Éboli se convertiría en reina madre.

Finalmente, los planes no tuvieron éxito y la corona portuguesa pasó en 1580 a manos de Felipe II, después de la muerte de Sebastián en 1578 en la batalla de Alcazarquivir (Marruecos)[165].

---

[164] La hipótesis la expuso en una charla impartida en Cádiz después de publicar su monografía sobre Antonio Pérez, bajo el título de «Dos mujeres importantes en el proceso de la anexión e independencia de Portugal». También la podemos leer en la obra de José García Mercadal (1959), pág. 88.

[165] La desaparición de Sebastián de Portugal en la batalla de Alcazarquivir dio pie al nacimiento de una leyenda que afirmaba que realmente no había muerto allí sino que lo hizo tiempo después. Este tipo de mitos, muy conoci-

Esta idea encaja tanto en la naturaleza ambiciosa de la princesa de Éboli como en el papel que pudiera haber desempeñado Antonio Pérez, proporcionando datos valiosos de la política exterior de España con Portugal, a los que tenía acceso como secretario del rey. No obstante, cuesta creer que fuera esta la última causa de la detención, por las fechas en que se produjo todo el embrollo de Portugal (1578) y el amigable comportamiento que el rey mantuvo con Pérez hasta su encierro.

Es posible que la razón última fuera la suma de todas las que aquí he presentado, es decir, que la princesa de Éboli fuera apresada y encerrada no debido a una causa grave en concreto sino a la suma de varias de menos importancia que hacían a Felipe II ver en ella un foco de posibles problemas.

---

dos en la actualidad en relación con personajes muy populares como Hitler o Elvis Presley, reciben por este hecho el nombre de «sebastianismo». Años después, en 1594, la hija natural de don Juan de Austria, Ana de Austria, abadesa de las Huelgas Reales en Burgos, conoció a Gabriel de Espinosa, el nuevo pastelero de Madrigal. Quizá tuvieran cierto romance entre los dos, no lo sabemos. Lo que sí conocemos es que este tal Espinosa, hombre rubio y de mediana edad, se hizo pasar por el rey Sebastián de Portugal, muerto hacía dieciséis años.

# CUARTA PARTE

# 6

# Doña Ana de Mendoza, en prisión

LA princesa de Ébo-
li no abandonaría
el presidio prácti-
camente hasta el final
de sus días. Quien se
llevó la peor parte fue
precisamente doña Ana.
Mientras que Antonio
Pérez sufrió un encar-
celamiento domiciliario
en casa de Álvaro Gar-
cía de Toledo, la prin-
cesa de Éboli fue a dar
a la lúgubre Torre de
Pinto.

En la plaza Jaume
Méric, visible desde la
vía del tren y manifes-
tándose como una de
las construcciones más
altas de esta localidad

La Torre de Pinto, Madrid.

madrileña, la Torre de Pinto, hoy de propiedad privada, es uno de
los enclaves que todavía conserva huellas de la princesa[166]. Allí es-

---

[166] La Torre de Pinto, o Torre de la Éboli, mide casi 30 metros de altura y
su planta rectangular tiene unas dimensiones de 16,5 por 10 metros.

tuvo cautiva doña Ana desde la noche del 28 de julio de 1579 hasta el mes de enero del año siguiente. Hoy se conoce el lugar como Torre de la Princesa o Torre de Éboli.

La torre fue levantada en el siglo XIV por el monarca Pedro I el Cruel. Antiguamente es casi seguro que formara parte de un castillo del que hoy no queda nada. Con el paso de los siglos llegó a pertenecer a la Corona, que la utilizaba como cárcel de personajes importantes. Tal fue el caso de la princesa cuando fue encerrada en este lugar durante casi seis meses.

Para acceder a ella se entraba directamente a la primera planta a través de una puerta ubicada a cierta altura en el lado norte de la torre, hoy desaparecida. En esta planta hay una escalera de piedra que va a dar al segundo piso, planta que cuenta con una gran sala con chimenea. A nivel del suelo hay una tercera estancia, con bóvedas de cañón y una escalera pegada al muro.

La princesa estuvo encerrada tras la ventana enrejada que hay bajo el escudo en damero que podemos ver en una de sus fachadas[167]. Su estancia en la torre no debió de ser sencilla, alejada de sus hijos y rodeada de las precariedades convencionales que la prisión acarreaba[168].

Doña Ana permaneció bajo la gobernación de don Rodrigo Manuel de Villena, capitán de la guardia española del rey, el mismo que había ido a buscarla a sus casas de Madrid. Junto a ella había dos sirvientas, elegidas por el propio Felipe II. Una de ellas, Bernardina Cavero (o Carrera) de la Puente, fue la verdadera «levadura» de todos los despropósitos que rodearon a la princesa de Éboli en sus meses de prisión en Pinto.

Doña Bernardina debía de ser una auténtica víbora que no hacía más que instigar a su señora para que lanzase quejas a diestro y si-

---

[167] Por la torre pasó en 1590 Antonio Pérez, y cuando este huyó hasta Aragón, escapando así de las manos de Felipe II, ocuparon su lugar su esposa, Juana Coello, y sus hijos. El cautiverio de la familia de Pérez en Pinto duró ocho años.

[168] Algunas tradiciones, más vinculadas al mundo de la leyenda que a la realidad histórica, cuentan que la princesa de Éboli consiguió hechizar a sus cuidadores para huir de la Torre de Pinto, siendo más tarde apresada de nuevo. Véase sobre este hecho y otros similares el artículo de Clara Tahoces «Luces y sombras sobre la enigmática princesa de Éboli», en *Karma 7*, nº 293-294, págs. 64-69.

niestro, generando un ambiente de insoportable convivencia entre todos los habitantes de la torre, prisioneros y alguaciles. Prácticamente nada es lo que sabemos de la vida de esta mujer, sirviente fiel hasta puntos extremos de la princesa de Éboli. La documentación que nos ha llegado de ella proviene principalmente de las cartas enviadas entre los secretarios, guardias y el monarca tras la reclusión de doña Ana en 1579. Y a decir verdad, su papel no queda muy bien parado. Se dice que la causa de los problemas de la princesa para con sus guardas fue precisamente la cizaña que constantemente ponía de por medio doña Bernardina. Al parecer, servir a una

mujer de tan alta cuna se le subió a la cabeza de tal forma que ella misma se creía poseedora de las prerrogativas de la princesa. Bernardina había colocado entre unos y otros familiares de ella misma hasta 20 personas en el servicio de la princesa, lo que suponía la creación de una especie de «hampa» dentro de la casa de doña Ana que no cesaba de suponer problemas en la vida diaria.

La princesa de Éboli descansaba en el piso central de la Torre de Pinto, de los tres que tenía. En el piso superior había prisionero un hombre que nos es desconocido.

Vista desde el interior de la Torre de Pinto, primera prisión de la princesa de Éboli. Fotografía publicada en la obra de Gregorio Marañón *Antonio Pérez* (1951).

Los documentos describen la lógica tensión vivida dentro de los angostos aposentos de la Torre de Pinto.

... la princesa y sus criadas bastan para hacer perder el juicio a cualquiera que con ellas tratare, y como mi teniente es más buen hombre que yo creelas más...

... que cierto me traen perdido y desatinado así lo que creo, como lo que no creo, de la princesa y sus criadas y criados. Dios me libre de ellos[169].

Todo venía porque la princesa se negaba a aceptar la situación, rechazando con desplantes la comida que le daban o incluso, algo muy extraño en ella, la presencia de un religioso que le administrara la eucaristía. Además, al principio la comida le era entregada por una de sus dos ayas. Más tarde, no sabemos cuándo ni por qué, este trato se recrudeció y el alimento le era proporcionado directamente por los alguaciles de la torre.

Por otro lado, los enemigos de la princesa de Éboli seguían metiendo cizaña al rey para justificar su prisión, añadiendo comentarios crueles basados en suposiciones inhumanas y feroces. En una carta dirigida por don Sancho Busto de Villegas, del Consejo de la Inquisición, a Felipe II podemos leer los siguiente:

Lo de Jezabel y consorte ha parecido acertado, para que no acabasen de perderse como para que se sepa que hay justicia para mujeres aunque las principales sean y libres, y el pueblo tiene por acabado este negocio con dejarlos así, porque al soltarlos, será menester que chicos y grandes se pongan en talanquera, según que saldrán de agarrochados e irritados; y también sería necesario guardar las ollas y frascos de su veneno que cierto ella es aparejada para hacer cualquier cosa por su persona y él está obligado a hacer algo por ella; enviar billetes firmados de su nombre, diciendo injurias y amenazas a todos los que hablaban la menor palabra del mundo del consorte, aunque no fuese en cosa que a ella le tocase, de los cuales se mostraron algunos estando allí, muy sangriento y pesado y obligatorios[170].

---

[169] De dos cartas de don Rodrigo Manuel de Villena al rey y a Mateo Vázquez, respectivamente, fechadas el 27 de noviembre de 1579. Conservadas en la colección Salvá y citadas por Gaspar Muro (1877), pág. 147.

[170] La carta se fecha el 26 de septiembre de 1579. Aparece citada en la obra de José García Mercadal (1959), pág. 92.

Los problemas de la princesa de Éboli no se quedaban dentro de las cuatro paredes de la Torre de Pinto. Su vastísimo patrimonio y el cuidado de sus hijos había quedado de la mano de Dios en el momento mismo de su prisión. Incluso los habitantes de Pastrana pidieron alguna solución a su situación de desgobierno, ya que la villa dependía de la princesa.

Preocupado por ello, Felipe II instó al cardenal arzobispo de Toledo a hacerse cargo provisionalmente del asunto. Este consultó qué se podía hacer a Antonio Pazos, presidente del Consejo de Castilla, y a fray Diego de Chaves, el confesor de Su Majestad, pero entre que los problemas legales ralentizaban el proceso y que Felipe II no se decidía a hacer nada, la situación se quedó en una angustiosa pausa que no hizo más que perjudicar a los presos. Finalmente, don Luis de Osorio fue el encargado de gobernar la casa de la princesa de Éboli en Pastrana.

No hay que olvidar que ya habían pasado algunos meses desde la detención y todavía no se había declarado la culpa de la que se les acusaba. Esta era la razón por la que Mateo Vázquez, junto a don Melchor Puerta Agüero, instó al rey a buscar una solución definitiva al problema, argumentando cualquier tipo de acusación para poder zanjar la afrenta a Pérez y doña Ana:

> Sagrada Católica y Real Majestad: Dame tan gran cuidado este negocio de los presos, por el que considero debe dar Vuestra Majestad que de noche y de día no se me quita de la cabeza, mirando siempre qué provisión sería conveniente, presupuesto lo pasado, y las instancias que sospecho se harán con Vuestra Majestad por la libertad; y de esta no veo que hay para qué hablar, pues ni la ley de Dios, ni la de Vuestra Majestad lo sufren; pero porque estar pendientes, así como ahora, tampoco puede durar mucho, se me ha ofrecido que podría Vuestra Majestad mandar mirar en qué fortaleza estaría de ella bien de asiento y qué guardas y orden de vida convendría darle para largo tiempo y si estaría allí de ordinario algún caballero anciano, de confianza, para la superintendencia, que holgase por esta ocupación por el salario. Y que él (Antonio Pérez) fuese llevado como catenario a otra fortaleza con la guarda y orden conveniente y le mandase Vuestra Majestad sindicar; aunque para durar la prisión y más que esto, basten los destacados pasados. Suplico a Vuestra Majestad muy humildemente lo

mande considerar y me perdone cansarle con esto, que el celo de su real servicio me ha llevado y también la obligación a que no puedo faltar[171].

En este documento de malicioso compadreo por parte de Mateo Vázquez al rey, queda bien clara la irregularidad de la situación de los dos presos y la necesidad de buscar una solución definitiva al problema.

Mientras tanto, el alejamiento de sus hijos y el terrible frío que padecía en Pinto pronto hicieron mella en la salud de la princesa de Éboli. Avanzado el invierno, doña Ana empezó a sentirse mal. No sabemos qué es exactamente lo que sufría, pero no hace falta ser ningún licenciado en medicina para intuir que en un lugar como aquel, frío, mal ventilado y en la situación anímica en que estaba la mujer, los resfriados, constipados o como los queramos llamar, debieron de ser continuos.

Asistida por el doctor Muñoz, este aconsejó su traslado a otro lugar. Lo mismo había manifestado el propio don Rodrigo Manuel de Villena en una carta al rey fechada el 6 de noviembre de 1579:

> Yo he dicho a fray Diego de Chaves lo que Vuestra Majestad me mandó y también la necesidad que hay para que la princesa, aunque no huelgue de ellos, salga de allí[172].

Con estos precedentes los partidarios de la princesa de Éboli comenzaron a mover los hilos para, viendo que iba a ser imposible la liberación de la prisionera, conseguir, al menos, su traslado a un lugar más cómodo. En esta lucha diplomática con continuos tiras y aflojas, estaban el duque de Medina-Sidonia, yerno de la princesa de Éboli al estar casado con su hija mayor, Ana de Silva, el cardenal arzobispo de Toledo, don Gaspar de Quiroga, y, en este caso, el rey de Portugal, Antonio I el Pretendiente. Este escribió a don Rodrigo, el hijo de doña Ana, segundo duque de Pastrana, interesándose por la situación de su madre. Aprovechando la oca-

---

[171] Carta de Mateo Vázquez al rey de la colección Salvá procedente del archivo de Mariano Zabálburu citada por Gaspar Muro (1877), pág. 151.

[172] Colección Salvá, tomo 56, citado por Gaspar Muro (1877), pág. 155.

sión, don Rodrigo respondió al rey portugués con el fin de que escribiera a Felipe II pidiendo comprensión para su madre.

Las gestiones se hicieron a través de Cristóbal de Moura, embajador de Portugal en Madrid. Las presiones tuvieron su éxito y comenzaron a barajarse varios lugares para acomodar de nuevo a la princesa. Después de dejar de lado algunos de ellos, como la fortaleza del conde de Fuensalida en Toledo, que era «*muy fuerte y de mucho y buen aposento*»[173], finalmente el sitio elegido para acoger a doña Ana fue el castillo de Santorcaz, en Madrid.

Iglesia que hoy permanece adosada a la antigua fortaleza de Santorcaz.

Después de que don Rodrigo Manuel de Villena recibiera la orden de acomodar los aposentos de este castillo para la llegada de la princesa, aseguró puertas y ventanas para que no escapara. Los gastos de la reforma estuvieron entre los 150 y los 200 ducados, cantidad que, ante la negativa del cardenal arzobispo de Toledo de pagarla, ya que aunque la casa era suya se trataba de un nego-

---

[173] Carta de Mateo Vázquez al rey del 7 de noviembre de 1579, en la colección de manuscritos del conde de Valencia de Don Juan. Citado por Gaspar Muro (1877), pág. 155.

cio de Su Majestad, tuvo que ser Felipe II quien pusiera el dinero de la obra.

Finalmente, doña Ana fue trasladada a su nueva prisión en el mes de febrero de 1580.

Para evitar los problemas que se habían dado en la residencia anterior, la princesa de Éboli viajó sin el acompañamiento de Bernardina Cavero, la víbora de su sirvienta que, a tenor de lo que dicen las fuentes de la época, no dejaba de malmeter a todo el mundo con su señora.

Grabado del castillo-fortaleza de Santorcaz, aparecido en *Vida de la princesa de Éboli*, de Gaspar Muro (1877).

La información de este periodo de doña Ana en Santorcaz es muy escasa. Gaspar Muro apenas dedica unas pocas líneas, al no haber documentación histórica con la que hacer más.

En Santorcaz permanecería doña Ana desde febrero de 1580 hasta el mes de marzo de 1581. Se trataba de una antigua cárcel religiosa propiedad del arzobispado de Toledo en la que dispondría de dos habitaciones y estaría bajo la custodia de un nuevo alcalde, Sánchez Biedma.

Lo que hoy queda de la fortaleza o castillo de Santorcaz, a ocho leguas de Madrid, tiene poco que ver con la antigua prisión en la que estuvo retenida durante más de un año doña Ana de

Mendoza. Hoy su lugar está ocupado por una iglesia parroquial, en lo alto del pueblo, y solamente quedan del antiguo castillo unos pocos muros de piedra que rodean al lugar sagrado, parte de una torre y una de las entradas.

Aunque más holgada en espacio, la princesa de Éboli siguió estando fuertemente vigilada y rígidamente tratada en Santorcaz. Solamente después de la mediación de su yerno, el duque de Medina-Sidonia, quien se encontró con Felipe II cuando este marchaba a Portugal para hacerse con el trono de este país, el rey se de-

Torreón de la antigua fortaleza de Santorcaz.

jó convencer en algunas de las propuestas de don Alonso Pérez de Guzmán para dulcificar el encierro de doña Ana. Así pues, se le retiró la guardia que tenía aunque no se le permitía salir del edificio. Se le dejó recibir la visita de sus hijos así como la de los administradores de sus posesiones, siendo todo supervisado por don Juan de Samaniego, una antiguo administrador de Ruy Gómez y que en esos días trabajaba en la administración de la duquesa Margarita de Parma, en Madrid. Él sería también la persona que controlara la correspondencia que ahora se le consentía a la princesa de Éboli. Incluso el propio Samaniego debía avisar si él mismo necesitaba salir de Santorcaz para cualquier gestión.

A quien no volvió a ver nunca más fue a Bernardina Cavero, su sirviente principal. No es de extrañar que, al poco de ver la situación de Pinto, se tomara la decisión de alejar a Bernardina de su señora. Primero se la retuvo en la Torre de Pinto. Pero gracias a Antonio Cuéllar, hijo de doña Bernardina que trabajaba para Mateo Vázquez, el secretario del rey, se consiguió un nuevo destino para la mujer. Primero el monarca nombró vicario de Jerez a un hijo suyo con el fin de enviarla lejos. Como esto nunca se llegó a consumar, luego se la lleva a Alcalá de Henares, en donde siguió sirviendo en la casa de sus antiguos señores. No obstante, desde allí, tal y como relata Gaspar Muro, consiguió cartearse con la princesa[174]. Cuando en 1581 doña Ana vuelve a Pastrana, una de las condiciones impuestas por Felipe II fue que Bernardina abandonara el servicio de forma definitiva, siendo sustituida por una persona impuesta por el presidente del Consejo de Castilla, don Antonio Pazos.

Tras barajar la posibilidad de llevársela a Valladolid, lo que finalmente se hizo fue optar por mandarla aún más lejos. Así pues, el destino final de Bernardina fue Jerez de los Caballeros (Badajoz), adonde iría a vivir con un hijo suyo que era fraile y que por entonces estaba en Mérida[175].

En otro orden de cosas, la polémica sobre la inexistencia de una acusación sobre la princesa de Éboli volaba sobre la corte. Don Antonio Pazos escribió al rey apremiando la resolución del asunto:

> Yo he dicho muchas veces y suplicado a Vuestra Majestad fuese servido acabar esto de una manera u otra, y por lo que me obliga el lugar que tengo, no puedo dejar de decir que la justicia demanda y quiere que si esta gente merece castigo y pena, Vuestra Majestad se la mande dar y si otra cosa, pues ellos no piden sino libertad, que es

---

[174] Juan de Samaniego decía al rey que *Si Dios se llevase de este mundo a entrambas, en él harían poca falta y nos quitarían de trabajos y cuentos.* Citado por José García Mercadal (1959), pág. 103.

[175] Bernardina Cavero seguramente murió hacia 1590 o antes. Su nombre no aparece en el testamento de la princesa de Éboli, de lo que se deduce que ya había desaparecido y que seguramente la propia princesa tenía noticia de ello. En la necrología del monasterio de San José de Pastrana existe reseña de una tal Agustina Cavero, seguramente familiar de Bernardina y que acabó con sus huesos como monja cuando se produjo la diáspora de los sirvientes de doña Ana. No es de extrañar este tipo de ingresos. En el mismo monasterio estuvo sor Ana de San Pedro, nacida en 1567 y prima de la princesa de Éboli, así como sor María del Espíritu Santo, hija de Pedro de Mendoza, mayordomo del príncipe de Éboli, Ruy Gómez de Silva.

justo no negársela o ya que del todo Vuestra Majestad no se la quiera libremente conceder a lo menos alargue un poco más la licencia de Antonio Pérez para que pueda salir por toda esta villa (Madrid) y dos o tres leguas alrededor: que con esto se aquietaría por ahora, a lo que creo, y pues así queda detenido y confinado y no corren los peligros que se pueden temer de comunicaciones, parece que esto se podría hacer por ahora[176].

Así las cosas, pronto recibió la princesa de Éboli la visita de sus hijos. La situación parecía calmarse con la vuelta a la vida en familia. Sin embargo, la tranquilidad no tardó en quebrarse. Don Rodrigo, el nuevo duque de Pastrana, cansado de la situación de desgobierno de su casa, agarró los bártulos y se marchó de Santorcaz en el mes de septiembre. Huyó junto a su cuñado, el duque de Medina-Sidonia, para, sin permiso ni de su madre ni de nadie, ayudar en las cosas de Portugal[177].

Llegado el nuevo invierno de 1580, Antonio Pazos informa al rey de la grave situación de la princesa de Éboli. En esta ocasión no solamente era doña Ana la enferma, sino la hija pequeña, Ana de Silva, que por entonces contaba con casi ocho años. En este sentido, escribía Juan de Samaniego al rey el 18 de enero de 1581:

Lo que pasa de la enfermedad de la princesa de Éboli de los 8 de este acá que escribí a Vuestra Majestad es que el día siguiente la

---

[176] Carta citada por José García Mercadal (1959), págs. 106-107.

[177] En una carta de don Rodrigo al rey le explica un poco la situación de su abandono: «La falta de mi padre en su casa se echa bien de ver por los sucesos de ella y yo voy con edad conociendo cada día más claramente esto y la obligación en que dejó de servir a Vuestra Majestad y acudir a su real amparo y favor. [...] Yo he tratado de obedecer a mi madre y seguir lo que me ha mandado que con solo este cuidado me parece que he cumplido los años que han pasado y ofreciéndose la ocasión de servir a Vuestra Majestad en Portugal [...] hice diligencia para acudir a ella con licencia de mi madre y viendo que me la entretenía [...] me partí acompañar al duque de Medina-Sidonia. [...] Mi madre no me ha dado un maravedí después que salí a esta jornada en que ha sido menester valerme de dineros prestados y venir a posar aquí a casa de don Rodrigo de Mendoza con mucha descomodidad suya y cuidado mío [...]». Citado por José García Mercadal (1959), págs. 98-100. Sabemos también que don Rodrigo tuvo que vender joyas para comprarse incluso zapatos. Citado por Manuel Santaolalla Llamas (1995), pág. 47.

sangraron del tobillo, que fue la quinta sangría y con todo eso tuvo a la tarde su crecimiento y dolores cólicos y después acá ha estado y todavía está de la misma manera y con el mismo peligro, porque siempre ha tenido su calentura y vómitos. Y está tan flaca que el médico no la ha osado ni osa purgar, pero ha usado de unturas y otros remedios, como lo escribí al doctor Falces, de quien lo podrá Vuestra Majestad entender siendo servido[178].

Viendo tan grave situación, las lluvias y los intensos fríos padecidos en Santorcaz no hacían más que empeorar la salud de doña Ana. Esta tampoco hacía por curarse, ya que, como había sido siempre, se comportaba de forma testaruda con los médicos, incumpliendo sus indicaciones y, como de costumbre, volviendo locos a propios y extraños.

Las gestiones del duque de Medina-Sidonia y del propio hijo de la princesa, el duque de Pastrana, don Rodrigo, por mejorar la situación de doña Ana no tuvieron eco en el despacho del rey. Quizá no fuera el mejor momento para hacerlo. La reina doña Ana fallecía el 26 de octubre de 1581 cuando iba a ver a su esposo a Badajoz, en donde se encontraba el monarca también enfermo en su negocios con Portugal.

Pasada la desazón, el rey consintió finalmente que la princesa de Éboli fuera trasladada a su palacio ducal de Pastrana en el mes de marzo de 1582.

Al principio, debido al cambio de residencia, la tranquilidad se extendió en la vida de la casa de la princesa. Además, el rey había dado permiso a doña Ana para volver a administrar sus bienes de una manera más independiente a como lo había hecho en los meses anteriores, bajo la vigilancia y supervisión de Juan de Samaniego.

Pero pronto todo cambió. Con esta situación, el rey escribe a Antonio Pazos el 4 de noviembre de 1581:

> Bien sospecho según lo que oigo que ha de ser fuerza señalar persona que gobierne la casa de la princesa de Éboli y la hacienda, en que será bien penséis y miréis para avisarme lo que os pareciere[179].

---

[178] Citado por José García Mercadal (1959), págs. 101-102.

[179] Archivo de Simancas. Patronato Eclesiástico, legajo número 12. Citado en Gaspar Muro (1877), pág. 175.

Además, los rumores existentes en torno a que, con la atenuación de las medidas de control de la princesa, esta había retomado la comunicación con Antonio Pérez, todo parecía complicarse para la mujer. Este hecho lo conocemos porque el rey escribió a Pazos haciéndole saber los rumores que hasta él habían llegado al respecto:

> Paréceme que he entreoído algo de que todavía hay mensajes entre él y la princesa de Éboli, que ni al uno ni al otro les está bien: séralo que con secreto y disimulo procuréis saber lo que hay en ello y, siendo así, de atajarlo[180].

Poco después, en 1582, se retoma la investigación por la muerte de Juan de Escobedo. El trabajo se encarga a don Rodrigo Vázquez de Arce quien desarrolla una comisión para investigar de forma secreta el comportamiento de Antonio Pérez y la princesa en el caso. Entre los meses de mayo y junio de ese año el jurisconsulto tomó declaración de numerosas personas. De todo ello salió una resolución en la que se acusaba a Antonio Pérez de lujo y corrupción de costumbres y a doña Ana de intimidad escandalosa. En definitiva, y aunque no hubiera pruebas de ello, ese lujo y esa intimidad a ojos de Rodrigo Vázquez demostraba tajantemente la culpabilidad por la muerte de Escobedo. Felipe II, que siempre consultaba todos sus movimientos de tablero con fray Diego de Chaves, su confesor, y en este caso con don Rodrigo Vázquez, tomó la decisión de continuar con la prisión de ambos[181] y, en el caso de la princesa de Éboli, retirarle la administración de su hacienda, la cual pasaría a manos, desde finales de agosto de 1582, de don Pedro Palomino. Él sería el encargado de organizar la Junta que administrase el estado de Pastrana, pasando a su control in-

---

[180] Archivo de Simancas. Patronato Eclesiástico, legajo número 12. Citado en Gaspar Muro (1877), pág.175.

[181] En el caso de Pérez, su sentencia no se hizo firme hasta el 23 de enero de 1585. Hubo de devolver regalos hechos por la princesa y cumplir dos años de cárcel en la fortaleza de Turégano, Segovia. Poco después, el proceso contra Antonio Pérez se recrudeció al aparecer nuevas acusaciones, a lo que había que añadir, en el año 1585, la tortura que se le aplicó en la que acabó reconociendo que fue él quien mató a Escobedo, aunque por orden del rey. Felipe II reconoció su complicidad tal y como queda reflejado en el proceso.

*Rodrigo Vázquez de Arce,* por El Greco. Hacia 1585-90. Museo del Prado, Madrid.

cluso la jurisdicción civil y criminal[182]. El colofón fue la reanudación de las antiguas restricciones que había tenido doña Ana en las prisiones de Pinto y Santorcaz, perdiendo así la escasa libertad con que contaba en su palacio ducal. El propio monarca escribió a la princesa de Éboli para hacerle saber su decisión:

El rey. princesa de Éboli. Prima: teniendo la memoria que es razón a los muchos y buenos servicios que el príncipe Ruy Gómez de Silva, vuestro marido, me hizo y deseando hacer merced a sus hijos y mirar por ellos y conviniendo tanto para la conservación de su memoria, estado y hacienda, dar diferente orden en sus cosas y en las vuestras que hasta aquí ha habido y siendo justo que atendéis a vuestro recogimiento, quietud y sosiego, pues ocupada con tantas y tan diversas ocupaciones y negocios lo podéis mal hacer y ellos mismos padecerían, me he resuelto de exoneraros de la tutoría y curadoría del duque de Pastrana y de sus hermanos y he nombrado en vuestro lugar, para que sea tutor y curador por el tiempo que fuere mi voluntad, a Pedro Palomino, vecino de Valladolid,

---

[182] La administración de las cosas de Pastrana estuvo en manos de don Antonio de Cuéllar, caballero de la Orden de Montesa y secretario de la princesa de Éboli. Archivo de Protocolos de Pastrana, legajo 1108, e. p. Sebastián Cano, 9 de febrero de 1583. Citado por Aurelio García López (1994), pág. 79.

por la satisfacción que tengo de sus buenas partes y de que hará como convenga lo que a esto toca. Y así mismo, le he hecho gobernador y Justicia Mayor de ese Estado, dándole mi poder cumplido como rey y soberano Señor a quien toca. De lo que he querido avisaros para que lo sepáis y encargaros que oyendo al dicho Pedro Palomino lo que de mi parte os dirá, hagáis y cumpláis aquello sin réplica ninguna, porque no se ha de dar lugar a otra cosa por ahora, que así conviene al servicio de Dios y mío y al bien y beneficio de vuestra casa e hijos, que él lleva entendido la cuenta que ha de tener con vuestra persona y con el tratamiento de ella sea el que es razón.

De Lisboa, 8 de noviembre de 1582. Yo el rey. Por mandado de Su Majestad, Antonio de Eraso[183].

Y con o sin administrador, Pastrana seguía siendo un descontrol en el que por unos o por otros la villa era un verdadero caos administrativo. Desde 1584 hasta 1588 las quejas al rey de doña Ana por la mala administración de su hacienda llevada a cabo por Palomino son frecuentes. Prueba de que esto era realmente así, y no un capricho más de la princesa, son algunas cartas que se han conservado remitidas no por ella sino por otros personajes importantes de la época, totalmente imparciales. Esto es lo que nos ha dejado el licenciado Ortega, quien en una visita que hizo a Pastrana escribió a Mateo Vázquez el 3 de febrero de 1583 para que comunicara al rey lo siguiente sobre lo que allí se había visto meses atrás:

> ... el tratamiento de su persona y casa era con muchas músicas diferentes regocijo que de ordinario había, y que era como lo que se escribía en libros de caballería[184].

---

[183] La administración de las cosas de Pastrana estuvo en manos de don Antonio de Cuéllar, caballero de la Orden de Montera y secretario de la princesa de Éboli. Archivo de Protocolos de Pastrana, legajo 1108, e. p. Sebastián Cano, 9 de febrero de 1583. Citado por Aurelio García López (1994), pág. 79.

De la Biblioteca de la Academia de la Historia, citado por Gaspar Muro (1877), págs. 199-200.

[184] De la antigua colección Salva, tomo 56. Citada por Gaspar Muro (1877), pág. 171.

Este tipo de testimonios nos hace pensar que, efectivamente, la princesa de Éboli disfrutó de cierta libertad para hacer y deshacer en los primeros años de su regreso a Pastrana. Además de las visitas de los más íntimos, como el cardenal arzobispo de Toledo, don Gaspar de Quiroga, la princesa también recibió visitas de otras personas. Es el caso de la esposa del doctor Muñoz, el médico que la trataba.

No sabemos si por contactos con Antonio Pérez, casi a la par, los dos penados comienzan a intuir temores y recelos sobre lo poco que podían valer sus vidas. En el caso de la princesa de Éboli surgió de forma repentina el temor y la incomodidad hacia Palomino, su administrador, en quien veía a un asesino en potencia. Sin embargo, ese miedo ya venía de unos meses atrás antes de que entrara Pedro Palomino como Justicia. En una carta fechada en el verano de 1581 dirigida a Mateo Vázquez podemos leer lo siguiente sobre el nuevo servicio de sicarios contratado por doña Ana:

> Tiene aquella señora en su servicio a tres hombres, y despidió uno por solo que no había muerto más de un hombre en toda su vida. De los tres que han quedado, se llama el uno Luchalí[185], porque siendo este forajido en Nápoles se dio tal maña en su oficio que mereció este renombre, que le dura hasta hoy. El segundo se llama Ángel Custodio, porque era la persona de quien se confiaba de noche la guarda del Caballero Portugués. El otro se llama Camilo y también es su profesión ser valiente. A estos llama su señora a cortes y les pregunta uno por uno qué forma tendrían si les mandase matar a Fulano y Fulano. Y Luchalí, que es hombre que siempre trae tres o cuatro pistoletes en los gregüescos, saca dos y con entrambas manos los dispara. A los otros pregunta por palos, coces, bofetones y otras cosas de menor cuantía y cada uno responde como su conciencia le dicta y con esto se disuelven las cortes por aquella vez[186].

---

[185] El Luchalí auténtico fue un corsario turco, quien, por su fama de matón y valiente, su nombre fue empleado por otros que pretendían seguir sus pasos. En el pasaje de «El cautivo» de la primera parte del *Quijote*, Cervantes lo menciona seguramente porque tuvo noticia de él en su encierro en Argel.

[186] Carta de Pedro Núñez de Toledo a Mateo Vázquez, Madrid, 7 de julio de 1581. MS. Del Sr. Conde de Valencia de Don Juan, citado por Gaspar Muro (1877), apéndices, número 128.

Más que matones a sueldo, como se ha querido interpretar, la presencia de estos forajidos al servicio de la princesa de Éboli, desde mi modesta forma de ver las cosas, no es más que el reflejo del temor que doña Ana tenía en esta época por su vida.

## La princesa de Éboli sale de su palacio

Llegamos a un punto conflictivo en lo relacionado con la biografía de nuestra protagonista. La inmensa mayoría de los autores que han escrito sobre la época de la prisión de la princesa de Éboli están de acuerdo en hablar sobre el inhumano trato que recibió doña Ana por parte de Felipe II. Jamás recibió acusación formal alguna. Se habló de que su aislamiento se debía a la mala gestión del importante patrimonio que tenía a su cargo, pero, como hemos visto, poco sentido tiene esta afirmación cuando durante los primeros años en Pastrana se le devuelven las facultades para poder gestionar su hacienda y estados[187].

Hemos visto algunos documentos de la época en los que, bien por parte de Antonio Pazos, del partido ebolista, o incluso por parte de Mateo Vázquez, uno de los enemigos de la princesa, se pedía al rey la toma urgente de una decisión en lo que respectaba a la prisión de doña Ana. Sin embargo, el monarca, tan confuso y enigmático de lo prudente que era, nunca inclinó la balanza a un lado o a otro. Siempre, mantuvo el más absoluto de los silencios sobre la causa última de la prisión tanto de la princesa como de Antonio Pérez[188].

La historia y los documentos que han llegado hasta nosotros de la década de 1580 en forma de cartas o billetes nos hablan de la prisión de la princesa de Éboli en su palacio ducal de Pastrana.

---

[187] Para conocer algo más sobre los estados de Pastrana, qué zonas lo formaban, su historia, etcétera, recomiendo de Esther Alegre Carvajal *La villa ducal de Pastrana*, Guadalajara, 2003.

[188] Antonio Pérez, como ya he mencionado, fue acusado formalmente de corrupción años después, o de hereje, acusación lanzada por la Inquisición en Zaragoza, inculpaciones los suficientemente vagas como para pensar en que eran simplemente una tapadera que ocultaban algo más, algo a lo que seguro estaba expuesto el propio Felipe II y que nunca quiso reconocer.

Parece insólito, cruel, inhumano, desalmado, atroz y cualquier otro adjetivo que se le quiera conceder, el trato recibido por ella; no por la situación vivida en el palacio, en donde, como hemos visto, podía recibir visitas y deambulaba de aquí para allá en sus habitaciones, sino porque, en definitiva, hasta que falleció en 1592, nunca pudo salir de allí. Es cierto que el palacio es grande, pero para vivir más de diez años allí, no deja de ser una caja con cuatro paredes, aunque grandes, en las que la familiaridad de trato diario haría enloquecer a cualquiera.

Gracias a los diarios del encierro en Pastrana redactados por don Jerónimo Torrontero sabemos que desde su llegada en 1581 hasta 1592 la princesa de Éboli parece que permaneció en su palacio. Como señala su biógrafo Gaspar Muro, desde finales de 1582 hasta principios de 1590, los únicos papeles que quedan son relativos a temas de hacienda, quejas de la princesa en relación con Pedro Palomino y testimonios a las altas estancias de los que la pudieron ver en su prisión. Sin embargo, la documentación no es tan pobre como entendió Muro —recordemos que su libro fue escrito en 1877—. Simplemente, él no tuvo acceso a otros papeles que cambian de forma radical este periodo de la vida de la princesa de Éboli.

Lo que no está del todo claro es si realmente estuvo siempre en el palacio. Hay evidencias para afirmar con certeza que la princesa de Éboli estuvo algún tiempo en el monasterio de San José de la misma villa de Pastrana[189].

Si consultamos la *Historia Genealógica de la Casa de Silva*, publicada por Luis Salazar y Castro en Madrid en 1685[190], podemos leer que desde su llegada a Pastrana hasta su muerte en 1592, doña Ana vivió en el monasterio de San José y no en su palacio ducal[191].

Esta aseveración choca frontalmente con los diarios de prisión del palacio. En ellos descubrimos detalles que nos señalan clara-

---

[189] Esta investigación se debe en gran parte al trabajo de Aurelio García López (1994), págs. 51-110, y a la profesora estadounidense Helen H. Reed (2004), págs. 152-176.

[190] Luis de Salazar y Castro (1658-1734) fue cronista de Castilla e Indias y cronista real. Recopiló una impresionante colección de documentos que pasaron en 1850 a la Real Academia de la Historia.

[191] Véase, de la mencionada *Historia*, tomo II, págs. 529-530.

mente que la princesa estuvo allí en momentos muy puntuales. No obstante, el error puede que esté, no en el lugar, sino en las fechas.

Como adelantó en 1994 Aurelio García López, la princesa de Éboli residió en el monasterio de San José, regido ya entonces por religiosas concepcionistas, como señora de piso[192] —este es un calificativo mío—, durante un tiempo desconocido, a mediados de la década de 1580. Como menciona Muro, la documentación perteneciente a esta década es muy escasa. Casi podríamos decir que nula. Gaspar Muro dedica un capítulo de pocas páginas a los diez años de este momento porque prácticamente no hay nada nuevo que decir. Por ello, la propuesta de Aurelio García López tiene su valor, a lo que aquí añadiré algunas novedades. En estas fechas hay cartas relacionadas con la propia princesa que nos hablan de su mudanza al monasterio de San José. De esta manera, se puede dar nuevo crédito al testimonio de Salazar y Castro y al de fray Lorenzo Pérez, un religioso franciscano que en el año 1920 escribió en un modesto cuaderno la necrología de San José, conservado hoy en el mismo lugar. En ella repetía las palabras del cronista de la casa de Silva.

Pero Gaspar Muro no da importancia a este supuesto de Salazar y Castro. Él argumenta que su *Historia Genealógica de la Casa de Silva* fue mandada hacer por los propios interesados y que para no deshonrar la figura de doña Ana la encerró en el monasterio en vez del palacio, situación, según Muro, más decorosa. Este argumento no tiene sentido, toda vez que la obra de Salazar y Castro se caracteriza por su rectitud y fidelidad a los hechos históricos. Nada se arregla metiendo a la princesa como señora de piso en San José en vez de la cárcel de su palacio, después de haber vertido sobre ella todo tipo de acusaciones, recriminaciones y denuncias.

El círculo se cierra un poco más a favor de la estancia en San José cuando leemos la mencionada obra de fray Lorenzo Pérez, escrita en 1920 en Pastrana. Al hablar de la princesa de Éboli, vuelve a mencionar su estancia entre los años 1582 y 1592, citando a Salazar y Castro, pero añade el detalle de que el permiso pro-

---

[192] Véase la nota 108.

cedía de «Su Majestad». Este documento de Felipe II no ha llegado a nosotros, aunque sí alguno indirecto que habla del asunto refiriéndose a él. Dice fray Lorenzo Pérez:

> En 28 de julio de 1579 fue presa la señora duquesa de parte de Felipe II por hallarse complicada en la causa que se seguía contra Antonio Pérez y conducida a la fortaleza de Pinto, aprovechó su aislamiento o reclusión para conocer las vanidades del mundo en que se hallaba tan engolfada y con licencia de Su Majestad, después de renunciar la administración de sus estados y la tutoría de sus hijos, se retiró a este convento en el año de 1582, donde vivió piadosamente hasta su muerte acaecida el 2 de febrero de 1592[193].

Como las religiosas del monasterio me han confirmado, mucha de la documentación de San José empleada por fray Lorenzo Pérez se perdió durante la Guerra Civil. Un siglo antes, por culpa de la Desamortización de Mendizábal, debieron de desaparecer muchos más libros de cuentas y otros documentos que contaban la historia del monasterio.

Sin embargo, a pesar de las lagunas que ofrece la documentación de San José, apoyada a su vez en la de Salazar y Castro, la historia se puede completar con algunas otras cartas conservadas hoy en diferentes archivos.

En una carta fechada el 10 de agosto de 1584 se menciona expresamente que la princesa de Éboli reside dentro del monasterio de San José. Imaginamos que, en esta situación, la princesa ya contaba con el permiso del rey Felipe II, indispensable para salir del palacio, aunque en su mano no estaba el poder entrar en el monasterio. Se menciona incluso que la abadesa, Felipa de Acuña y Mendoza, ya la esperaba, aunque esta deseaba con todas su fuerzas que no fuera, conociendo lo que ya había pasado con doña Ana la vez que entró en el monasterio en 1573:

> En la villa de Pastrana de la diócesis de Toledo día del señor San Lorenzo, diez del presente mes de agosto de mil quinientos y ochenta y cuatro años. Estando en el dicho monasterio de Nuestra

---

[193] Véase la necrología de fray Lorenzo Pérez relativa al día 2 de febrero. Monasterio concepcionista de San José de Pastrana.

Señora de la Concepción Franciscana de esta dicha villa, en la reja del coro de la parte de adentro la Excelentísima Señora doña Ana de Mendoza y de la Cerda, princesa de Éboli y de Mélito, duquesa de Pastrana, marquesa de Argecilla, y la ilustre señora doña Felipa, madre abadesa del dicho monasterio y de la parte de afuera hacia la iglesia yo el presente escribano (Jerónimo Torrontero)...[194].

Aurelio García López señala que quizá esta entrada en el monasterio de San José coincidió con el estado del proceso contra Antonio Pérez, en el que la princesa de Éboli salía muy mal parada. ¿Buscaba doña Ana una especie de acogimiento a sagrado para evitar el poder inapelable de la justicia civil?[195].

Tiempo después, la propia princesa de Éboli escribe varias cartas a uno de sus hijos, Diego de Silva y Mendoza. La más importante de todas es la fechada el 28 de enero de 1585:

Hijo. Por momentos estoy aguardando la licencia para estar en el monasterio. Ya sabes que el breve pasado se cumple. A dos de febrero si no la tienes sacada, ve luego al señor nuncio y suplícale de mi parte te la dé y envíamela al momento porque estoy indispuesta y soy muy escrupulosa y mío Señor te guarde como deseo. De Pastrana y de enero de 28 de 1585.

Por estar mala no escribo a su señoría suplicándosela. (Rúbrica) La princesa de Éboli[196].

La carta en sí no necesita más explicaciones. Doña Ana estaba esperando el permiso del nuncio para poder, seguramente, renovar su permiso como señora de piso en el monasterio de San José. De este documento deducimos que ya contaba con el permiso de Su Majestad para poder salir de su prisión del palacio. De lo contrario no tiene sentido que se dirigiera al nuncio. De este no de-

---

[194] Archivo Histórico Nacional, Osuna, legajo 1838-10. Citado por Aurelio García López (1994), pág. 101.

[195] Véase, de este autor (1994), pág. 83.

[196] Esta carta se conserva en el Archivo Histórico Nacional, sección Consejos 36254, p. 90, folio 32 r. Toda ella está redactada por un escribano menos las dos últimas líneas y la rúbrica que se corresponden con la letra de la princesa de Éboli, en este caso, muy deslavazada al encontrarse enferma y sin apenas fuerzas.

pendía en ningún momento el estadio de la prisión de dóña Ana y sí el permiso para poder entrar en San José, algo que, por su parte, iba más allá de las propias atribuciones del monarca.

En aquellos años la situación de la princesa de Éboli era, desde su punto de vista, muy delicada. En 1584 había sido depuesto su médico de confianza, don Manuel de Arrieta. Se negó a ser atendida por otro galeno y nacieron las sospechas de que Palomino quería acabar con su vida, temor que fue confirmado cuando cayó gravemente enferma después de comer un fricasé que le había proporcionado uno de los nuevos camareros, Francisco Osorio.

Esta fue la razón por la que la princesa de Éboli, en un intento de huir de las garras de Palomino y quizá también de la justicia como señala García López, pidió asilo en el monasterio de San José. Se conservan dos de estas peticiones firmadas por ella misma y por la abadesa, Felipa de Acuña.

Aunque no hay cartas que lo demuestren, es posible que la princesa también saliera para la terminación de las obras de la iglesia del monasterio de San José el 20 de mayo de 1582[197]. Es una simple suposición que no puedo demostrar, pero pudo ser así.

La documentación existente se cierra en esta fecha de principios de 1585. Es muy probable que en febrero de ese año doña Ana regresara a la prisión de su palacio ducal al no recibir la prórroga de su permiso para permanecer como señora de piso en San José. No lo sabemos. También pudo ser mucho más tarde. Pedro Palomino fue depuesto por Felipe II de su cargo en 1588 según una cédula real del 22 de septiembre de ese año, seguramente por su avanzada edad. También es posible que fuera en esta fecha cuando volvió doña Ana a su palacio ducal. Lo desconocemos. La correspondencia está firmada, como hemos visto en el ejemplo anterior, «en Pastrana», por lo que resulta imposible saber en qué lugar exacto de la villa. No obstante, la libertad para realizar comentarios sobre personas o la administración de sus cosas nos hace pensar que las cartas no pasaban por manos de una suerte de censor, tal y como había pasado en Santorcaz

---

[197] Como ya he expuesto al hablar del monasterio y de la iglesia de San José, esta fecha aparece grabada en el friso que recorre el perímetro de la parte superior de los muros de la iglesia.

con Juan de Samaniego o como pasaba en el palacio con Pedro Palomino.

En esta correspondencia, mantenida en la mayoría de las ocasiones con su hijo Diego, que le hacía de contacto con el mundo exterior[198], podemos ver las preocupaciones de doña Ana por la administración de sus posesiones, así como temas más familiares e intrascendentes, referidos a bodas, celebraciones, etcétera.

Al ser retirado de su puesto Pedro Palomino, el cargo pasó a manos de don Alonso del Castillo Villasante, caballero de la Orden de Santiago, que fue designado por el rey como nuevo gobernador, justicia mayor y administrador de los estados de Pastrana.

## Emparedamiento y muerte de la princesa de Éboli

Tras su vuelta al palacio, doña Ana utilizó las habitaciones interiores del piso principal. Gaspar Muro describe perfectamente el interior de la prisión de doña Ana[199]. Según los diarios de la época, solo una habitación tenía ventana que diera a la plaza del Mercado, hoy plaza de la Hora. El resto de habitaciones tenían ven-tanas que daban al patio interior del palacio. Las llaves las controlaba don Alonso y el contacto con la prisionera se hacía a través de un torno que había en una de las estancias, siguiendo así un mecanismo muy similar al de los monasterios. El torno estaba protegido por una verja y por varios guardas que velaban por la seguridad de la prisionera. Junto a esta habitación había una capilla, visible desde una reja o tribuna, en la que la princesa y su servidumbre podían asistir a los oficios religiosos. Esta reja también era empleada para notificar algún papel administrativo. La princesa de Éboli estaba siempre acompañada de tres o cuatro sirvientes y de su hija pequeña, Ana de Silva, nacida en 1573, por lo que en estas fechas debía de tener poco más de quince años.

Esta prisión tenue y hasta cierto punto ligera se transformó en dura y correosa a principios del mes de mayo de 1590. Siguiendo

---

[198] La princesa contaba con tres abogados en Madrid a los que pagaba para sacar adelante sus pleitos.

[199] Véase, de Gaspar Muro (1877), pág. 252 y siguientes.

El interior de la habitación en donde estuvo recluida la princesa de Éboli en el palacio ducal de pastrana, antes de su reciente restauración. Fotografía publicada en la obra de Gregorio Marañón *Antonio Pérez* (1951).

órdenes de Su Majestad, don Alonso del Castillo mandó colocar verjas interiores en todos los huecos y ventanas de las estancias a las que tenía acceso la princesa de Éboli.

La causa hay que encontrarla en el largo proceso que estaba sufriendo Antonio Pérez. En el mes de febrero de ese año, Pérez fue sometido a tormento para que reconociera su participación en el asesinato de Juan de Escobedo. Conseguido el testimonio, el ex secretario fue encerrado en prisión, evadiéndose de ella el 18 de abril para huir hasta Aragón. Allí, sujeto a las leyes que lo protegían como hijo de aragonés, evitaría la zarpa del monarca castellano, huyendo poco después a Inglaterra y Francia. Con él se llevaba un montón de cartas y documentos comprometedores para Felipe II que había conseguido esconder a buen recaudo en todos esos años.

Tal situación debió de preocupar sobremanera al rey, quien inmediatamente después de conocer la noticia de la huida de Antonio Pérez intensificó el encierro de doña Ana. No obstante, no fue tan fácil.

La princesa se había encerrado en su habitación por dentro negándose a abrir la puerta a los albañiles que venían acompañados de don Alonso del Castillo. Obligados por la situación, uno de ellos desmontó el torno, accediendo por el hueco al interior de la pieza para, una vez allí, abrir la puerta y dejar pasar al resto de la cuadrilla de operarios. Esto sucedía el 22 de mayo de 1590. Las obras se dilataron durante los tres días siguientes. Así es como nos lo relata el escribano Jerónimo de Torrontero:

La dicha señora princesa pidió testimonio como su Señoría y la dicha doña Ana, su hija, están indispuestas y en la cama, y que diese testimonio cómo estaba dicho aposento al tiempo que se abrió la dicha puerta. Estaba alzado un paño de pared, y de cara de la entrada del dicho aposento estaba la cama de la dicha señora princesa, en la cual parecía estar su Señoría y su hija doña Ana. No las vi, mas las oí hablar; y parecía estar en la dicha cama; no se parecía la cabecera de la dicha cama, porque estaba con una cortina; la dicha cama se parecía de medio por abajo; y en el dicho aposento había otras dos camas, que parecían ser de las criadas, porque algunas no estaban levantadas, y todo el dicho aposento estaba ocupado con las dichas tres camas; las dos camas estaban armadas en alto, como se acostumbran de ordinario, y la una en el suelo; y la dicha señora princesa dijo que porque conste a Su Majestad las malas y falsas informaciones que le han sido hechas, se le dé testimonio, y cómo don Alonso le tiene puesta una guarda más que Palomino le tenía, y que cómo es posible que Su Majestad no remedie esto, y que de cada cosa de esto le dé testimonio de por sí, para lo enviar á sus hijos con toda presteza.

El dicho don Alonso mandó a todos los oficiales que entienden en la dicha obra que con todo comedimiento y respeto pasen por

Ventana de la Hora, con la Verja Dorada, en la torre oriental de la fachada del palacio ducal de Pastrana. Alonso de Covarrubias.

delante del aposento de su Señoría por la entrada de él, para los que caen al patio, con los materiales necesarios para el dicho reparo, con el menor ruido que ser pueda, y cumplan lo que les está mandado, y no hablen palabra ni entiendan más que en sus oficios y con toda diligencia y cuidado. Y así entraron al postrero aposento, que cae a la entrada de la cocina, en el cual tapiaron un poco vacío que había, que parecía como alhacena o alcoba, y pusieron dos rejas, una en el marco de la misma ventana y otra más dentro, dejando como dos pies, poco más ó menos, y se fue entendiendo en quitar los marcos de las otras ventanas para hacer el mismo reparo. Y dadas las doce horas de mediodía, el dicho día el dicho gobernador mandó que los dichos oficiales se saliesen y fuesen, por si su Señoría quería comer, y salieron; y al tiempo de cerrar la dicha puerta de la dicha cuadra primera, la dicha señora princesa me tomó a pedir testimonio de las dichas apelaciones y fuerza que se hace en sus aposentos; y hecho esto, el dicho don Alonso cerró la dicha puerta con la llave, y nos salimos, y mandó a los dichos oficiales que en acabando de comer vengan a proseguir en la dicha obra. Y para que de ello conste, de pedimento de la parte de dicha señora princesa, di la presente hoy dicho día. Jerónimo Torrontero. [...]

Llegó María Gómez y dijo que me llamaba. Fui a su aposento, y por detrás de un paño de pared que está delante de la cama oí cómo la dicha señora princesa estaba en la dicha cama dando grandes voces, llorando y sollozando, diciendo muchas cosas, entre las cuales decía: «¡Qué informaciones tan falsas han sido estas que me ponen en cárcel de muerte a mí y a mi hija! Nunca ofendí a mi rey y Señor. Dios del cielo, remédianos, pues vos veis todo y con mano larga hacéis mercedes, y así confío nos habéis de remediar. Hija, pídelo tú a Dios, que no nos ha de faltar, que a nadie faltó. Dadnos por testimonio, Torrontero, que nos ponen en cárcel oscura, que nos falta el aire y el aliento para poder vivir; que no es posible que Su Majestad tal quiera ni permita, siendo bien informado que es cristianísimo, y escribid a mis hijos que supliquen a Su Majestad que el doctor Balles, que sabe estos aposentos y ha estado en ellos, declare cómo no se podía vivir en ellos, estando como estaban sin rejas, cuanto más ahora hechos cárcel de muerte, oscuros y tristes». Dijo además de esto otras palabras tocantes a esto, y que el doctor Manuel, médico, los viese y declarase, y todo se enviase a sus hijos con toda brevedad[200].

---

[200] Procedente del diario de Jerónimo Torrontero, que en los textos originales aparece como «*Torontio*», citado por Gaspar Muro (1877), págs. 256-258.

Hundida y herida al mismo tiempo en lo más profundo de su orgullo, doña Ana pasó los últimos meses de su vida postrada en la cama. Sin ganas de vivir, la tradición cuenta que solamente se le permitía asomarse a la ventana que daba a la plaza del Mercado, por las tardes y durante una hora. Desde entonces esta plaza pasó a llamarse plaza de la Hora. No obstante, no conservamos documento alguno que afirme tal costumbre. Todo indica que la princesa siguió viviendo en las mismas habitaciones que de costumbre («*que sabe estos aposentos y ha estado en ellos*»), no solo en la hoy conocida como Habitación de la Hora de la torre oriental, aunque, eso sí, con gruesas rejas dobles en cada una de las ventanas[201].

La estrecha prisión no solamente afectó a la princesa. Dos de sus sirvientas cayeron gravemente enfermas, imaginamos que debido a lo poco salubre del lugar y al hundimiento moral. Los duros meses de invierno hicieron mella en doña Ana y los que la acompañaban. Una de las sirvientas comunicó a través del torno en varias ocasiones que su señora se encontraba con fiebre en la cama, pero nada se hizo para mejorar su situación. Las quejas mandadas al rey no tuvieron eco alguno en Pastrana y la angostura del encierro nunca se alivió.

Don Alonso del Castillo mandó avisar al médico para atender a la princesa. Pero esta se negaba a recibir a nadie. Solamente permitió que se le examinase la orina. Tras observarla, el médico recomendó realizarle una sangría, a lo que doña Ana se negó tajantemente aunque finalmente aceptó solo por las súplicas de su hija. A través del torno de las habitaciones se le practicó la sangría en uno de sus brazos. El informe del médico hablaba de una obstrucción en el hígado y en el bazo y melancolía hipocondríaca. Al parecer, la princesa tenía también las piernas hinchadas y se cansaba al caminar.

---

[201] Desconozco de dónde viene la idea de que la princesa de Éboli pudiera asomarse durante una hora al día a la ventana de la antigua plaza del Mercado. El nombre de la plaza como plaza de la Hora se remonta, al menos, al siglo XIX. Así lo menciona Mariano Pérez Cuenca en su *Historia de Pastrana y sucinta noticia de los pueblos de su partido*, Madrid, 1871. Esther Alegre Carvajal menciona, en su libro *La villa ducal de Pastrana*, nota 145, que el nombre nace en el siglo XVII. No obstante, todo parece indicar que el nombre se asigna más por una leyenda popular que por un hecho constatado.

Pero la fiebre ni el resto de males menguaron con las ayudas del médico, sino que, todo lo contrario, aumentaron. La situación fue tan grave en 1591 que, llegado el mes de noviembre, la princesa de Éboli pidió que se le administraran los sacramentos. El día 20 de ese mes, el canónigo de la iglesia colegiata de Pastrana, don Miguel Huerta, acudió a palacio para impartirle la extremaunción.

El día 18 de enero acaba el diario de Jerónimo Torrontero. El estado de su enfermedad era tan grave que no había ya fuerzas en doña Ana para lanzar más quejas sobre sus captores, por lo que Torrontero no tenía trabajo de escribano.

El 2 de febrero de 1592 lo mandó llamar para que realizara su último trabajo como amanuense. A él fue a quien dictó y firmó luego el testamento en el que dejaba sus deseos por escrito para que se cumplieran una vez que ella hubiera fallecido:

Pastrana 2 de febrero de 1592

*In Dei nomine amen:* Notoria y conocida cosa sea a todos los que la presente escritura de testamento y última y postrimera voluntad y disposición vieren y oyeren, como yo doña Ana de Mendoza y de la Cerda, princesa de Éboli, duquesa de Pastrana, viuda, mujer que fui del príncipe Ruy Gómez, mi señor y marido difunto que Dios tiene, estando enferma en la cama, de la enfermedad que Nuestro Señor fue servido de me dar, en mi buen seso, juicio y entendimiento, conozco lo que veo y entiendo lo que me dicen, temiéndome de la muerte que es natural aunque incierto el cuándo ha de ser; habiendo procurado de limpiar mi conciencia lo mejor que la flaqueza y fragilidad humana me ha dado lugar y yo he podido entender, creyendo como firmemente creo en la Santísima Trinidad, Padre, y Hijo y Espíritu Santo, tres personas y una esencia Divina; confesando y creyendo, como confieso y creo, todo aquello que la Madre Santa Iglesia tiene y confiesa, como católica y fiel cristiana, aunque pecadora queriendo disponer de los bienes temporales que Dios Nuestro Señor me ha dado a su santo servicio, y de la gloriosísima Virgen Santa María, su bendita madre, a la cual siempre he tenido por mi intercesora o abogada, y le suplico me vaya por encomendada delante del acatamiento de su preciosísimo hijo, y sea mi intercesora, para que, no mirando mis culpas y pecados, haya piedad y misericordia de mi ánima, y con su favor y confianza; por esta presente carta en aquella vía y forma que mejor ha lugar de derecho, hago y otorgo este mi testamento, y última y postrimera voluntad en la forma y manera siguiente.

Primeramente ofrezco mi ánima a Dios Nuestro Señor que la crió y redimió por su preciosísima sangre, y mando mi cuerpo a la tierra, donde fue formado, y que si de la enfermedad en que estoy muriese, sea sepultado en Nuestra Señora del Pilar de esta villa de Pastrana, o en la iglesia colegial de ella, de que yo soy patrona, en la parte y en la iglesia de estas dos que Ruy Gómez mi hijo quisiere y tuviere por bien.

Ítem, mando que mi cuerpo sea amortajado en el hábito del señor san Francisco.

Ítem, mando que el día de mi enterramiento todos los sacerdotes que se hallaren en esta villa digan misa por mi ánima, y acompañen mi cuerpo todas las religiones de los monasterios de esta villa.

Ítem, mando que se digan por mi ánima las misas que al dicho Ruy Gómez de Silva y Mendoza, mi hijo, le parecieren y tuviese por bien, las cuales se digan en las iglesias y monasterios que fuere su voluntad.

Ítem, mando que así mismo se digan por el ánima del príncipe Ruy Gómez, mi señor y marido, las misas que al dicho mi hijo le pareciere y tuviere por bien y se pague de mis rentas.

Ítem, mando que digan por las ánimas de los príncipes de Mélito mis señores padres, que están en el cielo, las misas que al dicho Ruy Gómez, mi hijo, pareciere y tuviere por bien, y se paguen de mis rentas.

Ítem, mando que me lleven de añal lo que a Ruy Gómez, mi hijo, le pareciere de mis rentas.

Mando a las mandas forzosas y acostumbradas lo que al dicho Ruy Gómez, mi hijo, pareciere.

Ítem, mando que cualquiera persona que viniere pidiendo o demandando alguna cosa que se le deba, de cien maravedíes abajo jurando, y desde arriba probando, mando se le pague de mis bienes y rentas.

Ítem, mando a doña Isabel de Mata, mi criada, para ayuda de su casamiento y tomar estado, que se le den mil ducados de mis rentas y hacienda.

Así mismo, mando que a la Caba, mi criada, natural de Santorcaz, se le den otros mil ducados para ayuda a su casamiento, o para tomar estado.

Así mismo, mando a doña Gregoria de Morales, vecina de Guadalajara, mi criada, otros mil ducados, para ayudar a su casamiento y tomar estado, y que los dichos mil ducados se pongan en poder del dicho Ruy Gómez, mi hijo, hasta que la susodicha se case o tome estado.

Ítem, mando a María Gómez, mi criada, otros mil ducados, y más mando que goce de todos sus partidos y salarios de criada mía, por todos los días de su vida, la dicha María Gómez, aunque no me sirva; porque es mi voluntad que por todos sus días de mis rentas y hacienda se le den en cada un año sus salarios y raciones como si sirviera.

Las cuales dichas mandas de las cuatro criadas de suso contenidas, mando se cumplan y paguen de mis bienes, y lo mando en la forma que más ha lugar en derecho, en favor de las dichas mis criadas.

Ítem, mando que a Diego Sánchez, mi criado, se le den de mis rentas y hacienda todo el salario y raciones que se le ha acostumbrado dar en mi casa, en razón del oficio que ha servido y sirve de repostero, y se le dé o pague lo que se le debiere, y demás de esto goce ver todos los días de su vida del salario y ración que así ha ganado, como si me sirviera; porque es mi voluntad que lo haya, y goce y se le pague de mis rentas en cada un año, aunque como dicho es no me sirva; lo cual le mando, porque ha muchos años que me está sirviendo, y porque es mi voluntad.

Ítem, mando que se vean las cuentas de Camilo Janizi, del tiempo que me ha servido de mayordomo con mi voluntad, y este tiempo, si se le debiere se le pague, estando las cuentas buenas; y del tiempo que ha servido contra mi voluntad después acá, no se le pague.

Ítem, mando que se le pague a Francisco Martínez, mi criado, vecino de esta villa, el salario y acostamiento de veedor de mi casa, todo lo que se le debiere del tiempo que me ha servido y sirviere, porque yo no le he despedido del dicho mi servicio.

Ítem, digo y declaro que Fr. Pedro González de Mendoza, mi hijo, al tiempo que hizo profesión en la orden del señor San Francisco, instituyó dos capellanías en su testamento, por ante el presente escribano, y me nombró por patrona de ellas para que pudiese nombrar capellán o capellanes que las sirvan, y que yo pueda nombrar patrón de ellas para después de mis días. En la mejor forma que ha lugar en derecho nombro por tal patrón de las dichas capellanías al dicho Ruy Gómez, mi hijo, al cual doy el mismo poder que yo tenía así para nombrar capellanes de ellas, como para declarar las misas y sufragios que los tales capellanes han de ser obligados a hacer y cumplir, y para que, después de sus días, que sean muchos, pueda nombrar patrón en quien suceda, guardando el tenor de la cláusula del testamento del dicho Fr. Pedro González, mi hijo.

Ítem, digo que es mi voluntad y mando que las cédulas que después de mi fallecimiento parecieren firmadas de mi nombre en favor de cualquiera de mis criados, así de vecinos y vasallos de esta mi villa, como de otras partes, se guarden y cumplan como en ellas se contuviere, y de mis rentas y hacienda se pague lo que por ellas yo mandare y ordenare, y pareciere haber mandado; porque así es mi voluntad, lo cual mando en la forma que más ha lugar en derecho, en su favor.

Ítem, mando que todos los criados y criadas que me han servido acudan a Ruy Gómez, mi hijo, para que, como mi testamentario, les haya de pagar de mis bienes y rentas lo que se les debiere, pues él sabe los que me han servido, lo cual se cumpla con mucha puntualidad.

Ítem, digo y declaro que ha muchos días que yo no he gozado del usufructo de las rentas y hacienda del dicho Príncipe mi señor y mías, ante lo cual suplico a Su Majestad el rey nuestro señor tenga por bien y se sirva mandar que este se vea, y lo que montare y pareciere haber valido en el tiempo que le he dejado de gozar, se acuda con otro tanto de mis rentas y hacienda al dicho Ruy Gómez de Silva y Mendoza, mi hijo. Y más le mando las villas de Vlela del Campo y Vlela de Castro, que son en la sierra de Filabres [202], y son bienes libres propios míos. Y esto lo mando en la vía y forma y orden que más y mejor ha lugar de derecho, en favor del dicho Ruy Gómez, mi hijo. Y si esto no hubiere lugar, le mande el tercio y quinto de todos mis bienes, rentas, y juros, y bienes muebles, joyas, oro y plata, y todo aquello que de derecho le puede mandar; porque esta es mi determinada y última voluntad. Y le encargo que por todos los días de su vida en cada un año perpetuamente, haga hacer una procesión solemne desde la Colegial iglesia de esta villa a la iglesia de Nuestra Señora del Pilar, a intercesión de todos los santos con quien yo tengo devoción.

Ítem, que el dicho Ruy Gómez, mi hijo, procure que en sitio cómodo hacia el camino de Nuestra Señora de Val, en la parte que le tengo comunicado, haga hacer de mis bienes o rentas una iglesia muy suntuosa, en que Nuestro Señor sea servido, al cual dicho sitio, después de hecha la dicha iglesia, se pase la iglesia colegial de esta villa, donde sea trasladado el cuerpo del príncipe Ruy Gómez mi señor, y el del Príncipe y princesa mis señores padres que hayan gloria, y mi cuerpo y todos los cuerpos de todos mis descendientes; en la cual dicha iglesia se instituirá una cofradía, como una cofradía que hay en Lisboa que es de Comendadores, que traen unas cruces pequeñas, de la misma hechura y forma que allá las traen, y como mejor al dicho Ruy Gómez, mi hijo, le pareciere; y han de ser hasta veinte cofrades o los que conforme a la renta pudiere alcanzar, conforme a lo que tuviere, que será hasta veinte mil maravedíes de renta cada uno; y el patrón de la dicha cofradía que ha de ser el dicho Ruy Gómez, mi hijo, ha de tener por el dicho patronazgo cuarenta mil maravedíes en cada

---

[202] La sierra de los Filabres se encuentra en Almería.

un año; y que para hacer esta renta, se compren juros y otras rentas de los bienes y rentas que yo dejase por mi fin y muerte, para la perpetuidad de la dicha cofradía, a razón de como se pueda pagar los dichos veinte mil maravedíes a cada Comendador, y cuarenta al patrón como dicho es. Y esto sea perpetuamente y para siempre jamás. Porque después de los días del dicho Ruy Gómez, mi hijo, suceda en este patronazgo su hijo el mayor, y no teniendo hijo, en la hija, y no teniendo hija ni hijo, la persona que él nombrase con que sea de nuestra casa; y en la dicha cofradía se hagan y pongan las constituciones y ordenanzas que para su perpetuidad convengan, entre las cuales sea una de que los dichos Comendadores hayan de ser y sean limpios cristianos viejos, sin raza ni descendencia de judíos ni moros, ni de otra secta alguna, y haciendo averiguación de su limpieza; y los dichos veinte mil maravedíes los ha de haber cada uno de los dichos Comendadores cada un año por sus días; y la dicha cofradía se haga con licencia de Su Santidad y de Su Majestad o de prelado que la pueda dar. Y lo que los dichos Comendadores tuvieren obligación de guardar y cumplir, se verá por la orden y fundación de la dicha cofradía de Comendadores de Lisboa, que en la misma forma de aquella se ha de hacer la de esta villa.

Y para cumplir y pagar y ejecutar las mandas, legados y pías causas de éste mi testamento y todo lo en él contenido, dejo y nombro por mis testamentarios y ejecutores de él al duque de Medina-Sidonia, y al duque de Francavilla, conde de Salinas, y al dicho Ruy Gómez, mi hijo, a todos tres juntos y a cada uno insolidum, a los cuales doy poder cumplido cuan bastante de derecho se requiere, para que luego como yo falleciere y pasare de esta presente vida, se entren por mis bienes, rentas y hacienda, y los vendan y rematen en almoneda pública y fuera de ella, y de los maravedíes de su valor cumplan este mi testamento y lo en él contenido, para lo cual les doy y otorgo todo mi poder cumplido cual es necesario y se requiere. Y quiero y tengo por bien que si alguna cosa de este mi testamente no se hubiere cumplido durante el año de como yo falleciere, los dichos mis albaceas y cualquiera de ellos, como dicho es, lo puedan hacer cumplir aunque sea pasado el año, a los cuales dichos duques de Medina-Sidonia y Francavilla y Ruy Gómez, mi hijo, encargo mucho lo hagan cumplir con mucha puntualidad y brevedad.

Y cumplido y pagado en el remanente que quedare y fincare de todos mis bienes raíces y muebles, derechos y acciones, dejo y nombro por mis legítimos y universales herederos al duque de Pastrana y a doña María de Mendoza, duquesa de Medina-Sidonia, y a don Diego de

Silva y Mendoza, duque de Francavilla, Ruy Gómez y a doña Ana de Mendoza, mis hijos, los cuales quiero que hayan y hereden mis bienes, y los dividan y partan tanto el uno como el otro y el otro como el otro. Y revoco cualquier testamento o testamentos que antes de este haya hecho y otorgado, que no quiero que valgan, salvo este que al presente hago y otorgo, que quiero valga por mi testamento o codicilo, o en la vía y forma que más ha lugar de derecho, que es hecho y otorgado en la dicha villa de Pastrana en dos días del mes de febrero de mil y quinientos y noventa y dos años, y lo firmo de mi nombre ante el presente escribano. Y yo el escribano doy fe y conozco a su Señoría otorgante. La princesa doña Ana. Pasó ante mí, Jerónimo Torrontero[203].

La princesa de Éboli, doña Ana de Mendoza, fallecía en su reclusión de la torre oriental del palacio ducal de Pastrana a las pocas horas de firmar el testamento. Le quedaban cuatro meses para cumplir los cincuenta y dos años de edad[204].

No conocemos prácticamente nada de las honras fúnebres que se le pudieran hacer después de su muerte. La confirmación de que falleció al poco de dictar el testamento la tenemos en un documento fechado al día siguiente en Pastrana en el que se insta a dar el pésame por la muerte de la princesa de Éboli al duque y príncipe de Mélito[205]. Y no sabemos nada más de lo que pasó en estos días, desconociendo todos los detalles relativos a las exequias. Además, en la iglesia parroquial de la villa de Pastrana falta el tomo segundo de las defunciones que va desde el 29 de diciembre de 1579 hasta el 20 de agosto de 1600. En él debía estar la fecha exacta y el lugar de enterramiento de la princesa, pero el libro lleva desaparecido, al menos, 150 años[206].

---

[203] Archivos del duque del Infantado. Tomado de Gaspar Muro (1877), apéndice 157.

[204] Curiosamente, esa misma fecha, el 2 de febrero, fue la de la boda en Guadalajara entre Felipe II e Isabel de Valois.

[205] Archivo Municipal de Pastrana, legajo 8. Actas del Concejo, sesión del 3 de febrero de 1592, f. 373. Citado por Aurelio García López (1994), pág. 86.

[206] Gaspar Muro no hace mención alguna al texto de este libro ni ningún otro autor que ha investigado la biografía de la princesa de Éboli. De ello se deduce que, por lo menos, el libro lleva desaparecido desde tiempo antes de 1877 fecha en la que Muro publicó la biografía de doña Ana. De haberlo conocido, Muro lo habría publicado, igual que hizo, por ejemplo, con la partida de bautismo de Cifuentes que todavía hoy se conserva.

La princesa de Éboli se mandó enterrar en la iglesia del Pilar o en la de la colegiata, ambas en su villa ducal de Pastrana. No tenemos constancia de que se enterrara en la colegiata, y tampoco contamos con documentación que nos asevere que sí lo hizo en la del Pilar. Esta diminuta iglesia, en realidad una ermita, fue construida al mismo tiempo que el barrio del Albaicín, en la parte alta del pueblo. Este barrio, como enclave fabril en el que trabajaban los moriscos destinados a las sedas, fue un lugar humilde, por lo que la iglesia, hoy totalmente desaparecida, no debió de ser gran cosa[207]. Lo que tampoco se entiende es el apego que tenía doña Ana por este lugar. Quizá fue la sencillez del monumento lo que inclinó a su familia a no enterrarla allí.

La falta de documentación sobre la iglesia del Pilar contrasta con la existente en el monasterio de San José. En la necrología que allí se conserva se dice que doña Ana de Mendoza fue enterrada en la cripta-cementerio de las monjas de este monasterio en febrero de 1592, en la cripta que hay bajo la iglesia.

> Fue sepultada provisionalmente en este convento hasta que en el año 1637 trasladó sus restos su hijo D. Pedro González de Mendoza al panteón que para enterramiento de sus padres había construido en la colegiata de Pastrana[208].

Nadie dice lo contrario, es decir, no hay documentación que mencione claramente que la princesa fuera enterrada en otro lugar de Pastrana, por lo que parece lógico pensar que, efectivamente, pudo haber sido en este monasterio en donde reposó en un principio.

La cripta-cementerio del monasterio de San José hoy se encuentra en muy mal estado. Se trata de una habitación relativamente pequeña de unos 6-7 metros de ancho por 10 de largo, a la que se accede por una portezuela de madera y descendiendo tres

---

[207] En el barrio del Albaicín se conservan en.dos lugares sendas capillitas o marcas dedicadas a la Virgen del Pilar, no conociendo con exactitud cuál de ellas hace referencia exactamente a la ubicación de la antigua ermita de la princesa de Éboli.

[208] De la necrología del monasterio de San José hecha en 1920 por fray Lorenzo Pérez. Datos del 2 de febrero.

escalones. Todo el suelo está hecho de arena apisonada y las paredes y el techo abovedado están blanqueados. Hasta hace bien poco tiempo seguía siendo el lugar de reposo de las monjas que habían vivido en la casa. Pero el angosto espacio acabó por llenarse y el lugar ya no es utilizado como cementerio de las monjas[209]. Al fondo de la cripta se abre en la pared un pequeño nicho en el que hoy solamente descansan un par de cruces de madera, muy modestas. Seguramente ahí hubo antiguamente algún tipo de altarcillo. Las cuatro paredes tienen delimitadas en gruesas líneas negras las marcas de los antiguos sepulcros, hoy totalmente perdidos bajo la arena apisonada.

Por encima del dintel de la puertecilla que da acceso a la cripta, en la pared interior del propio mausoleo, se conserva el escudo de fray Pedro González de Mendoza. El dibujo está deteriorado en el extremo inferior debido a las refriegas con cal viva que se le han aplicado en tiempos en que la villa pasó penurias por el cólera. Sin embargo, son todavía visibles con claridad y con vivos colores los emblemas que en él se dibujaron: el león rampante de los Silva y las bandas doradas de los Mendoza

Cripta del monasterio de San José de Pastrana con el escudo de fray Pedro González de Mendoza sobre la puerta. Aquí seguramente fueron enterradas la princesa de Éboli en 1592 y su hija Ana de Silva y Mendoza, esto seguro, en 1614.

[209] En esta misma cripta fue enterrada en 1614 la hija menor de la princesa de Éboli, doña Ana de Silva, quien la acompañara durante sus últimos años de prisión en el palacio ducal de Pastrana. La triste historia de esta mujer, a la que

sobre el enebro y bajo la imagen de la Virgen de la Salceda, emblemas de fray Pedro.

En un punto desconocido de esta pequeña cripta reposó la princesa de Éboli hasta que su hijo, fray Pedro González de Mendoza, reformó la colegiata de la villa, construyendo bajo el presbiterio de la iglesia una suntuosa cripta.

Es muy posible que antes de este traslado definitivo los restos de la princesa de Éboli ya descansaran en otro punto de la colegiata de Pastrana adonde habrían sido llevados antes de 1637. Según la investigación de Juan Gabriel Ranera, en esta iglesia se conserva documentación en la que se menciona claramente que los restos de los padres de fray Pedro reposaban detrás del antiguo retablo de la Soledad, al pie de la iglesia, de donde fueron sacados y llevados a la cripta del presbiterio. En este último lugar descansan los restos de los príncipes de Éboli desde 1637. Doña Ana se encuentra en una urna de mármol sobre la de su esposo, don Ruy Gómez[210], junto a otros miembros de su familia[211]. Dentro de una caja de plomo[212] y esta en otra de madera, la princesa de Éboli fue enterrada, imaginamos que vistiendo los hábitos de la Orden de

---

nunca le acompañó la fortuna, la relato en la biografía que de ella presento en los apéndices.

[210] En el borde de la urna de don Ruy podemos leer: *«Aquí yace Rui Gómez de Silva. Murió en Madrid año 1577. RIP».* Es claro el error de la fecha de la muerte del príncipe de Éboli, acaecida en 1573 y no en 1577 tal y como vemos escrito en el mármol.

[211] En la cripta de la colegiata de Pastrana hoy podemos ver la tumba de los padres de la princesa de Éboli, don Diego Hurtado de Mendoza y doña Catalina de Silva; sus hijos, fray Pedro González de Mendoza (enterrado originalmente tras el altar mayor y bajado a la cripta en el XVIII), Diego y Rodrigo de Silva y Mendoza, así como otros miembros ilustres de la casa Mendoza como el famoso marqués de Santillana y ulteriores duques de Pastrana. Sobre estos últimos no hay constancia exacta de los que allí se encuentran. Si bien es cierto que las urnas de piedra señalan los nombres de algunos de ellos, tras la ocupación de Pastrana por parte de las tropas francesas de Napoleón en 1808, como se puede suponer, el desfalco de enterramientos debió de ser notable. En esta misma cripta se conserva en una caja de madera el cadáver de un hombre descabezado al que la tradición popular le ha adjudicado poderes curativos, especialmente en todo lo relacionado con las hernias (*sic*).

[212] Desde el siglo VIII existía la creencia popular de que los enterramientos realizados en cajas de plomo conservaban los cadáveres incorruptos.

San Francisco, a la que pertenecía como seglar desde su investidu-
ra en Sanlúcar de Barrameda (Cádiz).

En el borde de la urna que protege los restos de la princesa en
la cripta, numerada con un tres sobre su pie, podemos leer:

> Aquí yace doña Ana de Mendoza y Cerda. Murió en Pastrana
> año 1592. RIP.

Cripta de la familia Mendoza bajo el presbiterio de la colegiata de Pastrana. En el centro, con un ramillete de flores blancas, la tumba de la princesa de Éboli.

# EPÍLOGO

L A herencia de la princesa de Éboli no fue menos aciaga de como resultó ser ella en vida. Las múltiples deudas que dejó en este mundo debido a muchos años de mala administración de su hacienda persiguieron a sus herederos una vez ella había fallecido. Incluso los desencuentros entre algunos de sus hijos fueron comunes. Don Diego y don Rodrigo pleitearon por los 8.000 ducados con los que doña Ana había fundado mayorazgo cuando aquel se casó con la displicente doña Luisa de Cárdenas. Además, había que cubrir los 135.714 maravedíes de un antiguo censo que estaba sin pagar[213].

El hecho de que seguramente la princesa de Éboli no fuera enterrada siguiendo las premisas estipuladas en su testamento es lo que quizá llevó al bueno de fray Pedro, su hijo, a reconstruir la colegiata cuando ya era obispo de Sigüenza y edificar en ella un panteón en el que hacer reposar los restos de su familia, tal y como había querido su madre doña Ana. Los trabajos se acabaron en 1637 y, para las honras, fray Pedro mandó construir un hermoso catafalco de terciopelo negro, conservado hoy en el museo de la colegiata de Pastrana, bajo el cual descansaron durante las exequias los restos de sus padres.[214] A su alrededor había varios jue-

---

[213] Véase, de Aurelio García López (1994), pág. 87.

[214] El empleo del catafalco para las exequias de los príncipes de Éboli o para el enterramiento de fray Pedro sigue siendo tema de debate. No hay más que ver el escudo que porta el manto negro que cubre el catafalco, el de los príncipes de Éboli y no el escudo de fray Pedro, con el enebro y la Virgen de la Sal-

Ermita de San Sebastián (Pastrana), levantada sobre los restos de la antigua ermita del Val, junto a la entrada actual del pueblo.

gos de elementos anexos como doce blandones de bronce, doce candelabros, ocho cetros, dos atriles, dos vinajeras, dos incensarios, dos navetas, acetre, hisopo, paletinas y apuntador. Además, el catafalco se completaba con frontales para cubrir púlpitos y altares. Había también varios ornamentos para revestir a una docena de sacerdotes además de los oficiantes[215].

Tampoco la cofradía de los Comendadores, inspirada en la existente en Lisboa, se llegó a crear nunca[216]. Lo mismo sucedió

---

da, para ver que en realidad se empleó para el traslado de los restos de doña Ana y don Ruy. En la actualidad el pueblo de Pastrana sigue utilizando el catafalco, colocándolo frente al altar, únicamente en las misas ceremoniosas en honor por la muerte de los papas. También se hizo una excepción con la muerte de Francisco Franco en 1975.

[215] Véase Manuel Santaolalla Llamas (Guadalajara 1995), pág. 129.

[216] El hecho de que la princesa de Éboli describiera y tuviera el antojo de fundar una cofradía como la de los Comendadores de Lisboa, podría hacernos

con la suntuosa iglesia que la princesa de Éboli quería haber construido en «*sitio cómodo hacia el camino de Nuestra Señora de Val*». Hoy solo tenemos en recuerdo de este hecho la ermita de San Sebastián, antigua ermita del Val, a la izquierda de la entrada del pueblo, pocos metros antes de donde se encontraba la desaparecida iglesia de la Virgen de los Ángeles, sobre la que hoy se ha levantado una estupenda y enorme gasolinera.

Y, aunque no hay constancia, al parecer muy poco de lo estipulado por doña Ana en su testamento se llevó a cabo finalmente. Su hacienda debió de ser dividida en las partes correspondientes después de haber pagado las deudas, de lo que se deduce que las cosas no fueron fáciles en lo que a la herencia se refiere.

---

pensar que en algún momento de su vida pudo acompañar a su esposo Ruy Gómez hasta la capital de Portugal. Ya hemos visto que tras el viaje a Sanlúcar de Barrameda en Cádiz, doña Ana sí realizó viajes largos, al contrario de lo que siempre se ha pensado.

APÉNDICES

A partir de estas páginas he incluido el desarrollo histórico o los documentos que, de haber sido incluidos en la biografía anterior, habrían roto el ritmo del texto. Son complementarios a todo lo que se ha expuesto hasta ahora, y en la mayoría de los casos añaden una nueva retrospectiva al periodo histórico en el que nos hemos movido: la segunda mitad del siglo XVI.

En el apartado de documentos relacionados con la princesa de Éboli he procurado meter los más interesantes y, sobre todo, los que menos se han divulgado en publicaciones populares. Le sigue un listado de breves biografías de los hijos de los príncipes de Éboli. A continuación expongo mi opinión y los resultados de la investigación que en estos últimos años, y con la inestimable colaboración de la doctora María Kusche, me ha llevado a perseguir los retratos de la princesa.

Después de la presentación del blasón de doña Ana, para acabar, he incluido, a modo de curiosidad y anécdota, el análisis grafológico de la escritura de la princesa, una técnica muy en boga en la actualidad en procesos judiciales y que poco a poco se va asentando en el mundo de los peritajes legales.

# Documentación manuscrita de la princesa

RECOMIENDO a cualquiera que desee conocer la documentación de la época de doña Ana que consulte la obra de Gaspar Muro *Vida de la princesa de Éboli*, publicada en Madrid en el año 1877. A lo largo de esta biografía la hemos citado hasta la saciedad[217]. Es cierto que después de ver la luz el libro de Muro, el trabajo de Aurelio García López, Trevor Dadson o Helen H. Reed, entre otros, ha permitido el reflote de numerosos documentos, algunos de ellos muy valiosos y de vital importancia para corregir el perfil biográfico de la princesa de Éboli, pero los apéndices de la obra de Muro siguen siendo imprescindibles.

Aquí no voy a ponerme a reproducir cartas y más cartas de la época. No es el caso, ni tampoco la pretensión de esta aproximación a doña Ana de Mendoza. El lector interesado cuenta con la documentación necesaria, en las notas a pie de página y en las próximas referencias, como para lanzarse a cualquier gran biblioteca a la reseña y concreción de un dato de interés. Por lo tanto, solo reproduciré aquí algunas cartas clave y documentos extraordinarios que no han tenido su espacio en el desarrollo de la propia biografía.

---

[217] Apareció una reedición de la obra de Muro en 1974 en el Círculo de Amigos de la Historia, bajo el título de *La princesa de Éboli*, en la que no se publicaron los apéndices completos, por lo que queda huérfana de gran parte del valor del libro.

## Memorial autógrafo de la princesa de Éboli al rey, ¿julio de 1580?[218]

Señor:

Como veo pasar tanto tiempo sin tomar vuestra majestad resolución en lo que toca a mis hijos y a la casa de su padre, y crecer cada día en ella más la necesidad y favor de vuestra majestad, no puedo dejar de recordarle lo que le toca y decirle que de la dilación se le sigue a ella y a ellos y todas sus cosas y negocios mucho daño, por la opinión que de ello se puede concebir de disfavor, cosa que yo siento y me lastima sobre todo. Y aunque estoy bien segura, por quien Vuestra Majestad es, de que esto no puede ser sino por las muchas y grandes ocupaciones de Vuestra Majestad y que todo lo que se ha tardado y tarda lo ha de recompensar Vuestra Majestad con mayor merced y demostración como se ve en la que Vuestra Majestad hace en otras cosas y no de esta calidad y servicios, puede cada uno pensar libremente lo que quisiere, el tiempo que se dilata lo que toca a mis hijos. Suplico a Vuestra Majestad muy humildemente considere todo esto, y que sea servido de tomar resolución en las cosas que le tengo suplicado, y acordándosele a Vuestra Majestad de los muchos y grandes servicios de su padre, para que reciban la merced y favor que por ellos y por quien Vuestra Majestad es, es justo que espere, y la que yo vivo confiada que han de recibir, si no la desmerecen por mí; y este daño Vuestra Majestad le debe recompensar pues fue servido que yo me encargase de ellos y de sus negocios.

Teniendo escrito hasta aquí, me ha llegado nueva como el de Valladolid se ha sentenciado contra mí, que es lo que yo siempre entendí que había de ser así, pues los disfavores llegan hasta la Justicia.

Allí y aquí se me ha guardado y guarda poca, y la de aquí tengo suplicado a Vuestra Majestad muy muchas veces que sea servido de mandar que se me guarde, y Vuestra Majestad lo ha remitido al Presidente y el Presidente a su pasión, que es la que me ha hecho estar sin marido y sin nuera y sin hacienda. Esta que tiene remedio se acrecentará con el que mi padre le ha puesto, y así yo no sé qué hacerme ya, pues no hay fuerzas ni las puede haber para tantas maneras de trabajos. Y no es el menor de ellos ver que por mi respeto, y habiendo Vuestra Majestad puesto su autoridad y favor en que se hiciese nuestro casamiento, pareciéndole que lo era y cosa que a mi marido le estaba bien, esté su casa en el estado en que está y le haya sucedido de manera que lo que ha

---

[218] La carta original no lleva fecha ninguna. Se deduce el verano de 1580 por el contenido de la misma.

ganado es no haber casado con heredera de muchas que le traían, y conmigo heredado muchos trabajos, y pleitos y desabrimientos , y a mi padre por suegro, que es el que nunca trató sino de dárselos y en entender y hacer quimeras, como acabarnos y destruirnos.

Ya esto es hecho y está en estado que si más quiere, no se ha de llegar ni qué se puede pretender.

Humilde criada y hechura de Vuestra Majestad. Rúbrica (la princesa de Éboli)[219].

## Carta de la princesa de Éboli a Antonio Pazos, 22 de mayo de 1581

Ilustrísimo Señor:

Estos mis trabajos no me parece que acaban de ir en crecimiento, ni sé qué ha de ser de esto, ni como no basta ya pérdida de honra y hacienda, para cansar a cualquiera que mucho lo hubiera deseado cuando no hubiera alma, cuanto más habiéndola. De todo ello pongo a Dios por testigo y por mi juez y amparo, para que vuelva por mí conforme a mis palabras y Evangelio, que es lo que no puede faltar; y a Vuestra Señoría Ilustrísima por ser su ministro acá en la tierra, le acuerdo y doy gritos sobre mi desagravio de honra y hacienda, y que entienda todo el mundo que ha sido esto y que hinchan estos tribunales mis culpas y que ha parecido a justicia como la más triste labradora, viuda de todo el mundo»[220].

## Carta de la princesa de Éboli al cardenal arzobispo de Toledo. Pastrana, finales de 1582[221]

Ilustrísimo Señor:

Si vuestra Señoría Ilustrísima no estuviera cansado de mis desdicha, le suplicaría que me ayudara en esta deshonra y trabajo, mas así

---

[219] Archivo del conde de Valencia de Don Juan. Citado por Gaspar Muro (1877), apéndice 163.

[220] Archivo de Simancas, Patronato Eclesiástico, legajo número 12. Citado por Gaspar Muro (1877), apéndice 121.

[221] Esta carta y las siguientes no tienen fecha. En ellas solo aparece el nombre de Pastrana. Gaspar Muro, deduciendo del contenido que manifiestan, cree que debieron de ser escritas a finales de 1582.

no sé qué me diga: lo que respondí fue grandes sumisiones y obedecer, más que pues los muertos eran oídos que suplicaba yo a Su Majestad que como más muerta que todos me oyese.

Ilustrísimo Señor. Besa las manos a vuestra Señoría Ilustrísima. La princesa doña Ana[222].

## Carta de la princesa de Éboli al cardenal arzobispo de Toledo. Pastrana, finales de 1582

Ilustrísimo Señor:

No es bueno que digan en Portugal aquellos grandes ministros que si el de Medina-Sidonia no quiere este negocio que no hay remedio de que se deshaga; pasa Vuestra Señoría Ilustrísima por tal querer de yerno, y tal manera de justicia. Tendría por bueno (porque no se ve que se ha hecho de un criado mío[223] a quien he enviado a dar cuenta al duque de Medina de este trabajo), que Vuestra Señoría Ilustrísima le escribiese, como mejor fuese servido y le pareciese, sobre las amistades y lo que importa a la autoridad de todos que esto se remedie luego y que esto haga el que puede y Vuestra Señoría Ilustrísima apriete a los de Portugal; el confesor dicen que está tibio y Rodrigo Vázquez terrible porque lo hizo y porque tiene aquí a este[224].

Ilustrísimo Señor. Besa las manos de Vuestra Señoría Ilustrísima. La princesa doña Ana[225].

---

[222] Archivo de Simancas, Consejo de la Inquisición, legajo número 6. Citado por Gaspar Muro (1877), apéndice 151.

[223] Doña Ana se refiere en esta carta a Diego de Horche, uno de sus más fieles sirvientes. A pesar de su origen humilde, Diego aparece en la documentación de la época como un hombre culto y amigo de las letras y de las artes. Él fue el encargado de la catalogación de la obra pictórica que perteneció a Antonio Pérez en la Casilla. Véase la nota 138.

[224] Seguramente la princesa alude a Pedro Palomino.

[225] Archivo de Simancas, Consejo de la Inquisición, legajo número 6. Citado por Gaspar Muro (1877), apéndice 152.

## Carta de la princesa de Éboli
## al cardenal arzobispo de Toledo.
## Pastrana, finales de 1582

Ilustrísimo Señor:

Aunque yo no tuviera otra obligación al padre Salazar, que le tengo muchas, sino venir ahora en esta sazón aquí de tanta aflicción y congoja para mí y muriendo por dar cuenta a Vuestra Señoría Ilustrísima de todo, me habría puesto en la mayor obligación del mundo el llevar entendido los sustos y trato de este que está aquí y lo que ha venido de Lisboa que es el camino que dicen que hay de la redención y también cómo mi salud no me deja alargar más, que si esta se acabase creo que sería lo mejor, pues con ella se acabaría esta fábula del mundo.

Ilustrísimo Señor. Besa las manos a Vuestra Señoría Ilustrísima. La princesa doña Ana[226].

## Carta de la princesa de Éboli
## al cardenal arzobispo de Toledo.
## Pastrana, finales de 1582

Ilustrísimo Señor:

Al fin el duque mi yerno lo ha hecho como tan fino y buen caballero como es, y como tal ha sentido mi trabajo y dice que le remediará en la forma y manera que a mí me pareciere enviando a Su Majestad a suplicarle quite esta desventura de aquí, para esto me envía a pedir una memoria; la de mi trabajo y desdicha tiene ya allá Vuestra Señoría Ilustrísima; suplico a Vuestra Señoría Ilustrísima de ello y de mi justificación y derecho, se la envíe para que conforme a ella se guíe y haga lo que tiene ofrecido; y luego yo sé que la leerá él de mejor gana y la tendrá por harto mejor enviada por Vuestra Señoría Ilustrísima con todo cuanto me quiere y si a Vuestra Señoría Ilustrísima le pareciere dar cuenta de esta al conde de Chinchón yo lo tendría por servicio.

Ilustrísimo Señor. Besa las manos a Vuestra Señoría Ilustrísima. La princesa doña Ana[227].

---

[226] Archivo de Simancas, Consejo de la Inquisición, legajo número 6. Citado por Gaspar Muro (1877), apéndice 153.

[227] Archivo de Simancas, Consejo de la Inquisición, legajo número 6. Citado por Gaspar Muro (1877), apéndice 154.

## Memorial autógrafo de la princesa de Éboli al rey, 1582/1583

El entender que Su Majestad me ha hecho merced de cometer lo que toca a mis negocios a Vuestras Señorías, confiando en Dios y en las conciencias de Vuestras Señorías y en la justicia que tengo, no teniendo otro defensor que esta pluma, pues el mismo Dios, para juzgar, oye, me da atrevimiento para poner ante los ojos de Vuestras Señorías el largo tiempo que he padecido el perdimiento de mi casa y estados, el destruimiento de mis hijos, y la causa que se habrá dado a diversas imaginaciones de vulgo que a nadie perdona; para que, pues Su Majestad pone en las manos de Vuestras Señorías el dar trazo a la merced que me hace, teniendo a Dios delante de sus ojos, la afirmen de suerte que todas las opiniones se desdigan, porque para esto es necesario tomar las cosas de atrás. Como estoy satisfecha de mí que nunca he procurado faltar en el real servicio de Su Majestad, tengo por cierto que el haber padecido lo que he padecido habrá resultado de algunos falsos testimonios que se me habrán querido levantar (pero a esto ¿quién puede resistir?); mas, si en alguna manera se ha entendido que lo son, entiendo que tendré justificada mi causa, para que [a los que]²²⁸ adelante se me quisiesen oponer no se podía dar crédito, pues esta es la pena de los que a los príncipes supremos les digan cosas no verdaderas. Y Su Majestad estará saneado de que mi parte no se hizo causa a que Su Majestad use conmigo de otro tal rigor. Demás de esto, veo que el testamento del príncipe mi marido no está cumplido; antes, pareciendo que se hacía algún gran servicio, se impidió en lo que le iba cumpliendo, quitando las oraciones que se hacían continuas por el estado de la iglesia, para la salud de Su Majestad y de su real casa y por el ánima del príncipe mi marido, y acaso se perdió por otra parte muchas mejores cuantías. Con estar así oprimida, todos entienden que estoy en desgracia de Su Majestad, y, por no caer en esta misma desgracia nadie se atreve a casar con doña Ana de Mendoza mi hija, que está ya en edad conveniente para ello; que no es el menor cargo del daño que me ha sucedido, pues la pudiera haber ayudado con las rentas de mis estados, pues Vuestras Señorías saben que los que tengo de mayorazgo antiguo son de mis padres y mayores, y los que nos hubimos el príncipe mi marido (que esté en el cielo) y yo los vinculamos, siendo libres, con condición que (pues, así los vinculábamos) el que de nosotros quedase vivo gozase los frutos

---

²²⁸ Parte ilegible en el memorial original.

de por su vida. Y si con deseo de hacienda alguno me quiso poner en desgracia de Su Majestad, Vuestras Señorías, a quien Dios dotó de tanta cristiandad, no han de volver por mí, favoreciendo mi causa, pues esta es la real voluntad de Su Majestad, y con ella se entenderá que satisface a mi opinión y crédito, y el mundo entenderá que no he decaído de la gracia de Su Majestad, y Vuestras Señorías me harán a mi merced[229].

## Memorial autógrafo de la princesa de Éboli al rey. Anterior a 1588[230]

Aunque metida en estas paredes y privada de libertad, hijos y hacienda, no de sentidos ni de mi autoridad y pundonor, y llena de razón y justicia, con la cual y con la certeza que tengo de que Su Majestad ha querido y envió aquí a Vuestra Merced a que me la guardase, me hace dar gritos a Dios al cielo y a la tierra y al rey que en ella tenemos, de que una verdad tan grande como la que trato se me haya con tanta fuerza querido oscurecer. Y aunque como tal está fuerte y clara, toda su casa de Vuestra Merced y el señor don Luis llaman a los testigos de ella perjuros y falsos y que merecían estar por los caminos hechos cuartos, persuadiéndolos, solo con que dijesen verdad, a que no se dejasen atormentar, poniéndoles miedo que Vuestra Merced los había de matar, y mostrándolo así por hecha, dejándolos en los fríos y después matándomelos a tormentos; hasta una niña de trece años, desnudándola y poniéndola hierros en los pulgares y diciendo «traigan el potro y traigan cordeles», con que, atemorizada, pudo querer así mentir y desdecirse, que como flaca y niña padecía. Y esto ya concluyó el pleito y ratificado. Y la gente de Palomino regalada y favorecida, preso él como grande en su casa y yendo a misa y a su posada de Vuestra Merced cuantas veces ha querido, y yo tratada como chica. Y Palomino —Vuestra Merced con nieves y fríos [...] y cueva, a ver si hallaba un átomo de sol— contra mí, y las informaciones que allí se hacían con tanta verdad, y eso la

---

[229] Primero de los «Dos Memoriales inéditos de la princesa de Éboli», de Trevor J. Dadson, *Boletín de la Real Academia de la Historia*, 183 (1986), págs. 365-375.

[230] Pedro Palomino, a quien parecen ir destinadas las quejas que aquí manifiesta la princesa de Éboli, fue depuesto de su cargo el 22 de septiembre de 1588. Por lo tanto, este memorial debe de ser anterior a esta fecha.

que aquí hizo Palomino con sus testigos en un dicho y el presente y sin ponerles edad, y entre ellos una niña de siete años y tomándola juramento. Estos serán guardados, y no presos ni molestados; los vestidos de la estatua de doña Magdalena de Covarrubias y de su mujer de Castro, pervertas intactas; y los clérigos y sacerdotes presos por Vuestra Merced y aherrojados sin tener Vuestra Merced comisión para hacerlo ni el vicario de Alcalá, ni para permitirlo ni traerla más de solo para examinarlos en lo que Vuestra Merced aquí está tratando, que no era para solo el bien de Palomino sino para el mal, e insolencias que conmigo ha tratado y a esto no le detuvo Vuestra Merced aquí, aunque se le fuese Dios por mi parte, y diciéndole malas palabras y llamándole a algunos de perjuro; y aun sus dichos y disposiciones que eran en mi favor, no las dejando Vuestra Merced en el proceso sino que se las llevase el vicario. Sus criados de Vuestra Merced tratando con los de Palomino, y particularmente un alguacil que se llama Cuestas y su yerno, el que guarda los presos, yendo anoche a su casa. Como a Vuestra Merced, el escrito no fuere más con darme a justicia y razón que Vuestra Merced favoreciera con ella a vuestra criada tan desdichada y a quien fortuna tan grande y tormenta le corre, y que a las criadas de Palomino atormentara y prendiera, para que le aclararan verdad y se la dieran; a Francisco Ruiz mi testigo una hora de tormento, a Castro delincuente y tan principal me dio. ¿Manda Dios Nuestro Señor? ¿Permítenlo las leyes? Quiérelo el rey, súfralo la autoridad y gravedad de Vuestra Merced, no para esto, pues Dios hay y justo y tanto que, como me ha dado paciencia y sufrimiento hasta aquí, oirá y publicará estos agravios, y yo los he querido decir a Vuestra Merced antes que sentencie, porque no digan que con la rabia de ella lo decía, sino con la fuerza de la razón. Y así le suplico guarde este para testimonio de mis quejas y del [¿estado?] en que las digo, en Pastrana 28 de marzo.

Y como digo a Vuestra Merced de me guardar este y ponerlo en el proceso, porque con tanto y con otros muchos agravios que no refiero pienso significar a Su Majestad, pues así ha Vuestra Merced olvidado mi razón y la verdad y piedad del caso[231].

---

[231] Segundo de los «Dos Memoriales inéditos de la princesa de Éboli», de Trevor J. Dadson, *Boletín de la Real Academia de la Historia*, 183 (1986), págs. 365-375.

# Los hijos de la princesa de Éboli

DOÑA Ana de Mendoza tuvo a lo largo de los casi quince años que duró su matrimonio con don Ruy Gómez, si contamos como fecha de inicio su encuentro en Valladolid en el verano 1557, diez hijos conocidos, quizá once como veremos a continuación. De ellos, seis fueron varones, cuatro mujeres y otro desconocido. De tan numerosa prole solamente sobrevivieron media docena de ellos, de los que tenemos más o menos noticias. Sin embargo, de los más pequeños, de aquellos que murieron durante sus primeros años de vida, algo muy común en aquella época, apenas contamos con algo más que los nombres y si acaso alguna pista para elucubrar cuándo, cómo y dónde nacieron o fallecieron.

Este apéndice está destinado a proporcionar algunos datos básicos para reconstruir el perfil biográfico de los descendientes de doña Ana y de don Ruy Gómez.

## Diego de Silva y Mendoza (1558-1563)

El primogénito de doña Ana de Mendoza fue fruto del primer encuentro con don Ruy Gómez en su paso esporádico en 1557 por Valladolid camino de Yuste, para gestionar asuntos de Estado con el emperador Carlos V. Diego debió de nacer entre marzo y abril del año siguiente, 1558.

Por desgracia no tenemos más noticia de él salvo que murió en Toledo siendo niño, en 1563, con apenas cinco años. En la actualidad se cree que sus restos reposan en una cripta de difícil acceso, ubicada bajo la iglesia del monasterio de San Francisco, en Pastrana.

## Ana de Silva y Mendoza (1561-1610?)

La hija mayor de la princesa de Éboli, Ana de Silva y Mendoza —no confundir con su hermana pequeña, que casualmente tenía el mismo nombre y apellidos, Ana de Silva y Mendoza (1573-1614)—, nace en julio de 1561. Estuvo casada con Alonso Pérez de Guzmán (1550-1615/19?), séptimo duque de Medina-Sidonia, distinguido por el rey Felipe II y al que nombrara para conducir la Armada Invencible a pesar de su escasa experiencia en el mar. Don Alonso fue uno de los adalides más destacados en los diferentes cambios de prisión de la princesa de Éboli.

Del poder que logró Ruy Gómez de Silva da cuenta que al casar a su hija mayor con el hijo del duque de Medina-Sidonia, las capitulaciones muestran iguales en importancia a ambos cónyuges. Estas capitulaciones se celebraron en 1566 cuando la niña tenía cinco años. La dote era de 100.000 ducados de los cuales 52.000 nunca se llegaron a pagar. La boda como tal fue en 1574 en Madrid. La princesa de Éboli gastó 6.000 ducados en las fiestas para agasajar a su hija y su yerno.

Ana y Alonso fueron padres de catorce niños, entre los que hay que destacar a Juan Manuel Pérez de Guzmán (octavo duque de Medina-Sidonia), cuya hija (y por tanto biznieta de la princesa), Luisa María Francisca de Guzmán, se casó con el duque de Braganza (Portugal), al que incitó a rebelarse en 1640 contra Felipe IV, llegando él a ser el rey Juan IV de Portugal, y ella primero reina y luego regente en la minoría de su hijo. Parece como si el destino quisiera «vengar» a la princesa, que no pudo enlazar a una hija con los Braganza pero sí a una biznieta.

De Ana de Silva y Mendoza deriva el nombre del famoso coto de Doñana, en Huelva. Allí precisamente se construyó en 1585 el palacio de «Doña Ana» que con el tiempo dio nombre a toda la zona. En 1599 aparece el primer registro con esta nomenclatura.

## Rodrigo de Silva y Mendoza (1562-1596)

Este segundo hijo varón nació en noviembre de 1562. En el Museo de San Francisco del convento del Carmen, también llamado de San Pedro, se conserva el cuadro *Profesión de los dos primeros descalzos de Pastrana*. Junto a los príncipes de Éboli, y tal y como reseña el pie del propio cuadro, aparecen representados sus hijos mayores. Su cabello rubio fue uno de los detonantes que hicieron extenderse la creencia de que se trataba de un hijo natural del rey Felipe II con quien doña Ana de Mendoza supuestamente habría tenido un amorío.

Heredero del ducado de Pastrana, juerguista y pendenciero en su juventud, llegó a amenazar de muerte a su madre, quien en el tema de la herencia favorecía a su hermano Diego. Abandona a su madre en 1580, dejando la cárcel de Santorcaz para ir a Andalucía junto a su cuñado, el duque de Medina-Sidonia.

Don Rodrigo nunca se había rodeado de buenas amistades. Una de las personas que más le malmetió con su madre fue don Alonso de Leyva, un ciudadano de Guadalajara. Antonio Pazos, presidente del Consejo de Castilla, quiso deshacerse de don Alonso mandándolo a Barcelona, pero sin éxito. Y cuando don Rodrigo no estaba con él pasaba ratos en Madrid en casa de un tal Mateo Rodríguez de Alcántara, un lugar de malvivir y de dudosa moral, dedicado a las mujeres y los juegos.

Cuatro años más tarde se casa con Ana de Portugal y Borja. Fue menino de la reina, y con su cuñado fue a África a recoger el cadáver del rey don Sebastián de Portugal. Pasó a Flandes como soldado en 1588, estuvo preparado para embarcar en la

*Profesión de los dos primeros descalzos de Pastrana*, escuela madrileña del XVII. Museo de San Francisco de Pastrana. Detalle de Diego (a la izquierda) y Rodrigo de Silva y Mendoza.

Armada Invencible, fue capitán de lanzas y jefe de la caballería de Alejandro Farnesio, distinguiéndose en los combates. Murió cerca de Luxemburgo al ir al encuentro del nuevo gobernador, el cardenal-archiduque Alberto.

## Pedro González de Mendoza (*ca.* 1563)

Del tercer hijo varón de los príncipes de Éboli tenemos menos información. Su nombre fue el mismo que en su memoria y en la de su tatarabuelo, el cardenal Mendoza, emplearía su hermano mayor, Fernando de Silva, una vez tomó los hábitos como religioso. Pedro debió de nacer y morir hacia 1563. Desconocemos si al poco tiempo o en el mismo parto. Al igual que sus hermanos fallecidos siendo niños, sus restos están enterrados en la cripta del monasterio de San Francisco de Pastrana.

## Diego de Silva y Mendoza (1564-1630)

Don Diego es el joven de pelo oscuro que aparece en el cuadro *Profesión de los dos primeros descalzos de Pastrana*, del Museo de San Francisco del convento del Carmen, junto a su hermano Rodrigo.

El segundo hijo varón de la princesa de Éboli nació en diciembre del año 1564[232]. Al igual que otros antecesores suyos o su propia madre, la juventud de Diego fue algo distraída e irreflexiva. No obstante, numerosas virtudes debió de tener el joven cuando en poco tiempo pasó a convertirse en el hijo preferido de la princesa de Éboli. La correspondencia que nos ha llegado así parece demostrarlo.

También sabemos de él que, además de su excelente carrera política y militar, llegó a ser un conocido poeta. Entre su producción cabe destacar la presencia de obras cortesanas y de género pastoril, además de libros de historia.

---

[232] Aquí proponemos una descripción somera. Para conocer más datos sobre la vida de Diego de Silva y Mendoza, véase de C. Gaillard, *Le Portugal sous Philippe III d'Espagne. L'action de Diego de Silva y Mendoza*, Grenoble, 1983. También ver su biografía en la pág. de Internet: www.uam.es/personal_pdi/ciencias/depaz/mendoza/salinas.htm.

A la temprana edad de dieciséis años, Felipe II lo nombró capitán general de la frontera de Zamora (1580), capitán general de las costas de Andalucía (1588) y luego veedor de Hacienda en Portugal. De este país llegaría a ser el último virrey en 1615. Pero entre 1605 y 1622 ocuparía puestos importantes en la política lusa, en el Consejo de Portugal, donde preparó las cortes portuguesas tras la caída del duque de Lerma en 1619 y representaría al nuevo monarca, Felipe IV, bien como político o como jefe de los ejércitos en aquel país para la guerra con los holandeses.

Gracias a este apego a Portugal, don Diego acabó reclamando los derechos de su padre, don Ruy Gómez de Silva, recordemos que portugués de nacimiento. A pesar de todo, el hijo de la princesa no dejó de ser visto como un mandado de la corte de Madrid y, a pesar de su excelente trabajo en Portugal, no acabó viendo cumplidas sus pretensiones.

Tras arreglar la boda con doña Luisa de Cárdenas en junio de 1577[233], el matrimonio tuvo pronto desencuentros debido al fuerte carácter de la chiquilla. Los dos niños vivían en el palacio de Pastrana. Ella no tardó en protestar por la excesiva juventud de su marido, a quien no consideraba como tal al no ver en él a ningún hombre sino a un niño. En la trifulca medió don Alfonso de Cárdenas, hermano de doña Luisa, quien comunicó al rey sobre el caso, siendo necesario que fuera el cardenal arzobispo de Toledo a intentar apaciguar los ánimos a Pastrana. Pero no solucionó nada. Las quejas de doña Luisa la llevaron fuera de palacio a vivir con una familia, pleiteando mientras por la nulidad del matrimonio, sentencia que no se aprobó hasta diez años después[234].

---

[233] La boda estaba apalabrada en 1567 para su hermano Rodrigo. Pero el acuerdo con Ruy Gómez y con la princesa de Éboli lo echaron atrás los padres de doña Luisa tras la muerte del padre de la niña, don Bernardino de Cárdenas, en 1571. En diciembre de 1572 don Ruy sustituyó a Rodrigo por Diego. El problema estaba en que el padre de doña Luisa siempre había querido casar a sus hijas con el duque de Maqueda y su hermano, mientras que la madre, doña Mencía, prefería a los de la princesa de Éboli. Al parecer, tras disputas y pleitos e incluso llegar a usar las manos y cuchillos, la princesa se salió con la suya. Véase, de Helen H. Reed (2004), pág. 161.

[234] La continuidad de la vida de doña Luisa de Cárdenas no tiene desperdicio. Se metió a señora de piso en el monasterio de la Concepción Jerónima, rodeada de sus criadas y luciendo la misma vida que fuera del monasterio. Las re-

Tiempo más tarde, en 1591, se casaría con doña Ana Sarmiento Villandrando de Ulloa, pasando a ser así el nuevo conde de Salinas y Rivadeo, título con el que más se conoce a don Diego. Entre otros títulos también fue duque de Francavilla, ducado napolitano heredado de su abuelo aunque no fuera el primogénito (lo que lo llevó a tener pleitos con su hermano Rodrigo y su sobrino), y marqués de Alenquer, un reino situado al norte de Lisboa, título otorgado por Felipe III en 1616. Su carrera política se extendió en el reinado de este monarca como hombre cercano a sus validos, el duque de Lerma y el de Uceda.

Al fallecer Ana Sarmiento en 1595, en segundas nupcias se casa con Marina Sarmiento, su cuñada, quien fallece en el año 1600. El hijo de este nuevo matrimonio, don Rodrigo Sarmiento Villandrando de Silva, heredó el condado de Salinas y sería más tarde el mismo duque de Híjar que se sublevó en Aragón contra Felipe IV.

Don Diego de Silva y Mendoza falleció en Lisboa en junio de 1630.

## Ruy Gómez de Silva (1566-?)

Don Ruy fue marqués de la Eliseda. A tenor de lo que podemos leer en el testamento de la princesa, se trata de otro de los hijos preferidos de doña Ana de Mendoza. Este dato lo deducimos de su importante papel como albacea en el testamento. En sus manos estuvo la gestión de los últimos deseos de su madre aunque, según lo sabido tiempo después, poco fue lo que ejecutó. Como hemos visto, ni llegó a construir la ostentosa iglesia de Pastrana que habría de sustituir a la colegiata de la villa, ni fundó la cofradía a semejanza de la de los Comendadores de Lisboa.

---

ligiosas clamaron al rey que la sacaran de allí porque, al parecer, doña Luisa se pasaba los días y las noches de cháchara con los muchachos que se acercaban a las celosías del monasterio, actitud que prontamente copiaron sus criadas y numerosas novicias, convirtiendo aquel lugar en continuo recibidor de músicas y serenatas que rompían la paz propia de aquella casa.

## Fernando de Silva y Mendoza, luego fray Pedro González de Mendoza (1569-1639)

Nacido en Madrid hacia 1569, el hijo menor de doña Ana se llamó Fernando de Silva y Mendoza. Bautizado el mismo día que sus padres entregaban la ermita de San Pedro a Santa Teresa para hacer el monasterio de carmelitas, con un año de vida se le nombró caballero de la Orden militar de San Juan.

De fuerte sentimiento espiritual y religioso, abandonó su puesto de menino del príncipe Felipe, futuro Felipe III, para hacerse franciscano en el monasterio de La Salceda (cerca de Tendilla, Guadalajara). Esto fue en el año 1585 bajo el nombre de su tatarabuelo, el cardenal Mendoza, Pedro González de Mendoza. Rechazaba así una oferta que le

*Fray Pedro González de Mendoza,* hijo de la princesa de Éboli. Escuela madrileña del siglo XVII. Museo de la Iglesia Parroquial de la Colegiata de Pastrana.

había hecho el papa Gregorio XIII para ser nombrado cardenal. En La Salceda, fray Pedro llegó a ser prior y luego provincial de la Orden franciscana en Castilla.

En su carrera religiosa hay que destacar que llegó a ser en 1610, gracias a la intercesión de Felipe III, obispo del Burgo de Osma (Soria). Más tarde sería arzobispo de Granada y de Zara-

Supuesta cruz que cubrió los restos de fray Pedro González de Mendoza, el hijo de la princesa de Éboli. Colegiata de Pastrana.

goza (1615). Cercano siempre al partido del duque de Lerma, al igual que lo estaría su hermano Diego en Portugal, con la caída en desgracia del valido de Felipe III, fray Pedro permaneció alejado del mundo de la corte en su nuevo cargo como obispo de Sigüenza (1623), municipio en el que falleció en 1639. Llama la atención ese «rebaje» en el cargo eclesial de fray Pedro, de arzobispo a obispo, algo que sacrificó a favor de estar en una diócesis mucho más poderosa económicamente que los arzobispados de Granada o Zaragoza, más cerca de la corte de Madrid y, también, de la tierra de su familia, Guadalajara.

Hombre de letras, igual que su hermano Diego, a fray Pedro se le atribuye la autoría de varias obras como una *Historia del Monte Celia* (1616), dedicada al monasterio de La Salceda, *Cartas Pastorales* (1619), *Inmaculatae Concepcionis* y *Canción a la Concepción de Nuestra Señora*, ambos textos sobre los cultos marianos tan abrazados por los Mendoza.

De sus estudios en Toledo cabe destacar su formación como arquitecto. Entre sus trabajos más destacados en este terreno hay que reseñar la construcción del coro de la catedral de Granada, las casas arzobispales en Zaragoza y la reforma de la catedral de

Sigüenza. No obstante, para el tema que aquí nos reúne, la princesa de Éboli, más importante fue la transformación de la antigua iglesia colegiata de Pastrana. Aparte de las ampliaciones de la fábrica de la iglesia, es más importante quizá la realización de la cripta en donde pasaron a enterrarse los Mendoza más importantes, como el marqués de Santillana, sus padres, los príncipes de Éboli, y algunos de sus hermanos.

De Fray Pedro se conserva un lienzo anónimo fechado en el siglo XVII (210 por 105 centímetros) reciente-

Capilla portátil de fray Pedro González de Mendoza. Colegiata de Pastrana.

mente limpiado y repintado, en el que aparece de pie con ropajes de fraile y esclavina. En su mano derecha muestra el anillo de obispo de Sigüenza. Hoy puede verse en el Museo de la Colegiata de Pastrana.

## María de Mendoza y María de Silva (*ca.* 1571-1572)

No conocemos nada de estas dos pequeñas hijas de doña Ana, que debieron de nacer muy seguidas o siendo mellizas y que fallecieron al poco tiempo. Al igual que sucede con sus otros hermanos pequeños, están enterradas en la cripta del monasterio de San Francisco de Pastrana.

## Ana de Silva y Mendoza (1573-1614)

No hay que confundir a esta mujer con su hermana mayor de igual nombre y apellidos, Ana de Silva y Mendoza, nacida en 1560. Fue la más pequeña de las hijas del matrimonio Éboli. Se quedó soltera, cuidando a su madre durante sus difíciles años de prisión y persecución. Al morir la princesa en 1592, se metió a monja en el monasterio de la Concepción de Pastrana. Nació seguramente en Madrid a principios de 1573.

Ella en solitario, y por razones que desconocemos, fue la que acompañó a su madre en el encierro sufrido en el palacio de Pastrana desde 1581 hasta 1592.

No hay razón para pensar que la hija pequeña de la princesa de Éboli estuviera en prisión al igual que su madre. Lógicamente, permaneció en el palacio como hemos dicho. Pero las gestiones realizadas por la familia para buscarle un buen partido en matrimonio hacen pensar que doña Ana de Silva tenía permiso para salir de la prisión en cualquier momento. La propia princesa interpretó la dificultad de emparejarla basándose en la creencia de la caída en desgracia de la familia Mendoza, y en especial de su propia persona.

Finalmente, tras salir de allí a la muerte de su madre el 2 de febrero de 1592, se arregló su matrimonio con el sexto conde de Tendilla, Íñigo López de Mendoza. Al morir la princesa se ultimaron los detalles para la boda, pero el novio se cayó del caballo poco antes de realizarse el enlace, el 8 de octubre de 1592, y murió. La desafortunada Ana decidió meterse a monja, con el nombre de sor Ana de San Francisco, en el antiguo monasterio carmelita en el que había profesado su madre años antes, en este momento ya perteneciente a la Inmaculada Concepción de Pastrana. Allí fue enterrada tras fallecer a la edad de 41 años, en diciembre de 1614. Sus restos reposan en la misma cripta de la iglesia en donde tiempo antes había sido enterrada la princesa.

De ella se conserva un lienzo en el museo de la colegiata de Pastrana. Se trata de un retrato doble según señala Gregorio Marañón citando a estudiosos del arte. Por un lado, en primer término encontramos a Ana abandonando las joyas, disponiéndose a tomar los hábitos después del fallecimiento de su novio, y tras ella a la misma Ana una vez ha tomado los hábitos concepcionistas.

Esta interpretación me parece un poco forzada, toda vez que no se parecen en nada las dos mujeres representadas en el lienzo, ni la dama de atrás lleva los hábitos propios de la Orden concepcionista, hábito que no ha cambiado desde hace siglos. El hecho de llevar un chal de color azul no significa que lleve la indumentaria concepcionista. Seguramente se trate de Ana de Silva, efectivamente, abandonando sus posesiones materiales antes de abrazar la vida conventual y, tras ella, una dama desconocida, quizá una sirvienta.

En el archivo del monasterio de San José de Pastrana en donde residió se conserva el testamento de sor Ana de San Francisco, así como su declaración en la investigación que en 1605 se hizo sobre los milagros de la Virgen del Soterraño. De este último ya he mencionado algunos elementos durante el desarrollo biográfico de la princesa de Éboli. Igual interés tiene su testamento, entregado a los pocos días de profesar como religiosa concepcionista en un sobre cerrado y en el que declaraba como heredero a su hermano Rodrigo de Silva y Mendoza, segundo duque de Pastrana.

Entre los elementos curiosos que aparecen en el testamento está el deseo de doña Ana de Silva de colocar sobre su tumba (en la parte exterior) un crucifijo de marfil *«que yo tengo»*. Desconocemos el origen ni el porqué de la devoción de la hija de la princesa por esta singular pieza, pero la tradición popular de Pastrana siempre ha relacionado este crucifijo de marfil con un regalo de la propia princesa de Éboli, obra de la prodigiosa mano del escultor italiano Benvenuto Cellini (1500-1571). Pero ni existe prueba documental que nos hable de tal crucifijo italiano ni, lo más importante de todo, que nos demuestre que el crucifijo de marfil de apenas 25 centímetros que hoy se conserva en el monasterio de San José de Pastrana sea, efectivamente, el mismo que en algún momento pudo haber pertenecido a doña Ana de Silva, sor Ana de San Francisco[235].

---

[235] En el monasterio de El Escorial se encuentra un precioso crucifijo de marfil de Benvenuto Cellini. Quizá la leyenda o la tradición quiso ver en el que hoy se conserva en San José una réplica de este magnífico ejemplo escurialense. Sin embargo, cualquier similitud entre la calidad técnica de ambas piezas es pura coincidencia. Además, en el propio Museo de la Colegiata de Pastrana se puede ver *El descendimiento de Cristo*, en marfil tallado y con esmaltes, obra de Benvenuto Cellini. Esta talla también pudo haber despistado sobre la autoría del polémico crucifijo.

Cristo de marfil de origen flamenco del siglo XVI que durante años se identificó, sin prueba alguna, como un regalo de la princesa de Éboli a su hija, doña Ana de Silva, luego sor Ana de San Francisco. Monasterio de San José, Inmaculada Concepción (Pastrana).

Hasta que no se haga un estudio exhaustivo de la pieza, lo único que se puede decir es que tipológicamente el crucifijo es de origen flamenco, no italiano. Quizá pueda venir de la escuela de Amberes, de manos de algún artista romanista, es decir, un flamenco que adopta el estilo italiano adecuándolo a sus propias formas locales. El rostro y el paño de pudor que cubre al Cristo así nos lo dice, fechándose en la segunda mitad del siglo XVI.

A pesar de su extraordinaria belleza, no cuenta con el virtuosismo característico de las manos del genial escultor florentino. Además, en ningún documento del monasterio de San José se habla de ello. Solamente en el inventario de los bienes de la casa de 1921 se hace mención a un crucifijo de marfil, sin especificar su procedencia ni, por supuesto, su relación con la princesa de Éboli ni con su hija. A pesar de esta falta de pruebas, en la exposición en homenaje al centenario de la muerte de la princesa, celebrado en el convento del Carmen de Pastrana en 1992, el crucifijo fue presentado sin ningún rigor histórico como si fuera el misterioso trabajo de Cellini.

Siendo su procedencia flamenca y fechándose en el siglo XVI, bien podría tratarse de una pieza traída por Ruy Gómez de Silva en la década de 1550 ó 1560. En estos años el esposo de la princesa de Éboli se encontraba acompañando a Felipe II por los Países Bajos. ¿Es este crucifijo un regalo de Ruy a doña Ana traído desde Flandes? Es posible, pero es también una simple suposición sin fundamento alguno.

## ¿Último aborto?

Es posible que doña Ana tuviera once hijos, no diez como siempre se ha creído. Una carta del carmelita fray Antonio de Jesús nos señala que la princesa de Éboli estaba embarazada cuando residía en el monasterio de San José, lugar adonde ella se retiró para abrazar la Orden carmelita en el verano de 1573. El documento menciona que la princesa *«está preñada de cinco meses»*.

Tomando la fecha de la muerte de Ruy Gómez el día 29 de julio de ese año, es posible que Ana de Silva naciera entre enero y febrero, dejando tiempo suficiente para que doña Ana pasara la «cuarentena» habitual, si es que alguien la respetaba, y volver a quedar embarazada. De esta forma podría ser cierto, dando la razón a fray Antonio de Jesús, que la princesa de Éboli estuviera embarazada de cinco meses hacia octubre o noviembre, habiéndose quedado embarazada en el mes de junio o julio, antes de morir Ruy.

Por desgracia, de ser cierta la existencia de este hijo, del que solamente conocemos por la carta de fray Antonio de Jesús, seguramente falleciera antes de nacer, ya que de él no se conserva ni una sola mención en otro documento.

# Los retratos de la princesa

DESPUÉS de la vida tan apasionante de doña Ana de Mendoza, con todos sus defectos y virtudes, cabe preguntarse cuál fue el aspecto de esta extraordinaria mujer de la corte de Felipe II. Cómo era el rostro de esta dama cuyo defecto en el ojo derecho no le impidió abrirse puertas, sino que, al contrario, le dio un atractivo y, por qué no, cierto morbo como para que, recordando las palabras de Alonso de Coloma que adelantaba en la introducción, doña Ana fuera *«capaz de entretejer alrededor del cuello de todo un rey una soga hecha con pasiones que estuvo a punto de acabar con un gran imperio»*.

Sorprende la escasez de retratos que han llegado hasta nosotros con visos de ser identificados con la princesa de Éboli. Y digo con visos, ya que, a pesar de todo, no hay indicios definitivos, al faltar documentación y estar las obras sin firmar, de que los cuadros pertenezcan a doña Ana. No obstante, el denominador común en la inmensa mayoría de ellos, la presencia del parche sobre el ojo derecho, hace pensar al total de los investigadores que, efectivamente, representan a la princesa de Éboli.

A pesar de esta escasez, hay cierta variedad dentro de la procedencia o su actual ubicación. Esta es la razón por la que haya realizado la siguiente distribución según la referencia a la casa del Infantado, atribuciones modernas, el Museo de San Francisco (Convento del Carmen o de San Pedro, de Pastrana), retratos apócrifos, retratos perdidos, grabados del siglo XIX y retratos modernos.

## Casa del duque del Infantado

El cuadro más conocido de doña Ana de Mendoza es quizá el de la casa del Infantado de Madrid. Casi se podría decir que a partir de él nace la inspiración para el resto de retratos que conocemos de la princesa. Se trata de un lienzo anónimo de 65 por 48 centímetros que yo fecharía en los primeros años del siglo XVII. En él podemos ver a una joven de unos veinte o veinticinco años de edad, luciendo un vestido negro, con el pelo del mismo color, recogido sobre la cabeza, sujetado por una especie de copete con una gasa blanca, y con dos pendientes que a modo de gotas de cristal penden de sus orejas. Rodeando el cuello de la joven hay una enorme gola de abanillos, bajo la cual cae un collar de perlas. Lo más llamativo de todo es, sin lugar a dudas, el verdoso parche de forma trapezoidal que cubre el ojo derecho y que pende de una única tira que nace de su pelo.

El retrato fue adquirido por la casa del Infantado a la Orden de los jesuitas, los herederos de la princesa de Éboli. Como señala el profesor José Luis García de Paz, el viaje del cuadro por los derroteros de la historia no es menos curioso. Al parecer, el duque de Osuna le entregó el ducado de Pastrana a Manuel de Toledo, hijo ilegítimo del decimotercer duque del Infantado, hombre beato, al igual que su mujer, que abandonaron este mundo sin descendencia. Fue precisamente él quien legó todo su patrimonio a la Iglesia —de ahí que los jesuitas heredaran el estupendo colegio que hoy tienen en Madrid, en la plaza del Duque de Pastrana—, así como el palacio ducal de Pastrana, que luego pasó a poder del Obispado de Toledo y a la Universidad de Alcalá en la actualidad.

El retrato de doña Ana fue adquirido por el duque del Infantado hacia 1950, quien se dedicó a comprar objetos y posesiones que fueron anteriormente de los Infantado.

De esta forma, se puede decir que siempre ha estado en manos de la casa del Infantado, unida por matrimonio a los Mendoza desde 1630[236], de lo que es sencillo deducir que, efectivamente, se trata de un retrato real de la princesa de Éboli.

---

[236] En este año de 1630 contrajeron matrimonio el cuarto duque de Pastrana, don Rodrigo de Silva y Mendoza, con doña Catalina Gómez Sandoval y Mendoza, heredera del ducado del Infantado.

En palabras de Valentín Carderera, el retrato:

> ... tenía la tez muy blanca, el ojo entre castaño y negro, negra también es su cabellera, prominente y rizada como la de algunos retratos de la hija de Felipe II, con cintas blancas recortadas en la cima. [...] El vestido, de seda negro, enriquecido con pasamanos o alamares de lo mismo: del cuello (bajo una prominente lechuguilla de abanillos) cae una sarta de perlas, y desde los hombros cae un velo de crespón blanco que a veces tenía su nacimiento en lo alto de la cabellera, afianzado en el cogote y terminaba por delante sujeto con un joyel pendiente[237].

Tras la reciente limpieza que se hizo del retrato hay algunos elementos de la descripción de Carderera que han de ser corregidos. Efectivamente, el rostro es muy blanco, casi albino. En él destacan unas mejillas muy sonrosadas que dan a la tez de doña Ana un aspecto a caballo entre la joven pastora de las montañas y una hermosísima vampira.

El parche, al contrario de lo que se ha venido diciendo siempre, no es negro sino de un color más cercano al verde oliva. Y su ojo es claramente castaño, con una pupila muy dilatada y oblonga.

La restauración y limpieza moderna ha pecado de celo en su trabajo, destruyendo algunos elementos que por desgracia han desaparecido del cuadro. Seguramente por el empleo desmedido de nitrato de amonio, el retrato de doña Ana ha perdido para siempre los brillos del oro de los pendientes. Más decepcionante si cabe es descubrir que el interior de las gotas de cristal que forman dichos pendientes están ahora vacías cuando antes de la limpieza dejaban ver claramente los enjoyes de oro. El mismo sistema abrasivo puede observarse en las perlas del cuello, los labios, las luces y sombras del parche, etcétera. Todo ello da al retrato un aspecto excesivamente azulado que contrasta con el vetusto y sucio anaranjado que siempre había tenido el cuadro. Ni una cosa ni la otra.

A quien nunca ha visto el cuadro le llama la atención el marco más que el propio retrato en sí, quizá un poco más pequeño

---

[237] Véase, de Valentín Carderera, su *Iconografía española*, Madrid, 1855. Citado por Gregorio Marañón (2002), pág. 197 y siguientes.

de lo que se podría esperar. Se trata de una ordenada algarabía de hojas y molduras que sobresalen unos 40 centímetros por cada uno de los lados del lienzo, rematados por una corona ducal y con el escudo nobiliar de los dueños de la casa a los pies. Justo bajo el retrato hay una placa dorada con letras capitales negras en la que se puede leer «Sánchez Coello».

El retrato más conocido de la princesa de Éboli en su impresionante marco. Casa del Infantado, Madrid.

Precisamente, en muchos libros se puede ver que este cuadro es obra de Alonso Sánchez Coello (1531-1588), pintor de cámara de Felipe II y ante cuyo caballete desfilaron los personajes más importantes de la corte. No obstante, existen una serie de elementos que no encajan con la pintura de este artista valenciano y que vemos en el cuadro de la casa del Infantado de Madrid.

La obra de Sánchez Coello se caracteriza por el detallismo y la pulcritud en marcar todos y cada uno de los elementos que conforman vestidos, tocados, adornos, etcétera, características que no vemos en ningún lugar del cuadro de la gola. No encaja, pues, que el vestido esté apenas esbozado, con unas pocas manchas de color blanco sobre el pecho a modo de pasamanos.

Además, si observamos el rostro de doña Ana, descubrimos que supuestamente debió de ser pintado hacia 1560 ó 1565, cuando contaba con veinte o veinticinco años de edad. En esta época, ni siquiera en las décadas venideras, las mujeres lucían golas de abanillos como la que muestra al cuello doña Ana. Para tener una idea general de cómo lucían las mujeres nobles en esta época, podemos echar un vistazo a los retratos que se conservan de esta época, por ejemplo, en el Museo del Prado de Madrid. Ninguna de las mujeres de mediados del siglo XVI, ni antes ni hasta mucho después, porta una gola tan emperifollada como la que luce la princesa, sino que son mucho más pequeñas y elegantes.

En cualquier caso, el retrato original seguramente debió de hacerse antes de ser encarcelada en 1579; un retrato que, a modo de boceto o ya acabado, no ha llegado hasta nosotros y que décadas después fue reproducido siguiendo las modas de la época.

Por todo ello, descarto la posibilidad de que se trate de un trabajo de Alonso Sánchez Coello. No hay más que echar un vistazo al magnífico catálogo de María Kusche sobre la obra de este pintor y su época, para desligar al instante cualquier tipo de complicidad[238].

Si el retrato no fue realizado por Alonso Sánchez Coello, entonces, ¿de quién es? Muy posiblemente, como ya anunció Gregorio Marañón, se trata de un cuadro encargado por la casa del Infantado, realizado muy a finales del XVI o principios del XVII a partir de un antiguo cartón o boceto en el que estaba grabado el retrato de doña Ana y que un pintor, hoy desconocido, acomodó a los usos y costumbres de su época, añadiendo así la gola que luce la princesa al cuello. Porque si de algo no tenemos que tener ninguna duda es que este es el rostro de Ana de Mendoza, princesa de Éboli.

La ubicación actual de aquel primer retrato original es hoy todo un misterio. Alguna leyenda urbana lo ha llegado a colocar en la antigua colección del castillo de Ambras (Austria), hoy en el Museo de Historia del Arte de Viena. Allí hay una magnífica colección de más de 1.000 retratos en miniatura, de igual tamaño (13 por 10 centímetros), en la que podemos encontrar varios

---

[238] Véase, de María Kusche, *Retratos y retratadores*, Madrid, 2003. En él no solamente se hace un estudio exhaustivo de Sánchez Coello, sino que también podemos ver con detalle el trabajo de otros pintores contemporáneos como Jorge de la Rúa o Sofonisba Anguissola, quien también trabajó para Isabel de Valois y, por cercanía, podrían haber realizado el retrato inicial de la princesa de Éboli.

Austrias españoles, pero, como me hizo saber el conservador de la colección, el doctor Karl Schütz, no hay ni rastro de doña Ana de Mendoza.

Basados en este popular retrato de la princesa están dibujados los grabados de Bartolomé Maura de 1874, que aparece en la obra de Gaspar Muro, y el de Carderera, publicado en 1855 en su *Iconografía española*. No hay más que ver los dos grabados para descubrir la poca destreza de nuestros artistas decimonónicos reproduciendo los rasgos del original. Incluso comparando uno con otro, cualquiera diría que proceden del mismo modelo. Como bien señaló Marañón, el de Carderera presenta a una mujer hecha y derecha, y el de Maura a una niña con aspecto bobalicón. Estoy convencido de que Maura nunca vio el original sino que se limitó a copiar a Carderera.

Doña Ana de Mendoza, princesa de Éboli, según el grabado de Bartolomé Maura de 1874.

Marañón, en su libro *Antonio Pérez*, hablando de los retratos de la princesa también menciona una miniatura conservada en la colección del marqués de Casa Torres. Se trata de una obra procedente de la casa de Osuna fechada entre finales del siglo XVII y principios del XVIII, inspirada claramente en el retrato de la casa del Infantado de Madrid.

La casa del Infantado conserva otro retrato de la princesa de Éboli, localizado en esta ocasión en Sevilla. Se trata de una obra considerada siempre como una copia más romántica y fantástica del de la gola: un lienzo de 79 por 61 centímetros, fechado normalmente en el siglo XVII e incluso en el XVIII y sin autor conocido. Esta pintura es presentada simplemente bajo el título de *Retrato de Ana de Mendoza* (ver pliego de láminas).

En él podemos ver a una joven de poco más de veinte años de edad luciendo una camisa blanca escotada, sobre la que lleva una especie de vestido ceñido a la cintura de color negro. Dos lazos azules cierran el vuelo de las mangas. Sobre el pecho lleva un broche hexagonal dorado en el que podemos ver una estrella de siete puntas a modo de lo que luego serían las famosas rosas de pecho. De sus lados nace un colgante de perlas que recorre la curvatura de los senos y sube hasta el nacimiento de los hombros, tras los cuales se descubre una especie de toquilla que recuerda al llamado cuello Médicis.

Retrato de la princesa de Éboli según el grabado de Carderera publicado en 1855 en su *Iconografía española,* basado en el de la gola de la casa del Infantado.

Miniatura de la princesa de Éboli mencionada por Gregorio Marañón en su biografía de Antonio Pérez. Colección del marqués Casa Torres (procedente de la casa de Osuna). Hacia finales del XVII, principios del XVIII

El cuello de la joven está rodeado por una gargantilla de tres filas de perlas.

En la cabeza luce, apuntada hacia arriba por la izquierda, una montera (un sombrero de ala ancha) azul turquesa, con un cintillo de color cobrizo que sujeta varias plumas blancas. En la parte delantera del sombrero vemos un broche transparente con una estrella de cuatro puntas en su interior que sujeta una gota de cristal.

El cabello está recogido en la parte trasera de la cabeza con algunos tirabuzones que parecen colgar por la espalda. A la derecha, tres filas de perlas parecen dar cuerpo a un tocado que sujeta el sombrero al cabello.

La princesa de Éboli lleva en la mano izquierda un cestillo de mimbre con rosas y con la derecha toma una de ellas.

Pues bien, este retrato, que siempre ha sido desestimado y relegado a un segundo plano al considerárselo, una simple y burda copia tardía del conservado en la casa del Infantado de Madrid, podría tratarse de una verdadera joya. Al menos esto es lo que opina la doctora María Kusche[239]. Para ella, el retrato de las rosas podría tratarse de un trabajo de Sofonisba Anguissola realizado quizá a mediados de la década de 1560, época en la que esta pintora italiana trabajaba para la reina Isabel de Valois, la gran amiga de la princesa de Éboli. Según la doctora Kusche, que ya adelantó esta posibilidad en 1989[240], se trata de un retrato en el que aparece doña Ana de Mendoza disfrazada de pastorcilla.

Doña Ana y Sofonisba se debieron conocer en Guadalajara a principios de 1560 cuando pasaron juntas varias semanas esperando a la comitiva que traía a la futura esposa de Felipe II, Isabel de Valois.

Siendo la princesa de Éboli amiga de la reina y compañera de juegos, celebraciones y disfraces, es posible que el cuadro recree a doña Ana disfrazada en uno de estos momentos de juego. Los colores claros típicos de los retratos cremonenses de Sofonisba, el

---

[239] Véase, de María Kusche, «Nuevas atribuciones a Sofonisba Anguissola. Los retratos de la princesa de Éboli», *Archivo Español de Arte*, en prensa.

[240] Véase de esta autora, «Sofonisba Anguissola en España. Retratista en la corte de Felipe II junto a Alonso Sánchez Coello y Jorge de la Rua», en *Archivo Español de Arte*, número 248, 1989, págs. 391-420.

amaneramiento de las manos o el juego y simbolismo de las rosas son, según María Kusche, elementos con paralelismos claros en la pintura de esta artista italiana[241]. Para esta experta en el retrato y la pintura de corte del XVI, el traje de pastorcilla es una apoteosis de la maternidad. Las manos de la princesa sujetan cinco rosas, antiguos símbolos del amor y de la vida, una por cada hijo alumbrado por doña Ana en estos años: una rosa blanca por su hijo difunto (Diego), una roja por su hija mayor Ana, dos asalmonadas por sus varones Rodrigo y Diego, y arriba en la mano derecha, una rosa pequeña, todavía encapullada, por el hijo recién nacido, Ruy. Estos detalles nos llevarían a fechar el cuadro entre 1565 y 1566.

Esta interpretación, que fecharía el cuadro a mediados de la década de 1560, deja al descubierto la ausencia de mención alguna a uno de los hijos muertos de la princesa, Pedro, fallecido en 1563. Si realmente doña Ana porta en el cestillo una rosa por cada uno de sus hijos, ¿por qué no aparece ninguna rosa blanca para Pedro? La razón quizá haya que buscarla en que el niño nació muerto o incluso que se tratara de un aborto, algo muy común, por otra parte, en aquella época y a lo que las familias estaban dolorosamente acostumbrados. Es una posibilidad.

Volviendo al cuadro en sí y dejando de lado esta interpretación de las rosas, que aun no siendo cierta no quitaría valor a la identificación con Sofonisba Anguissola, las ropas que luce la princesa, al contrario de lo que se pensaba hasta ahora, están perfectamente identificadas con el vestuario del XVI. Hay paralelismos que así lo demuestran.

De confirmarse esta sugerente hipótesis de trabajo, el cuadro de la casa del Infantado de Madrid, el célebre retrato de la gola, sería en realidad una copia de este de las rosas y no al revés, como siempre se había pensado[242].

---

[241] De Sofonisba Anguissola es uno de los retratos más conocidos de Felipe II que durante años se atribuyó erróneamente a Alonso Sánchez Coello y que hoy se conserva en el Museo del Prado.

[242] Desde mi punto de vista, después de conocer muchos de los detalles de la investigación de María Kusche que aquí no menciono y que verán la luz en su próximo trabajo, es muy posible que tenga razón.

## Atribuciones modernas

La misma doctora María Kusche muy amablemente me ha hecho descubrir una nueva línea de investigación todavía inédita sobre dos posibles retratos de la princesa de Éboli en los que aparece sin el parche[243].

El primero de ellos se trata de una miniatura de 16 por 11,5 centímetros conservada en la casa del Infantado[244]. En este retrato, realizado sobre madera y atribuido a Alonso Sánchez Coello, podemos ver a una hermosa niña de cabello rubio de unos trece o catorce años. La cría lleva el pelo recogido hacia atrás y luce una gola corta bajo la cual pende un collar doble de perlas, elementos todos ellos empleados en las indumentarias femeninas de mediados del siglo XVI. El vestido es negro y el acuchillado del pecho deja ver la parte inferior de color rojo.

Según María Kusche, este retrato es de la mano de Sofonisba Anguissola y debió de hacerse cuando la corte estaba asentada en Toledo. El trabajo tiene la técnica blanda de la pintora italiana y, al contrario de mi opinión personal, que de tratarse de la princesa de Éboli habría que fecharlo hacia 1553 ó 1554, la doctora Kusche lo atribuye al pincel de Sofonisba y muy a principios de la década de 1560[245].

Lo más extraordinario de todo es la similitud de los rasgos faciales del rostro si los comparamos con los retratos posteriores conservados en la misma casa del Infantado y que he descrito pormenorizadamente en el apartado anterior. Es cierto que la pintura de esta época no es realista en el sentido de que no es «fotográfica». Dos retratos nunca serán iguales aunque sean de la misma persona si son ejecutados por artitas diferentes. Pero la nariz, la boca pequeña, la mirada, las orejas, todo, muestra un extraordinario parecido al aspecto de la supuesta versión de adulto.

---

[243] Este trabajo de María Kusche, todavía en prensa, aparecerá en breve bajo el título de «Nuevas atribuciones a Sofonisba Anguissola. Los retratos de la princesa de Éboli», en la revista *Archivo Español de Arte*.

[244] Casa del Infantado 90, procedencia Santiago 17.

[245] María Kusche me hizo saber que, si fuera de la década de 1550, la gola que adorna el vestido de la joven sería diferente.

Como he dicho anteriormente, la retratada no luce parche alguno ni manifiesta síntoma de padecer enfermedad en el ojo derecho. Este detalle confirmaría la idea anticipada por Gregorio Marañón, y que yo defiendo, de que la princesa de Éboli sufría una enfermedad degenerativa en el ojo que con el paso de los años le hizo perder visión, afeando quizá el aspecto del globo ocular, lo que la obligó a emplear un parche.

Es cierto que no hay pruebas fidedignas que relacionen este pequeño retrato con la princesa de Éboli, pero el simple hecho de su gran parecido físico y que se trate de una tabla en posesión de la casa del Infantado, hace pensar seriamente en su posible atribución.

Quizá lo más curioso de todo es que si recortamos el parche del cuadro del Infantado de Madrid y se lo colocamos a esta miniatura, descubrimos que encaja perfectamente con las medidas de la cara, no siendo en absoluto necesario tener que estirar o encoger el ancho de la pieza para amoldarlo al rostro de la niña.

Es posible que esta miniatura fuera el comienzo de la creencia en el seno de la casa del Infantado de la existencia de una pintura

Montaje digital con parche (izquierda) y original del retrato de una joven desconocida (Infantado 90) en el que se observa la similitud con los retratos posteriores de doña Ana de Mendoza (foto original: María Kusche).

de la princesa de Éboli en la colección de miniaturas de Ambras. ¿Fue este un retrato que se realizó de doña Ana de Mendoza siendo niña, después de las capitulaciones matrimoniales con Ruy Gómez en 1553, para que este se llevara un recuerdo de su joven esposa en su ausencia por viajes de Estado por Europa junto a Felipe II?

Por otra parte, el Museo del Prado también cuenta con otro retrato que María Kusche identifica con la princesa de Éboli de joven. Se trata de un óleo sobre tabla de 26 por 28 centímetros, procedente de las colecciones reales, atribuido también a Alonso Sánchez Coello[246]. La exposición realizada sobre este pintor español en el Museo del Prado en 1990 no tuvo tiempo de corregir el error de su autoría. Estudios posteriores a cargo de Carmen Garrido sobre la técnica empleada para realizarlo demostraron la influencia italiana del retrato, alejándose de la mano de Alonso Sánchez Coello.

La pintura debió de realizarse hacia 1567, por lo que de ser doña Ana esta *Joven desconocida*, nombre actual de la tabla, tendría veintisiete años. La joven, también de cabello rubio, luce una saya blanca pespuntada con cordoncillos dorados y un bohemio forrado de armiño. Detrás del cuello asoma una tira que pudiera ser gasa de Holanda, bordada en oro, posiblemente parte de una de las tocas fijadas en el cabello que caían como una mantilla sobre los hombros. El cabello está partido en dos, oscilando en medio una perla, y está sujeto por una suerte de diadema de oro y piedrecitas rojas y azules, tocado que, muy similar, se repite en los retratos del XVII conservados hoy en el Museo de San Francisco de Pastrana y que explico más adelante.

La pintura está hoy reducida a un simple busto. Antiguamente debió de ser un retrato de medio cuerpo a tenor del manguito o piel de marta que asoma encima del pecho, así como por la forma del traje.

---

[246] El cuadro lleva el número de catálogo 1.140. En la exposición que de este pintor de cámara de Felipe II se hizo en 1990 fue presentado en el catálogo con el número 39. Véase, de VV. AA., *Alonso Sánchez Coello y el retrato en la corte de Felipe II*, Madrid, 1990. También lo encontramos en el catálogo, *Todo El Prado*, de José María Ortega Calderón, Madrid, 1996, pág. 64.

Comparativa del retrato de *Joven desconocida* (Museo del Prado, Madrid) con y sin parche (el original). La doctora María Kusche identifica a esta joven con la princesa de Éboli.

Al igual que sucede con la miniatura anterior, esta pintura es atribuida por María Kusche a Sofonisba Anguissola. Cuenta con un gran parecido a la miniatura de la niña conservada en la casa del Infantado que acabamos de describir en este mismo apartado. Ambas tienen el cabello rubio, por lo que es posible que en el retrato del disfraz de pastorcilla doña Ana llevara el pelo teñido de negro. ¿Son la misma mujer representadas durante su infancia y ya en su etapa adulta? ¿Es la princesa de Éboli esta misteriosa joven desconocida? Al no haber documentación o detalles que confirmen su relación con la princesa de Éboli, como bien apunta María Kusche, esta teoría es una posibilidad más.

## Museo Franciscano (convento del Carmen o de San Pedro, Pastrana)

Fuera de la casa del Infantado tenemos que volver a Pastrana para descubrir nuevos retratos de la princesa de Éboli. Los más conocidos son los lienzos que posiblemente mandara hacer su hijo, fray Pedro González de Mendoza, aunque este dato nunca ha sido demostrado. En el actual museo con que cuentan los franciscanos junto a la Hospedería Real descubrimos dos pruebas que, como señalamos al hablar de la posibilidad o no de que doña Ana fuera tuerta, nos confirman que efectivamente lo fue. De lo contrario, su propio hijo (si es que fue él) no se habría encargado de mandar hacer estos trabajos colocando a su madre un parche sobre el ojo derecho.

El primero de ellos es un óleo sobre lienzo de 243 por 161 centímetros perteneciente a la escuela madrileña del siglo XVII, cuyo tema principal es *Santa Teresa de Jesús da el hábito a Juan Narduch y Mariano Azzaro.* Recordemos que Juan Narduch fue conocido como Juan de la Miseria y que era pintor. Por su parte, Mariano Azzaro fue también conocido como Ambrosio Mariano de San Benito, y era ingeniero de oficio. La escena se desarrolla en la época de las fundaciones de la santa en Pastrana, en el verano de 1569.

El cuadro plasma el oratorio del palacio ducal de Pastrana. En un primer plano permanecen a la derecha de la imagen el matrimonio de los príncipes de Éboli, Ruy Gómez y Ana de Mendoza. Aunque el texto del lienzo no lo especifica —habla de «dos religiosas», sin más—, tras ellos podemos ver a Isabel de Santo Domingo, la que fuera priora del monasterio de San José, y Antonia del Águila.

Y con el hábito blanco, a la izquierda del cuadro, se encuentra el padre Baltasar Nieto y, sin pie que lo especifique, mirando al espectador, el llamado «Ga-

*Santa Teresa de Jesús da el hábito a Juan Narduch y Mariano Azzaro,* escuela madrileña del XVII. Museo de San Francisco de Pastrana.

llardo Mozo» de Pastrana, con barba, vestido aquí de civil en color negro y con gola: el futuro venerable fray Gabriel de la Asunción.

Los protagonistas tienen junto a la cabeza una letra de color rojo que los identifica con un pie de texto que acompaña en la parte inferior del cuadro. En él podemos leer:

> A. Da el hábito de legos la Santa a Mariano (Azzaro) y a fray Juan de la Miseria (Juan Narduch) en el oratorio de los príncipes que asisten / B. Hallándose allí el padre M. Fray Baltasar de Jesús observante carmelita C. y dos religiosas que con la Santa cosieron / los hábitos.

Los príncipes no cuentan con letra alguna, quizá porque su presencia era de sobra conocida en el ambiente cortesano de Pastrana.

En este lienzo la princesa aparece tras la figura de su esposo, don Ruy Gómez, ambos arrodillados. Aparenta ser una joven muy hermosa a pesar del defecto que le provoca el parche sobre el ojo derecho. Con un vestido claro y con una gola en el cuello que sí se acomoda a los gustos de la época, luce sobre el pelo una diadema dorada cubierta de pedrería, que, como ya dije, es muy similar a la que lleva la *Joven desconocida* del Museo del Prado.

La princesa se lleva la mano izquierda al pecho, mientras es emocionada testigo de la imposición de la casulla a los religiosos por parte de Santa Teresa. Por otro lado, el príncipe de Éboli viste totalmente de negro (jubón, calzas y capa), tal y como era la costumbre en la época de Felipe II.

Para confeccionar el retrato de doña Ana parece que el artista empleó el mismo modelo que se usara para pintar el retrato de la casa del Infantado, el que todos conocemos de la princesa. Sus protagonistas portan ropas que no son anacrónicas a la fecha en la que debió de suceder la escena (1569). No obstante, también pudo ser lo contrario. Quizá estos cuadros, mandados, también tal vez, por fray Pedro, fueron la fuente que utilizó el artista que en esa misma época del siglo XVII realizó el cuadro conocido de la casa del Infantado de Madrid.

En el siguiente óleo sobre lienzo, de 243 por 161 centímetros y de la misma escuela madrileña del siglo XVII, vemos la *Profesión de los dos primeros descalzos de Pastrana*.

*Profesión de los dos primeros descalzos de Pastrana,* escuela madrileña del XVII. Museo de San Francisco de Pastrana.

La escena, desarrollada también en el mes de julio de 1569 con las fundaciones de Santa Teresa en Pastrana, representa de nuevo a fray Mariano Azzaro y a fray Juan Nardush. Ambos personajes emiten sus votos en manos del padre Antonio de Jesús. Los príncipes de Éboli hacen de padrinos, mientras Santa Teresa asiste emocionada al acto. El cuadro se completa con la representación de ciudadanos de Pastrana que acuden a la escena, desarrollada seguramente en la ermita de San Pedro, con el retablo de la Virgen del Carmen al fondo. Al igual que en el lienzo anterior, el padre Baltasar Nieto permanece hierático, a la izquierda del cuadro. Al pie podemos leer:

A. Profesan Mariano (Azzaro) y fray Juan de la Miseria (Juan Narduch). Son padrinos los príncipes. Asisten sus hijos y otros caballeros. B. Hallase novicio entre otros el padre fray Baltasar de Jesús que pasó del observancia. C. Da la Santa gracias al Señor.

A la izquierda de la imagen de la princesa vemos a don Rodrigo (con cabello rubio) y a don Diego de Silva y Mendoza en actitud de amigable charla. Si la escena se desarrolla en el año 1569, ambos debían de contar con siete y cinco años de edad, respectivamente. El resto del lienzo está repleto de retratos de posibles personajes importantes de la villa, cuya identidad nos es desconocida. Finalmente, detrás de Santa Teresa vuelven a aparecer Isabel de Santo Domingo y Antonia del Águila, aunque el pie no haga referencia alguna a ellas. Sin duda, son las dos mismas religiosas del lienzo anterior.

En este último ejemplo la princesa no sale nada agraciada. Es presentada feúcha y con los rasgos muy fuertes y desencajados. Viste las mismas ropas y lleva la misma corona que en el cuadro anterior. Por su parte, el retrato de don Ruy Gómez es una copia del primero. Con la mirada perdida en el horizonte, ausente de la escena que está teniendo lugar en la ermita de San Pedro, podemos deducir que el artista tomó para realizar ambos retratos del príncipe un modelo existente en aquella época hoy desaparecido.

No hay más retratos de la princesa de Éboli de los que tengamos noticias fidedignas. Estos cuatro, los dos de la casa del Infantado y los dos conservados en el Carmen de Pastrana, son los únicos que podemos señalar con certeza que pertenecen a nuestra protagonista. A estos habría que añadir, de confirmarse su identidad, la otra miniatura de la casa del Infantado y el retrato de la joven conservado en el Museo del Prado en los que la princesa aparece sin el característico parche.

## Retratos apócrifos

Quizá por la ausencia, en combinación por un deseo de conocer el aspecto que tuvo doña Ana de Mendoza en vida, la tradición le ha querido adjudicar su presencia en varios cuadros cuyo análisis no supera la más mínima crítica pictórica.

Mezclado con la leyenda de los amores de Felipe II y la princesa de Éboli nace la idea de que la serie de *Venus* pintadas por Tiziano Vecellio (1477-1576) a finales de la década de 1540 son, en realidad, retratos del soberano y doña Ana. Un ejemplo lo tenemos en *Venus recreándose con el Amor y la Música*, un óleo sobre lienzo pintado en 1548, de 148 por 217 centímetros, y que se conserva en el Museo del Prado de Madrid.

*Venus recreándose con el Amor y la Música,* por Tiziano (1548), Museo del Prado, Madrid. La mujer fue identificada durante años como la princesa de Éboli.

Hay quien dijo que la mujer que sirvió de modelo al insigne pintor italiano afincado en la corte española, esa oronda dama de la que no pierde detalle el hombre sentado ante el teclado —¿el propio Felipe II?—, no es otra que la princesa de Éboli.

El problema está en que, si el cuadro fue pintado en 1548, doña Ana tenía ocho años de edad, y el que entonces todavía era príncipe Felipe, veintiuno. No tiene ningún sentido, por lo que parece absurdo dar credibilidad a esta relación.

A este ejemplo podríamos añadir el resto de *Venus* de Tiziano, muy similares tipológicamente, que han sido también identificadas con la princesa de Éboli.

En la misma línea se encuentra el cuadro de Francesco Albani pintado en 1633 y titulado *El tocador de Venus,* o *Venus atendida por ninfas y cupidos.* Se trata de un óleo sobre lienzo de 114 por 171 centímetros que hoy podemos ver en el Museo del Prado de Madrid.

En este caso el error viene de la mano de madame D'Aulnoy, quien afirma haber visto en el palacio de Buitrago (Madrid), per-

*El tocador de Venus* o *Venus atendida por ninfas y cupidos,* por Francesco Albani. Museo del Prado. Este cuadro de 1633 fue confundido por madame D'Aulnoy con un posible retrato de la princesa de Éboli.

teneciente al biznieto de doña Ana, don Rodrigo de Silva y Mendoza, duque de Pastrana y del Infantado, el cuadro llamado *El tocador de Venus,* de Francesco Albani (1578-1660), para el cual había posado supuestamente la princesa en calidad de diosa del amor y la belleza.

Como sucede con el de Tiziano, cualquier parecido con la fisonomía de otros retratos de doña Ana, mucho más creíbles que este, es pura coincidencia. En todos estos ejemplos apócrifos la mujer aparece con el ojo derecho en buen estado, sin el parche.

Tanto las pinturas de Tiziano como la de Francesco Albani se encontraban entre las que en 1732 el monarca Carlos III incluyó en una lista de cuadros que debían ser destruidos por su alto contenido erótico. Gracias a la labor del también pintor Anton Raphael Mengs y del marqués de Esquilache, los cuadros no fueron quemados sino que se ocultaron en la llamada Casa de Rebeque.

A fin de cuentas, el testimonio de madame D'Aulnoy nunca ha sido tomado en consideración. Hay críticos que le atribuyen a esta escritora la leyenda de los amoríos entre el príncipe don Carlos e Isabel de Valois y el de la propia Ana de Mendoza y el rey Felipe II. Aunque, como hemos visto en el relato de los hechos, ya en la época de los protagonistas el rumor era conocido entre la gente y la corte.

No obstante, cabe preguntarse por qué don Rodrigo, descendiente de la princesa, inventó tales historias. Si no fue él, ¿quién si no podría haber metido en la cabeza tales imaginaciones a madame D'Auloy?

## Retratos perdidos

Entre los años de 1560 y 1568 la reina Isabel de Valois contó con la colaboración a modo de retratador de Jooris van der Straaten, más conocido en nuestro país como Jorge de la Rúa. En el año de 1564 cesa de aparecer el nombre de Alonso Sánchez Coello en los listados de cuentas de la reina conservados en Simancas (Valladolid), ocupando su lugar este pintor nacido en Gante (Bélgica). Aunque no hay constancia de ello, es probable que, al igual que hiciera Sofonisba Anguissola, tal y como he explicado al principio de este apéndice, y a sabiendas de la estrecha relación entre la reina y la princesa de Éboli, De la Rúa realizara algún retrato de esta última y, por qué no, el mismo cuadro que madame D'Aulnoy dijo haber visto en el palacio de Buitrago. Muchos de estos retratos debieron de perderse cuando la princesa de Éboli cayó en desgracia en 1579. Las familias o amigos que contaban con ellos se deshicieron de las obras, no quedando hoy constancia documental ni física de estos ejemplos.

Sabemos que fray Pedro, su hijo, mandó hacer retratos de sus padres para los funerales y traslado de los restos a la cripta de la antigua colegiata. De esos retratos solamente se conserva hoy el que se mandó hacer el propio fray Pedro.

También se perdió la pista de los retratos de los príncipes de Éboli que heredó otro de los hijos, Ruy Gómez, albacea de doña Ana en su testamento. No sabemos si alguno de ellos es el que hoy María Kusche atribuye a Sofonisba Anguissola, en la casa del Infantado, el famoso retrato de las rosas, ya que no hay descripciones de ellos.

Madame D'Aulnoy menciona que también en el palacio de Buitrago de Madrid vio un cuadro en el que aparecía retratada la princesa de Éboli. En él doña Ana vestía traje de corte y montaba a caballo junto a Isabel de Valois y el príncipe don Carlos.

Retrato ficticio de la princesa de Éboli, basado en el cuadro de *Isabel de Francia* firmado por Jorge de la Rúa y conservado en el monasterio de las Descalzas Reales de Madrid.

Cabe la posibilidad de que este cuadro fuera en realidad un retrato de otros personajes de la época, visto la poca pericia que demostró D'Aulnoy en la interpretación de la obra de Albani, por ejemplo. No obstante, el que aparezca la reina Isabel de Valois parece dar más crédito a la existencia del cuadro, debido a la buena relación entre doña Ana y la joven esposa de Felipe II. Se desconoce la fecha, el tamaño y la autoría del lienzo. No obstante, podemos entrever algunas claves en la investigación.

## Grabados del siglo XIX

El misterio que emana de la imagen de la princesa de Éboli
también cautivó a los historiadores y curiosos del siglo XIX. Al
igual que nosotros, la única vía de escape para la inspiración de los
artistas fue el retrato de la casa del Infantado. De esta guisa nacieron los que ya han sido tratados al principio de este apartado del
apéndice realizados por Carderera (1855) y Maura (1874).

Algunos artistas pasaron por alto el detalle de que la princesa
luciera un parche sobre el ojo derecho. Uno de los primeros grabados que aquí propongo aparece la princesa sin el característico
parche. Doña Ana, cuyos pies reposan sobre un cojín y viste ropas
de época, similares a las del cuadro de la gola de la casa del Infantado, está sentada ante un tocador, observando una flor que se levanta ante ella desde el interior de una jarra de cuello estilizado.

Grabado del siglo XIX en el que aparece la princesa de
Éboli sin el característico parche en el ojo derecho.

Una versión moder-
na y en color de este grabado fue utilizada por
Antonio Herrera Casa-
do en la portada de su
libro *La princesa de
Éboli. Una guía para
conocerla*. En esta ver-
sión, Herrera Casado
añadió el parche para
dar más realismo al re-
trato de la duquesa de
Pastrana.

Pero no es el único
ejemplo. Bajo el nom-
bre de *La duquesa de
Pastrana* otro grabado,
seguramente de finales
del XIX, ofrece la repre-
sentación de la princesa
de Éboli de cuerpo entero, muy elegante y con un traje de época,
posando ante un ventanón de piedra, enmarcado por unos osten-

tosos cortinajes. Algunos elementos de este grabado, como el collar de perlas que da forma al pecho, están tomados del famoso retrato de las rosas que aquí he identificado con Sofonisba Anguissola, según María Kusche.

La litografía está firmada por Vidal Olmo y fue editada en Barcelona por Riera en una obra, desgraciadamente, desconocida. Se trata de una de esas rarezas desgajadas de su libro original y vendida por separado en los mercados de almoneda. A modo de pista o curiosidad, se puede decir que en el reverso de la lámina se lee la parte correspondiente a un libro dedicado a Felipe II.

Grabado idealizado del siglo XIX representando a la duquesa de Pastrana.

## Retratos modernos

La fascinación por el personaje de la princesa de Éboli sigue hoy cautivando a numerosos artistas. Con motivo de varias exposiciones que han recorrido diferentes pueblos de Guadalajara bajo el título de *La revolución de la princesa de Éboli*, se produjo un corpus de obras en el que varios artistas aportaban su visión particular de doña Ana de Mendoza. Los retratos ofrecen una visión de la princesa que va desde lo más étnico hasta lo más prosaico, pasando por lo *kitsch*, elegante, incomprensible, sorprendente y hasta lo hortera con gracia[247].

---

[247] Se pueden ver algunas imágenes de los retratos de esta exposición en este enlace de Internet: http://perso.wanadoo.es/belmonte/eboli/eboli.html.

Ahora bien, mucho más mérito, al menos desde mi punto de vista, y, sobre todo, más gusto, tiene la obra del pintor pastranero Javier Cámara. Este joven artista, estudiante en la actualidad de Bellas Artes en Madrid, realizó a la temprana edad de dieciséis años los retratos de la princesa de Éboli que hoy se pueden disfrutar en el salón principal de El Cenador de las Monjas de Pastrana, restaurante que recomiendo encarecidamente y que se encuentra en una de las alas del claustro del monasterio de San José.

Allí podemos contemplar dos retratos. En el primero de ellos vemos a doña Ana con un rico vestido azul y rojo. La princesa posa en el interior de la Habitación de la Hora, en su palacio ducal, quedando la famosa ventana, abierta, a su espalda.

Su brazo derecho reposa sobre un sillón, sujetando sus manos una elaborada cadena. Por estos detalles, la ropa, las joyas, etcétera, vemos que la obra está basada en los retratos que para Isabel de Valois hiciera Pantoja de la Cruz, tema y postura que luego copiarían Sofonisba Anguissola o Pedro Pablo Rubens en 1561.

Más curioso, si cabe, es el segundo retrato de Javier Cámara. Se trata de una recreación de la princesa monja. Cuando murió Ruy Gómez en el verano de 1573, doña Ana de Mendoza se metió a monja en el monasterio de San José. Con el hábito del Carmen, la princesa aparece con una carta en la mano derecha, apoyada sobre una mesa con tapete rojo y un crucifijo, mientras que la izquierda reposa sobre el pecho.

*La princesa de Éboli en la Habitación de la Hora,* por Javier Cámara (1997). El Cenador de las Monjas, Pastrana.

# Armas de princesa

Dᴏñᴀ Ana de Mendoza y de la Cerda tuvo en vida los siguientes títulos nobiliarios. Además de ser duquesa de Pastrana y Estremera y princesa de Éboli por matrimonio, como todos conocemos, fue segunda princesa de Mélito, duquesa de Francavilla, marquesa de Algecilla, baronesa de la Roca, Anquiotola, La Mendiola, Carida, Monte Santo, y de la ciudad de Pizo, en el reino de Nápoles, y señora de Mandayona y Miedes[248], aunque estos últimos los perdiera por sentencia de 1573 a favor de su primo hermano el marqués de Almazán, don Íñigo López de Mendoza.

En Pastrana aparece repetidamente el escudo de los duques, que unía los de ambos cónyuges, Ruy (Silva, de Portugal) y Ana (Mendoza, de Guadalajara).

El escudo originario de los Mendoza estaba formado por «una banda de gules (rojo) perfilada de oro en campo de sinople (verde)»[249]. El sello más antiguo con este símbolo pertenece a Pedro González de Mendoza, «el de Aljubarrota», del siglo xiv. En él se pueden ver sus armas, acompañadas de las de la familia de su madre, los Orozco. Desgraciadamente, estos sellos han llegado hasta

---

[248] Véase Archivo Histórico Nacional, Osuna, 3409, folios 1017-1027. Citado por Aurelio García López (1994), nota 16, pág. 55.

[249] Consúltese la pág. www.uam.es/personal_pdi/ciencias/depaz/mendoza/mescudos.htm, perteneciente al doctor José Luis García de Paz. Muchos datos de este apéndice están tomados del mencionado enlace, en donde podemos ver más información e ilustraciones.

nosotros en un simple dibujo de tinta negra, por lo que sería imposible interpretar los colores sin la descripción realizada por los heraldistas o por los poetas y escritores a sueldo de la familia de los siglos XVI a XVIII.

En el siglo XVI, un heraldista anónimo de la Universidad de Zaragoza dejó constancia, en un documento manuscrito numerado con el 198[250], de la descripción del escudo de los Mendoza. Escribiendo de su mano en el dibujo: «Verde-amarillo-colorado-amarillo-verde», añadiendo luego, «campo verde, banda colorada engastada en oro».

La modificación más conocida la adoptó el marqués de Santillana en su sello del año 1440, juntando el escudo de su padre (Mendoza) con el de su madre (de la Vega), escudo que con diferentes adaptaciones constituiría la base del de sus descendientes, como es el caso de nuestra Ana de Mendoza. En él vemos un escudo cuartelado en sotuer: 1º y 4º en campo de sinople una banda de gules perfilada de oro, 2º y 3º en campo de oro la salutación angélica AVE MARIA, GRATIA PLENA («Ave María, Llena eres de Gracia»), en letras de sable, las dos primeras palabras en el segundo cuartel y las otras en el tercero.

Tomando como base este escudo, a partir del siglo XV los «Mendoza del Ave María», entre los que se encuentran los Mendoza de Guadalajara, fueron añadiendo al escudo el de la familia del marido o de la esposa. Fue esto lo que haría doña Ana de Mendoza y su esposo, don Ruy Gómez de Silva, dando preferencia al «Mendoza» sobre el «Silva», según lo acordado en las capitulaciones matrimoniales[251]. Se creó un nuevo escudo en el que a la derecha quedaba el emblema de la princesa de Éboli y a la izquierda el de su esposo. Este era un león rampante mirando a la izquierda, de color púrpura, con corona dorada y sobre campo de

---

[250] Véase, de Ángel San Vicente, *Origen y Armas de Varios Nobles de España, ms 198 de la Biblioteca de la Universidad de Zaragoza*, Ediciones de la Universidad de Zaragoza, Institución Fernando el Católico, CIV, 1983.

[251] En los escudos nobiliarios siempre el emblema de la mujer quedaba a la derecha y el del hombre a la izquierda. No obstante, en las capitulaciones se dejó bien claro que la familia Mendoza siempre quedaría por delante de la de Silva, si bien es cierto que muchos hijos de los príncipes de Éboli se llamaron «de Silva y Mendoza», anteponiendo el apellido del padre al de la madre.

plata. La corona del león se añadió cuando, en 1569, Ruy Gómez fue nombrado por Felipe II duque de Pastrana.

Escudo de los duques de Pastrana. Trabajo de Matías Jimeno conservado en la colegiata de Pastrana.

Hoy el escudo de los príncipes de Éboli puede encontrarse en multitud de sitios de Pastrana como el palacio, la colegiata, San José, el Carmen, etcétera. El mismo escudo fue empleado por sus hijos. Es el caso de fray Pedro González de Mendoza, quien adornó el mismo blasón con los elementos propios de su cargo eclesiástico, añadiendo la Virgen de La Salceda y el enebro. Al unirse el ducado de Pastrana al del Infantado y luego al de Lerma, se fueron combinando todos los escudos como, por ejemplo, en el del quinto duque de Pastrana, séptimo de Lerma y noveno del Infantado, Gregorio María de Silva, Sandoval y Mendoza.

# Estudio grafológico de la princesa, por Clara Tahoces[252]

SE trata de una escritura grande que nos habla de una persona comunicativa, expansiva y abierta.

Llaman poderosamente la atención los «pasillos» que se observan a lo largo de todo el escrito. Estos son rasgos fuertes de angustia, al menos, en el momento de realizar el escrito.

Era la mente de una persona muy inteligente, pero confusa. Esto se aprecia en los frecuentes roces entre líneas.

La escritura indica que tenía bien desarrollado el plano de las ideas, pero existe una fuerte confusión a la hora de afrontar los problemas.

Los óvalos están bien hechos: en general, indica que sabía relacionarse de forma adecuada con los demás.

Los pies de la escritura hablan de una posible problemática sensual y sexual.

Su letra, sencilla para la época y bien realizada, nos habla de una persona sencilla a pesar de su condición social.

---

[252] Véase www.claratahoces.com y Clara Tahoces, *Grafología. Conócete a ti mismo y a los demás a través de la escritura*, Barcelona, 2005.

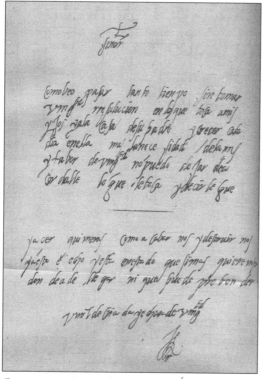

Carta manuscrita por la princesa de Éboli dirigida al rey. Hacia 1580. Archivo del conde de Valencia de Don Juan. De Gaspar Muro (1877), apéndice 163.

El mundo de las ideas y el intelecto está en equilibrio con el prosaico. Es decir, los «pies» de la escritura son muy largos: le gustaba vivir bien, pero también hay un desarrollo del intelecto.

Era una persona de gran energía, que aunque tenía cierta tendencia al desaliento (al menos en el momento de redactar este escrito), sabía cómo sobreponerse a las situaciones negativas. El escrito refleja que atravesaba un periodo de gran angustia.

Tiene uniones en las barras de las «tes»: mente lógica. Otras de sus barras de las «tes» miran a la derecha: era persona progresista.

En la rúbrica existe un claro predominio del «yo», aunque era muy observadora y sabía captar el ambiente que le rodeaba.

# BIBLIOGRAFÍA Y DOCUMENTACIÓN

Puede engañar el hecho de ver una gran lista de referencias a la vida de doña Ana de Mendoza, princesa de Éboli. Es cierto que son abundantes, aunque pocas si las comparamos con otros personajes históricos de menor importancia de este mismo periodo del reinado de Felipe II. El problema, más que en el número, está en la calidad de los trabajos. Prácticamente todos ellos vienen a decir lo mismo, con unas u otras palabras, copiándose entre ellos y transmitiendo, en ocasiones, los mismos errores o las mismas leyendas cuyo origen nadie ha sabido descubrir.

El listado que sigue a continuación es una referencia de los trabajos más destacados. En líneas generales, muchos de ellos dicen, como acabo de señalar, lo mismo, pero todos ellos aportan algún dato interesante o novedoso que los convierten en obras singulares. He obviado las reseñas o pequeñas menciones aparecidas en obras muy generales que, sencillamente, no aportan nada nuevo.

Después del trabajo de Gaspar Muro, mucho es lo que se ha avanzado en la investigación histórica de la princesa, y aunque no se han aportado grandes cosas novedosas, salvo los datos que en los últimos años han aparecido sobre su salida del palacio en la década de 1580 o los que aquí proporciono sobre la documentación descubierta en el monasterio de San José de Pastrana, a grandes rasgos la obra de Muro puede seguir considerándose el vademécum de la «ebolimanía».

Las referencias las presento en campos diferentes para facilitar así su comprensión y también su búsqueda.

## Ensayos y artículos

AGUADO, Lola: «El misterioso caso de la Princesa de Éboli», en *Historia y Vida*, 23, 1970, págs. 10-25.

ALEGRE CARVAJAL, Esther: *La villa ducal de Pastrana*, Guadalajara, 2003.

ÁVALOS, Miguel: *Antonio Pérez y la princesa de Éboli* (reed.), Barcelona, 2004.

BARRA, Giuseppe, y CESTARO, Antonella: *La principessa di Eboli. Eboli e Pastrana nel 1500*, Eboli, 2002.

BENNASSAR, Bartolomé: *Don Juan de Austria*, Barcelona, 2000.

BOYDEN, J. M.: *The Courtier and the King: Rui Gomez de Silva, Phillip II and the Court of Spain*, California, 1995.

CABOT, José Tomás: «La princesa de Éboli. Una mujer fatal en la Corte de Felipe II», en *Historia y Vida*, 409, 2002, págs. 80-88.

CABOT, José Tomás: «Felipe II. La oscura trama de Juan de Escobedo», en *Historia y Vida*, 436, 2004, págs. 66-75.

DADSON, Trevor J.: «Dos Memoriales inéditos de la Princesa de Éboli», en *Boletín de la Real Academia de la Historia*, 183, 1986, págs. 365-375.

FERNÁNDEZ ÁLVAREZ, Manuel: *Felipe II y su tiempo*, Madrid, 1998.

FERNÁNDEZ LUZÓN, Antonio: «Isabel de Valois», *La Aventura de la Historia*, número 79, 2005.

GARCÍA LÓPEZ, Aurelio: «La Princesa de Éboli y Pastrana», en *Wad-al-Hayara*, 21, 1994, págs. 51-110.

GARCÍA MERCADAL, José: *La Princesa de Éboli*, Madrid, 1943.

HERRERA CASADO, Antonio: *La Princesa de Éboli*, Guadalajara, 2000.

INFANTE, E.: *La princesa de Éboli*, Madrid, 1959.

JESÚS, Santa Teresa de: *Libro de las fundaciones*, Madrid, 1991.

MARAÑÓN, Gregorio: *Antonio Pérez: el hombre, el drama, la época*, Madrid, 1951 (reeditado en 2002).

MARCH, José María: «Otra reyerta de la Princesa de Éboli», en *Razón y Fe*, 129, 1944, págs. 292-297.

MARCH, José María: «La princesa de Éboli no era tuerta», *Boletín de la Sociedad española de Excursiones*, LII, 1944, págs. 55-62.

MARTÍNEZ MILLÁN, José (Ed.): *Felipe II: Europa y la Monarquía Católica*, Madrid, 2000.

MONTIEL, Isidoro: «Ana de Mendoza o la semi-hermosa Princesa de Éboli», en *Boletín de la Biblioteca de Menéndez Pelayo* XXV, 1949, págs. 370-381.

MURO, Gaspar: *Vida de la Princesa de Éboli*, Madrid, 1877.

NIETO, Tomás, y ALEGRE, Esther: *Los jardines de la villa de Pastrana*, Guadalajara, 1999.

PÉREZ, Fr. Lorenzo: *Necrología del monasterio de la Purísima Concepción y San José de Pastrana*, manuscrito inédito de 1920.

REED, Helen H.: «The Princess of Éboli's Letters», publicado en Helen Nader, *Power and Gender in Renaissance Spain*, Illinois 2004, págs. 152-176.

SALAZAR Y CASTRO, Luis: *Historia genealógica de la casa de Silva*, Madrid, 1685.

SANTAOLALLA LLAMAS, Manuel, *Pastrana: apuntes de su historia, arte y tradiciones*, Guadalajara, 1990.

SANTAOLALLA LLAMAS, Manuel: *La princesa de Éboli*, Guadalajara, 1995.

Spivakowsky, Erica: «La princesa de Éboli», en *Chronica Nova* 9, 1977, págs. 5-48.

TAHOCES, Clara: «Luces y sombras sobre la enigmática princesa de Éboli», en *Karma 7*, 293-294, 1998, págs. 64-69.

TALADRIZ, Mario N.: «La Princesa de Éboli en Valladolid y Simancas», en *Historia y Vida*, 303, 1993, págs. 69-74.

TORRES-QUEVEDO, Luis de: «Preguntas acerca de la Princesa de Éboli», en *Hidalguía*, 91, 1968, págs. 731-768.

VV. AA.: *La Princesa de Éboli y Pastrana*, Guadalajara, 1994.

VV. AA.: *La princesa de Éboli. Cifuentes 1540, El Renacer*, Cuenca, 2004.

VV. AA.: *Homenaje IV centenario San Juan de la Cruz. Fontiveros, 1542- Úbeda, 1591*, Pastrana, 1991.

VILLANUEVA, Jesús: «Éboli. La princesa rebelde», en *Clío*, 25 (año 3), 2003, págs. 20-26.

VILLAVERDE, Alfredo: *Las Razones del Rey*, Guadalajara, 1998.

## Novelas

ARTEAGA, Almudena de: *La Princesa de Éboli*, Madrid, 1998.

LEANTE, César: *El bello ojo de la tuerta*, Madrid, 1999.

O'BRIAN, Kate: *Esa Dama*, Barcelona, 1998 (1ª edición *That Lady*, 1946. También la encontramos en inglés con el título *For one Sweet Grape*).

ORTEGA MUNILLA, José: *La princesa de Éboli*, Madrid, 1918.

PASSUTH, Laszlo: *Señor natural*, Madrid, 1962.

WENCKER-WILDBERG, Friedrich: *Die spanische Salome. Der Roman der Fürstin Eboli und des Staatssekretärs Antonio Pérez*, Leipzig, 1937.

YANKO, Aroní: *La Princesa de Éboli*, Madrid, 2000.

## Cine y televisión

ARES, Nacho: «Felipe II y su Leyenda Negra», en *Enigmas y Misterios*, Televisión Castilla y León, 2004, 25 minutos.

ÁLVAREZ, María Teresa: «La princesa de Éboli. El silencio de la muerte», en *Mujeres en la Historia*, TVE, 1995, 50 minutos.

YOUNG, Thomas: *La princesa de Éboli*, Fox, 1955, 100 minutos.

MOLINA, Josefina: *Teresa de Jesús*, episodios 5 («Fundaciones») y 6 («Visita de descalzas»), TVE, 1983, 50 minutos cada uno.

# Contacto

E N mis libros anteriores siempre ha sido habitual el que al finalizar el trabajo ofrezca mis datos de contacto. Seguro que a lo largo de esta biografía de la princesa de Éboli a más de uno se le han ocurrido preguntas, le han aparecido dudas, inquietudes, ha detectado errores, que seguro que los hay, o simplemente quiere hacerme cualquier clase de comentario. Incluso quizá es posible que podamos, entre todos, descubrir algo nuevo sobre doña Ana de Mendoza.

En definitiva, para ponerse en contacto conmigo solo hay que enviar un correo electrónico a esta dirección:

nachoares@mixmail.com

Por otra parte, los que prefieran utilizar el correo postal como vía más cómoda, pueden dirigir sus cartas a:

Nacho Ares
Apartado de Correos 18.102
28080 de Madrid

Para más información sobre doña Ana de Mendoza, algunos vídeos de Pastrana o de otros lugares relacionados con ella, invito a todos a visitar mi página de Internet **www.nachoares.com**. Allí se encontrará un enlace a la princesa de Éboli.